全国水利行业规划教材　高职高专水利水电类
中国水利教育协会策划组织

工程力学与建筑结构

主　编　毕守一　李燕飞
副主编　胡玉珊　周广宇　贺　威
主　审　王淑娟

黄河水利出版社
·郑州·

内 容 提 要

本书是全国水利行业规划教材，是根据中国水利教育协会全国水利水电高职教研会制定的工程力学与建筑结构课程教学大纲编写完成的。工程力学与建筑结构是将原建筑力学、建筑结构两门课程进行了综合，重构了建筑力学到建筑结构的知识应用体系，以适应职业岗位能力培养目标的需要。全书共分13章，主要内容为：荷载与约束，力系的合成与平衡，静定结构的内力计算，构件的强度计算，结构的位移计算，超静定结构内力计算，水工钢筋混凝土结构概论，钢筋混凝土受弯构件承载力计算，钢筋混凝土受压构件承载力计算，钢筋混凝土构件正常使用极限状态验算，钢筋混凝土梁板结构及刚架结构，砌体结构。

本书可作为高职高专院校水利类专业和建筑类专业教材使用，也可供土木工程设计、施工技术人员阅读参考。

图书在版编目(CIP)数据

工程力学与建筑结构/毕守一，李燕飞主编. —郑州：黄河水利出版社，2009.8 (2016.7 修订重印)

全国水利行业规划教材

ISBN 978-7-80734-698-2

Ⅰ.工… Ⅱ.①毕… ②李… Ⅲ.①工程力学-高等学校：技术学校-教材②建筑结构-高等学校：技术学校-教材 Ⅳ.TB12 TU3

中国版本图书馆 CIP 数据核字(2009)第148356号

组稿编辑：王路平 电话：0371-66022212 E-mail：hhslwlp@163.com

出 版 社：黄河水利出版社

地址：河南省郑州市顺河路黄委会综合楼14层 邮政编码：450003

发行单位：黄河水利出版社

发行部电话：0371-66026940、66020550、66028024、66022620(传真)

E-mail：hhslcbs@126.com

承印单位：河南田源印务有限公司

开本：787 mm×1 092 mm 1/16

印张：12

字数：280千字 印数：8 001—10 000

版次：2009年8月第1版 印次：2016年7月第3次印刷

2012年8月修订

2016年7月第2次修订

定价：22.00

前　言

本书是根据《教育部、财政部关于实施国家示范性高等职业院校建设计划，加快高等职业教育改革与发展的意见》（教高［2006］14 号）、《教育部关于全面提高高等职业教育教学质量的若干意见》（教高［2006］16 号）等文件精神，由全国水利水电高职教研会拟定的教材编写规划，在中国水利教育协会指导下，由全国水利水电高职教研会组织编写的第二轮水利水电类专业规划教材。第二轮教材以学生能力培养为主线，具有鲜明的时代特点，体现出实用性、实践性、创新性的教材特色，是一套理论联系实际、教学面向生产的高职高专教育精品规划教材。

根据水利和建筑类专业课程改革的需要，教材突出了实用性，强调基本理论以应用为目的，以必需、够用为度，同时面要宽、深度要浅、内容要新要实用，尽量简化理论，避免烦琐的公式推导；增加了对规范的学习、掌握和运用的培养，对难点问题进行了简化处理，使教材结构简单、重点突出。

本书建筑结构部分所采用的计算公式、符号及基本数据，主要依据《水工混凝土结构设计规范》（SL 191—2008）和《砌体结构设计规范》（GBJ 50003—2011），并适当反映了《混凝土结构设计规范》（GB 50010—2010）的内容。

本书编写人员及编写分工如下：河南水利与环境职业学院何江（第一章）；辽宁水利职业学院贺威（第二章、第九章）；安徽水利水电职业技术学院杨晓红（第三章、第五章）；安徽水利水电职业技术学院毕守一（第四章、第十章、第十一章）；山东水利职业学院李燕飞（第六章、第十三章）；浙江同济科技职业学院胡玉珊（第七章、第八章）；山东水利职业学院周广宇（第十二章）。本书由毕守一和李燕飞担任主编并负责统稿，由胡玉珊、周广宇、贺威担任副主编，由黑龙江大学职业技术学院王淑娟担任主审。

本书在编写过程中得到了有关专家的指导和许多同志的热情帮助，参考并引用了国内同行的著作及有关资料，在此，谨对所有指导者和文献的作者深表谢意。由于编者水平有限，书中错误和缺点在所难免，恳请广大读者提出宝贵意见。

编　者

2016 年 7 月

目　录

第一章　荷载与约束

第一节　工程力学的研究对象和内容

一、工程力学的研究对象

工程力学是研究工程结构的受力分析、承载能力的基本原理和方法的科学，它是工程技术人员从事结构设计和施工所必须具备的理论基础。

在水利建设、房屋建筑和道路桥梁等各种工程的设计和施工中都涉及工程力学问题。如水利工程中的水闸、水坝、水电站、渡槽、桥梁、隧洞等，建筑工程中的屋架、梁、板、柱和塔架等。

建筑物中承受荷载并起骨架作用的部分称为结构。组成结构的各单独部分称为构件。结构是由若干构件按一定方式组合而成的。例如：支承渡槽槽身的排架是由立柱和横梁组成的刚架结构，如图 1-1(a)所示；支承弧形闸门面板的腿架是由弦杆和腹杆组成的桁架结构，如图 1-1(b)所示；电厂厂房结构由屋顶、楼板和吊车梁、柱等构件组成，其屋顶是由板、次梁和主梁组成的肋形结构，如图 1-1(c)所示。

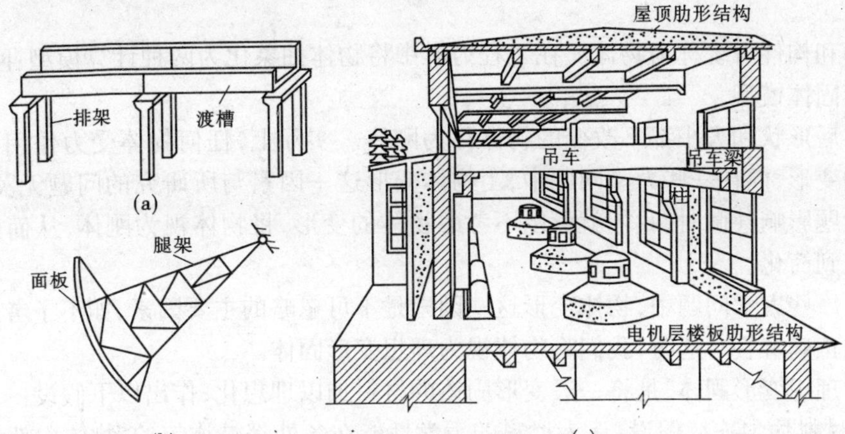

图 1-1　工程结构

结构按其几何特征可分为以下三种类型：

(1)杆系结构：由杆件组成的结构。杆件的几何特征是其长度远远大于横截面的宽度和高度。

(2)薄壁结构：由薄板或薄壳构成。板或壳的几何特征是其厚度远远小于另两个方向的尺寸。

(3)实体结构：由块体构成。块体的几何特征是三个方向的尺寸相近，基本为同一数量级。

工程力学的研究对象主要是杆系结构。

二、工程力学的任务

结构所承受的重量或力称为荷载。结构和构件在建造及使用过程中,均受到荷载作用,当荷载比较大时,就会发生破坏,致使结构和构件丧失承载能力,这表明结构和构件所承受的荷载与它们本身的承载能力是有矛盾的,主要体现在以下三个方面。

(一)强度问题

强度是指结构和构件抵抗破坏的能力。能安全地承受荷载而不破坏,就认为该结构的强度满足要求。

(二)刚度问题

刚度是指结构和构件抵抗变形的能力。任何结构和构件,在外力作用下都会产生变形,如果这种变形被限制在允许的范围内,就认为该结构的刚度满足要求。

(三)稳定问题

稳定性是指结构和构件保持原有平衡状态的能力。

为了保证结构能安全、正常地工作,要求结构中每一个构件都要有足够的强度、刚度和稳定性。工程上要求结构或构件必须有足够的承载能力,主要指强度、刚度、稳定性三方面性能的综合,这就是工程力学的任务。

第二节　刚体、变形固体及其基本假设

结构和构件可统称为物体。在工程力学中将物体抽象化为两种计算模型:刚体模型、理想变形固体模型。

受力后形状和大小都不改变的物体称为刚体。实际上,任何物体受力作用都发生或大或小的变形,但在一些力学问题中,当物体变形这一因素与所研究的问题无关,或对所研究的问题影响甚微时,我们就可以不考虑物体的变形,将物体视为刚体,从而使所研究的问题得到简化。

在另一些力学问题中,物体变形这一因素是不可忽略的主要因素,如不予考虑就得不到问题的正确解答。这时,我们将物体视为理想变形固体。

所谓理想变形固体,是将一般变形固体的材料加以理想化,作出以下假设:

(1)材料均匀连续假设:认为材料的力学性能在各处都是均匀的,物体内部毫无空隙地、密实地充满着物质。

(2)材料各向同性假设:认为材料在各个不同方向都具有相同的力学性能。

(3)小变形假设:认为构件受力后,其几何形状的改变与原尺寸比较起来是很微小的。

采用理想变形固体模型不但使理论分析和计算得到简化,而且所得结果的精度能满足工程的要求。

变形固体受荷载作用时将产生变形。当荷载值不超过一定范围时,荷载撤去后,变形

随之消失，物体恢复原有形状，撤去荷载能恢复的变形称为弹性变形。当荷载值超过一定范围，荷载撤去后，一部分变形随之消失，而另一部分变形却保留下来，物体不能恢复原有形状。撤去荷载后不能恢复的变形称为塑性变形。在多数工程问题中，仅局限于研究弹性变形范围内的问题，要求构件只发生弹性变形。

第三节　荷载的分类

结构工作时所承受其他物体作用的主动外力称为荷载。荷载可分为不同类型：

(1)按作用的性质可分为静荷载和动荷载。缓慢地加到结构上的荷载称为静荷载，静荷载作用下结构不产生明显的加速度。大小、方向随时间而变的荷载称为动荷载。动荷载作用下，结构上各点产生明显的加速度，结构的内力和变形都随时间而发生变化。地震力、冲击力、惯性力等都是动荷载。

(2)按作用时间的长短可分为恒荷载和活荷载。永久作用在结构上，大小、方向不变的荷载称为恒荷载。固定设备、结构自重等都为恒荷载。暂时作用在结构上的荷载称为活荷载。风、雪荷载等都为活荷载。

(3)按作用的范围可分为集中荷载和分布荷载。当荷载作用的范围与构件尺寸相比很小时，可认为荷载集中作用于一点，称为集中荷载。车轮对地面的压力、柱子对面积较大的基础的压力等都是集中荷载。分布作用在体积、面积或线段上的荷载称为分布荷载。结构自重、风、雪等荷载都为分布荷载。当以刚体为研究对象时，作用在结构上的分布荷载可用其合力(集中荷载)代替，以简化计算；但以变形体为研究对象时，作用在结构上的分布荷载不能用其合力代替。

第四节　约束与约束反力

根据物体在空间的运动是否受到周围其他物体的限制，通常把物体分为两类。一类称为自由体，这类物体不与其他物体接触，在空间任何方向的运动都不受限制。例如，在空中飞行的飞机、炮弹和宇宙飞船等。另一类物体称为非自由体，这类物体在空间的运动受到与之相接触的其他物体的限制，沿某些方向不能运动。例如，搁置在墙上的梁、用绳索悬挂的重物、沿轨道运行的火车、支承在轴承上的轴等。

限制非自由体运动的周围物体称为该非自由体的约束。如上述墙是梁的约束，绳索是重物的约束，钢轨是火车的约束，轴承是轴的约束。由于约束限制了物体的运动，即改变了物体的运动状态。因此，约束必然受到被约束物体的作用力；同时，约束亦给被约束物体以反作用力，这种力称为约束反力，简称反力。约束反力的方向，总是与约束所能阻碍的物体运动的方向相反；约束反力的作用点就在约束与被约束物体的接触处。

作用在物体上的力除约束反力外，还有荷载作用，如重力、土压力、水压力等，它们的作用使物体运动状态发生变化或产生运动趋势，称为主动力。主动力一般是已知的，或可根据已有的资料确定。约束反力由主动力引起，随主动力的改变而改变，故又称为被动力。

约束反力除与主动力有关外，还与约束性质有关。下面介绍工程中常见的几种约束及其约束反力。

一、柔性约束

由不计自重的绳索、链条和胶带等柔性体构成的约束称为柔性约束，如图 1-2 所示。柔性约束只能限制物体沿柔性体中心线离开柔性体的运动，而不限制其他方向的运动。这类约束的性质决定了它们只能对被约束物体施加拉力，即柔性约束的约束反力作用在接触点，方向沿着柔性体中心线背离被约束物体。常用符号 F_T 表示。如图 1-2 中钢索对钢梁的约束反力 F_{TA}、F_{TB}，胶带对胶带轮的约束反力 F_{T1}、F_{T2}都属于柔性约束反力。

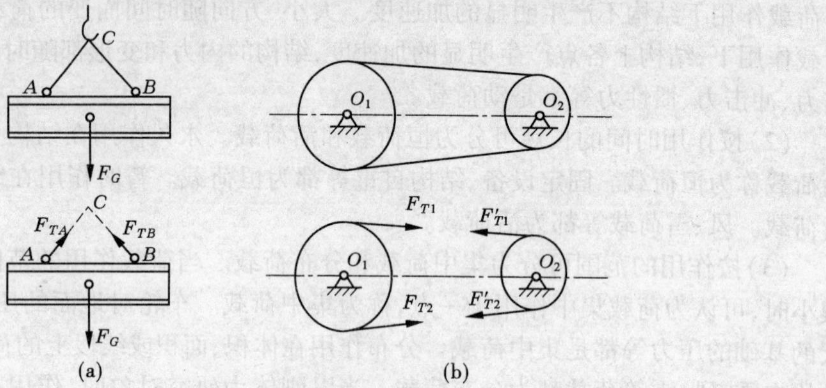

图 1-2　柔性约束

二、光滑面约束

不计摩擦的光滑平面或曲面，当构成对物体运动限制时，称为光滑面约束，如图 1-3 所示。

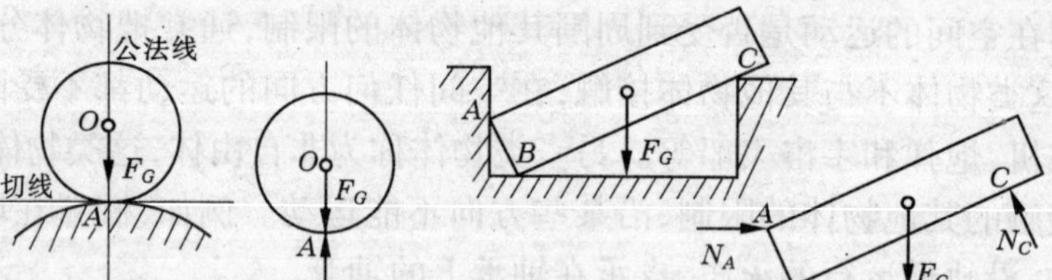

图 1-3　光滑面约束

光滑面约束，只能限制物体沿接触面公法线并向约束内部的运动。因此，光滑面约束的约束反力作用在接触点，方向沿接触面公法线且指向被约束物体，即为压力。这种约束反力又称为法向反力，通常用符号 N 表示，如图 1-3(a) 中小球所受的约束反力 N_A。如果一个物体以其棱角与另一物体光滑面接触，如图 1-3(b) 所示，则约束反力沿此光滑面在该点的法线方向并指向受力物体。与柔性约束类似，光滑面约束的反力方向是已知的，但大小未知。

三、光滑圆柱铰链约束

将两个钻有相同直径圆孔的构件 A 和 B，用销钉 C 插入孔中相连接，如图 1-4(a)所示。不计销钉与孔壁的摩擦，销钉对所连接的物体形成的约束称为光滑圆柱铰链约束，简称铰链约束或中间铰。图 1-4(b)为铰链约束的结构简图。铰链约束的特点是只限制物体在垂直于销钉轴线的平面内沿任意方向的相对移动，但不限制物体绕销钉轴线的相对转动和沿其轴线方向的相对滑动。在主动力作用下，当销钉和销钉孔在某点 D 光滑接触时，销钉对物体的约束反力 F_C 作用在接触点 D，且沿接触面公法线方向。即铰链的约束反力作用在垂直销钉轴线的平面内，并通过销钉中心，如图 1-4(c)所示。

由于销钉与销钉孔壁接触点的位置与被约束物体所受的主动力有关，往往不能预先确定，故约束反力 F_C 的方向亦不能预先确定。因此，通常用通过铰链中心两个大小未知的正交分力 F_{Cx}、F_{Cy}表示，如图 1-4(d)所示。分力 F_{Cx}和 F_{Cy}指向可任意假定。

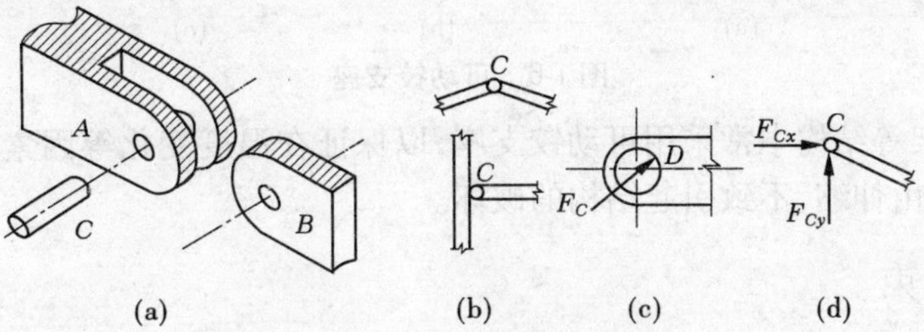

图 1-4 光滑圆柱铰链约束

四、固定铰支座

将结构物或构件连接在墙、柱、基础等支承物上的装置称为支座。用光滑圆柱铰链把结构物或构件与支承底板连接，并将底板固定在支承物上而构成的支座，称为固定铰支座。图 1-5(a)为其构造示意图，图 1-5(b) 为结构简图。

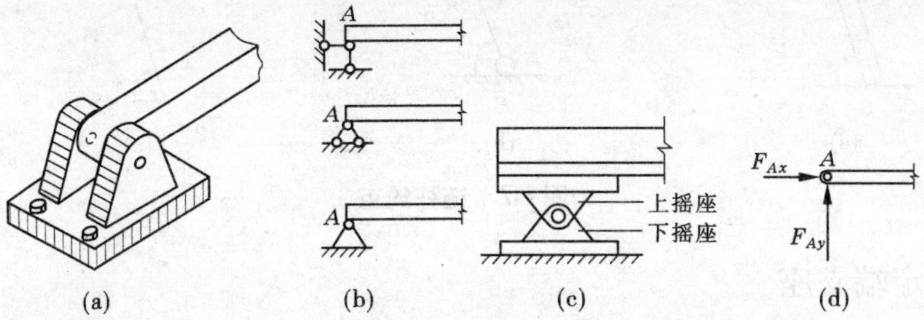

图 1-5 固定铰支座

为避免在构件上穿孔而影响构件的强度，通常在构件上固结另一穿孔的物体，称为上摇座，而将底板称为下摇座，如图 1-5(c)所示。

固定铰支座与光滑圆柱铰链约束不相同的是，两个被约束的构件，其中一个是完全固定的。但同样只有一个通过铰链中心且方向不定的约束反力，亦用正交的两个未知分力 F_{Ax}、F_{Ay}表示，如图 1-5(d)所示。

五、可动铰支座

在固定铰支座底板与支承面之间安装若干个滚轴，就构成了可动铰支座，又称为滚轴支座，如图 1-6(a)所示。图 1-6(b)为其结构简图。当支承面光滑时，这种约束只能限制物体沿支承面法线方向的运动，而不限制物体沿支承面方向的移动和绕铰链中心的转动。因此，可动铰支座的约束反力垂直于支承面，且通过铰链中心。常用符号 F 表示，作用点位置用下标注明，如图 1-6(c)所示 F_A。

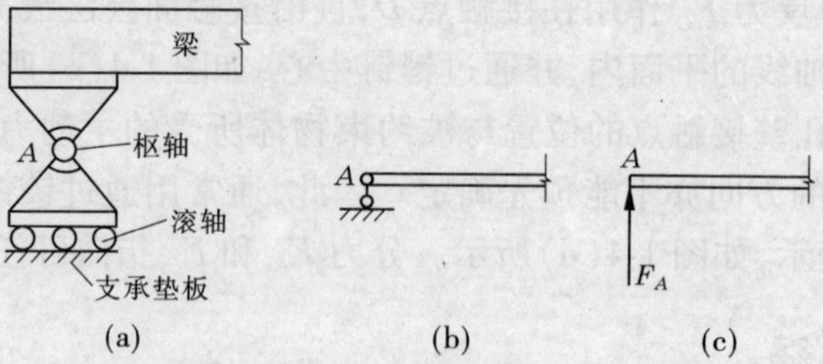

图 1-6　可动铰支座

在桥梁、屋架等结构中常采用可动铰支座，以保证在温度变化等因素作用下，结构可沿其跨度方向自由伸缩，不致引起结构的破坏。

六、链杆约束

链杆是两端用光滑铰链与其他物体连接，不计自重且中间不受力作用的杆件，这样的连接称为链杆连接，如图 1-7(a)所示，图 1-7(b)为其结构简图。链杆只在两铰链处受力作用，因此又称二力杆。处于平衡状态时，链杆所受的两个力，应大小相等、方向相反地作用在两个铰链中心的连线上，其指向一般不能确定。按作用力与反作用力定律，链杆对它所约束物体的约束反力必定沿着两铰链中心的连线作用在物体上，如图 1-7(c)所示。

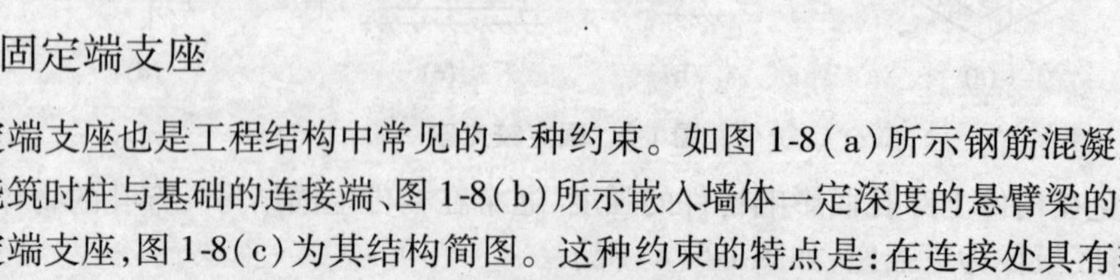

图 1-7　链杆约束

七、固定端支座

固定端支座也是工程结构中常见的一种约束。如图 1-8(a)所示钢筋混凝土柱与基础整体浇筑时柱与基础的连接端、图 1-8(b)所示嵌入墙体一定深度的悬臂梁的嵌入端都属于固定端支座，图 1-8(c)为其结构简图。这种约束的特点是：在连接处具有较大的刚性，被约束物体在该处被完全固定，即不允许被约束物体在连接处发生任何相对移动和转动。固定端支座的约束反力分布比较复杂，但在平面问题中，可简化为正交的两个未知分力 F_{Ax}、F_{Ay} 和一个反力偶 m_A，如图 1-8(d)所示。

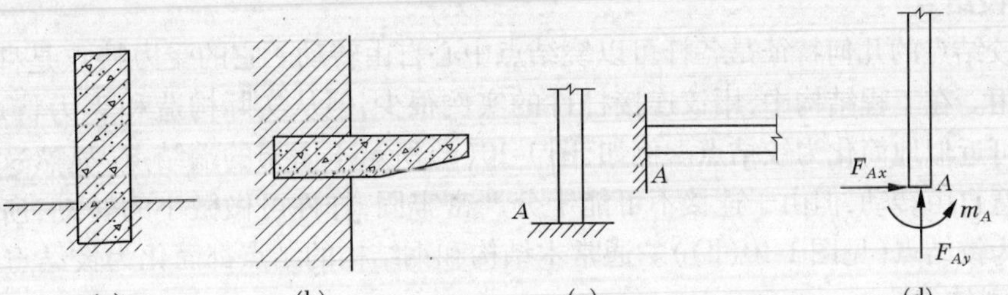

图1-8　固定端支座

八、定向支座

构件在支承处不能转动,也不能沿某方向移动,如图1-9(a)所示,这样的支承称为定向支座。图1-9(b)所示为定向支座的简化符号,用平行双链杆表示。这种支座允许杆端沿与平行双链杆垂直的方向移动,限制了沿平行双链杆方向的移动,也限制了转动。定向支座的约束反力是一个沿平行双链杆方向的力 R_1 和一个力偶 R_2。图1-9(c)中反力 R_1 和反力偶 R_2 的指向都是假定的。

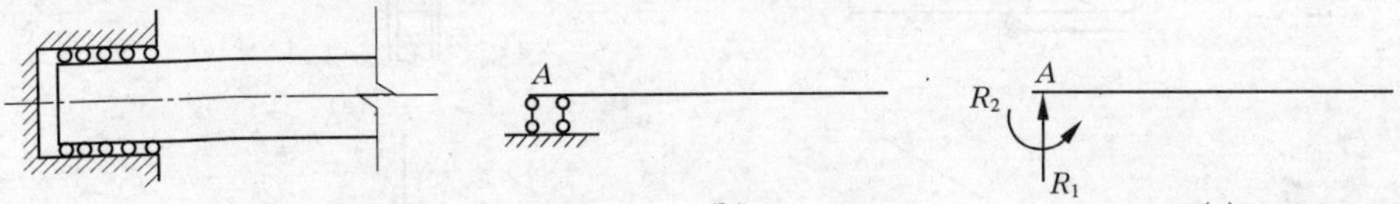

图1-9　定向支座

第五节　结构计算简图

工程中的实际结构是很复杂的,完全按照结构的实际情况进行力学分析是不可能的,也是不必要的。因此,在进行结构力学分析之前,应首先将实际结构进行抽象和简化,使之既能反映实际的主要受力特征,又能使计算简化。这种经合理抽象和简化,用来代替实际结构的力学模型叫做结构的计算简图。一般来说,选择结构计算简图的原则是:①从实际出发,计算简图要反映实际结构的主要性能,使计算结果安全可靠;②分清主次,略去次要因素,力求计算简便。

选取计算简图时,需要在多方面进行简化,下面简单说明杆系结构计算简图的简化要点。

一、结构的简化

在杆系结构的计算简图中,杆件用其纵轴线表示。例如梁柱等构件的轴线常为直线,则用此直线表示;如拱、洞等构件的轴线常为曲线,则用此曲线表示。杆件间的连接用结点表示,杆件长度用结点间的距离表示。结点根据其实际构造和受力特点,可简化为铰结点和刚结点两种基本形式。

（一）铰结点

理想铰结点的几何特征是各杆可以绕结点中心自由转动。它的受力特点是杆端不受转动约束作用。在工程结构中，用铰连接杆件的实例很少，但从实际构造和受力特点来分析，许多结点可近似地简化为铰结点。例如，图1-10(a)所示木屋架的端结点，显然这两根杆件并不能任意自由转动，但由于连接不可能十分严密牢固，杆件可做微小的转动，所以在计算中可假定为铰结点（见图1-10(b)）。通常木结构和钢结构的结点都简化为铰结点。

（二）刚结点

刚结点的几何特征是结构变形后各杆不能绕结点做相对的转动，即交汇于该结点的各杆端之间的夹角保持不变。刚结点的受力状态是结点对杆端有抗转约束作用。图1-11(a)所示为钢筋混凝土刚架边柱和横梁的结点，它是两根杆件用钢筋连接并用混凝土浇筑在一起，这种结点的受力和变形情况基本上符合上述特点，所以在计算中通常当做刚结点（见图1-11(b)）。

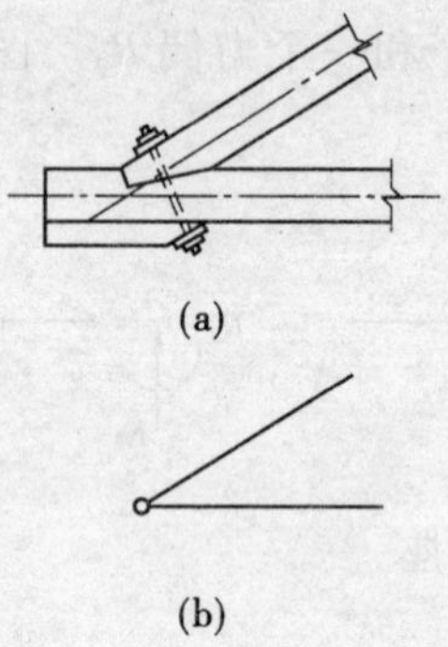

图1-10　铰结点

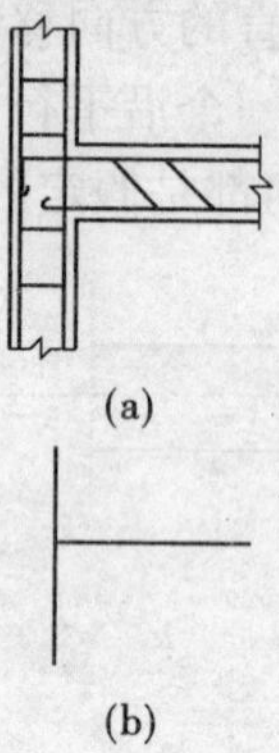

图1-11　刚结点

如图1-12(a)中的屋架端部和柱顶设置有预埋钢板，将钢板焊接在一起，构成结点。由于屋架端部和柱顶之间不能发生相对移动，但可发生微小的相对转动，故可将此结点简化为铰结点（见图1-12(b)）。又如图1-12(c)中钢筋混凝土框架顶层的结点，梁与柱用混凝土整体浇筑，因梁端与柱端之间不能发生相对移动，也不能发生相对转动，故可将此结点简化为刚结点（见图1-12(d)）。

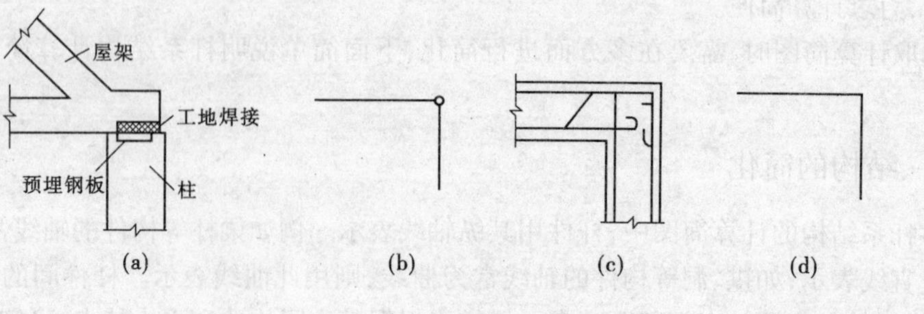

图1-12　结点的简化

二、支座的简化

结构与基础或其他支承物连接的部分叫做支座。它的作用是将结构的位置固定,并将结构所受的荷载传递给支承物、基础和地基。支座的实际构造是多种多样的,就其对结构的约束作用,常简化为固定铰支座、可动铰支座、定向支座和固定端支座等理想的支座。为便于计算,要分析实际结构支座的主要约束功能与哪种理想支座的约束功能相符合,将工程结构的实际支座简化为力学中的理想支座。

图 1-13(a)中所示的是预制钢筋混凝土柱与杯形基础的连接形式。基础下面是比较坚实的地基,如杯口四周填入沥青麻丝,荷载的作用能使柱端发生微小转动,其约束功能基本上与固定铰支座相符合,则可简化为固定铰支座,如图 1-13(b)所示。如将预制钢筋混凝土柱插在较深的杯形基础中,杯口四周及底部用细石混凝土填实,如图 1-13(c)所示,柱端被相当坚实地固定住,其约束功能基本上与固定端支座相符合,则可简化为固定端支座,如图 1-13(d)所示。

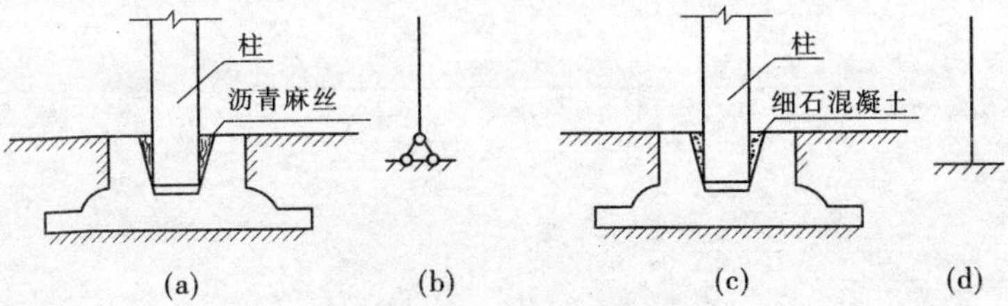

图 1-13　支座的简化

三、荷载的简化

实际结构上的荷载,一般分为体积力和表面力两大类。体积力是作用在结构杆件内各点的荷载,如结构自重、惯性力等;表面力是作用在结构表面的荷载,如水压力、土压力等。

在杆系结构中,杆件用其纵轴线表示,因此不管是体积力还是表面力,都简化为分布在杆件轴线上的线荷载。依其分布状况,通常分为集中荷载(集中力、力偶)和分布荷载(均匀分布、直线分布、曲线分布等)两种。

【例 1-1】 图 1-14(a)所示为某排架结构单层厂房的剖面图,图 1-14(b)为其平面布置图,屋面板为大型预应力屋面板,基础为预制杯形基础,并用细石混凝土灌缝,试确定该排架结构的计算简图。

解:(1)结构体系的简化:将该空间结构简化为一平面体系的结构,即取一平面排架作为研究对象,而不考虑相邻排架对它的影响。

(2)构件的简化:柱用其轴线表示,屋架因其平面内刚度很大,故也可用一直杆表示。

(3)结点的简化:在该平面排架内的结点只有屋架与柱的连接结点,一般该结点为螺栓连接或焊接,结点对屋架转动的约束较弱,故可简化为铰结点。

(4)支座的简化:由于柱插入基础后,用细石混凝土灌缝嵌固,限制了柱在竖直方向和水平方向的移动及转动,因此柱下端按固定端支座考虑。

(5)荷载的简化：结构受水平风荷载和屋面板、吊车传来的竖向荷载，分别简化为相应均布荷载和集中荷载。

经上述简化，该平面排架结构的计算简图如图 1-14(c)所示。

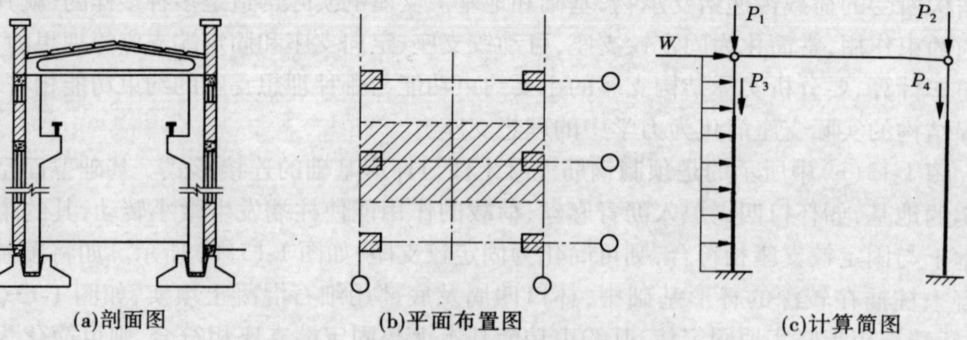

图 1-14　排架结构单层厂房计算简图

第二章　力系的合成与平衡

第一节　物体的受力分析与受力图

进行力学计算,首先要对物体系统或其组成构件进行受力分析。要确定研究对象,分析考查它的受力情况,这个过程就是受力分析。物体受力分析包含两个步骤:一是把所要研究的物体单独分离出来,画出其简图。这一步骤称做取研究对象或取分离体。二是在分离体图上画出研究对象所受的全部力,这些力包括主动力以及约束反力。这一步骤称做画受力图。

下面举例说明如何画物体的受力图。

【例 2-1】　画出如图 2-1(a)所示搁置在墙上的梁的受力图。

解:(1)按题意取梁为研究对象,画其计算简图。

墙的摩擦使梁不能移动,而且梁受热后膨胀时仍可伸长,将其一端简化为固定铰支座,而另一端则为可动铰支座,梁本身由其轴线代替,这样便得到梁计算简图,如图 2-1(b)所示。

(2)画出主动力:受到的主动力为均布荷载 q。

(3)画出约束反力:受到的约束反力,在 B 点为可动铰支座,其约束反力 F_B 与支承面垂直,方向假设为向上;在 A 点为固定铰支座,其约束反力通过铰中心点,但方向未定,用互相垂直的两个分力 F_{Ax} 与 F_{Ay} 表示,所求的受力图如图 2-1(c)所示。

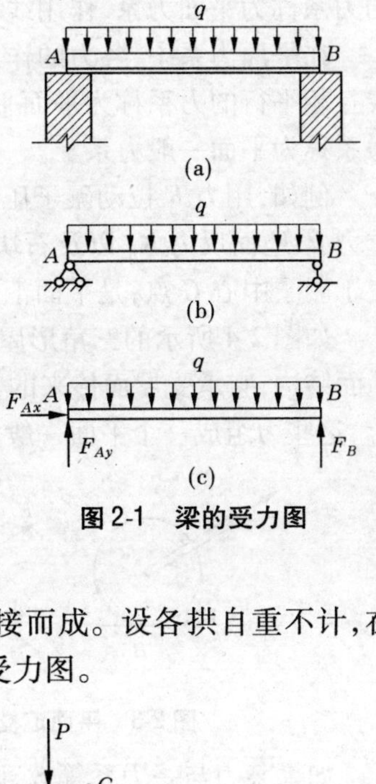

图 2-1　梁的受力图

【例 2-2】　如图 2-2(a)所示三铰拱桥,由左右两拱铰接而成。设各拱自重不计,在 AC 拱上作用有竖直荷载 P。试分别画出拱 AC 和拱 CB 的受力图。

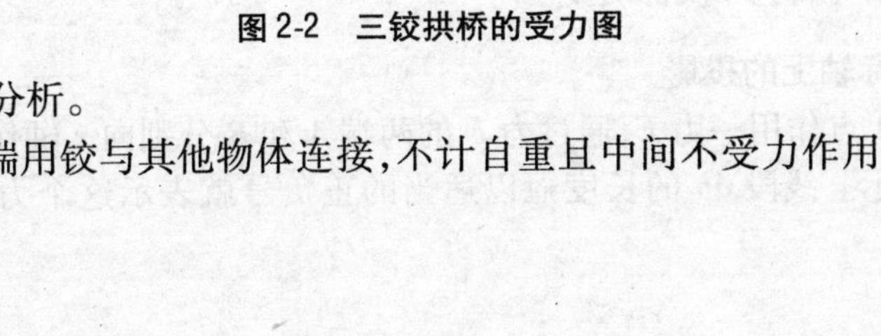

图 2-2　三铰拱桥的受力图

解:(1)CB 拱分析。

CB 拱只在两端用铰与其他物体连接,不计自重且中间不受力作用,故 CB 拱是一个二力构件，在铰 B、C 处所受到的约束反力分别为 F_B、F_C，指向假定，并且 F_B、F_C 等值、反向、共线。受力图如图 2-2(b)所示。

(2)AC 拱分析。

AC 拱受到主动力 P 和铰 A、C 处的约束反力。由于 AC 拱在 C 处受到 CB 拱给它的约束反力与 F_C 是作用力和反作用力的关系，所以用 F'_C 来表示。A 处是固定铰支座，约束反力为 F_{Ax}、F_{Ay}，方向假定，所求的受力图如图 2-2(c)所示。

第二节　力系简化的基础知识

一、力系简化中的一些基本概念

作用在物体上的一组力称为力系。在静力学中，为便于研究问题，通常按力系中各力作用线分布情况的不同分为平面力系和空间力系两大类。各力的作用线均在同一平面上的力系称为平面力系，作用线不全在同一平面上的力系称为空间力系。

在平面力系中，各力的作用线均汇交于一点的力系，称为平面汇交力系；各力的作用线互相平行的力系称为平面平行力系；各力的作用线不全汇交于一点，也不全互相平行的力系称为平面一般力系。

例如，用力 F 拉动碾子压平路面，当受到石块的阻碍而停止前进时，碾子受到拉力 F、重力 P、地面反力 N_B 以及石块的反力 N_A 的作用，以上各力的作用线都在铅垂平面内且汇交于碾子中心 C 点，是平面汇交力系，如图 2-3 所示。

如图 2-4 所示的三角形屋架，它的厚度比其他两个方向的尺寸小得多，这种结构称为平面结构，它承受屋面传来的竖向荷载 F_P、风荷载 F_Q 以及两端支座的约束反力 F_{Ax}、F_{Ay}、F_B，这些力组成一个平面一般力系。

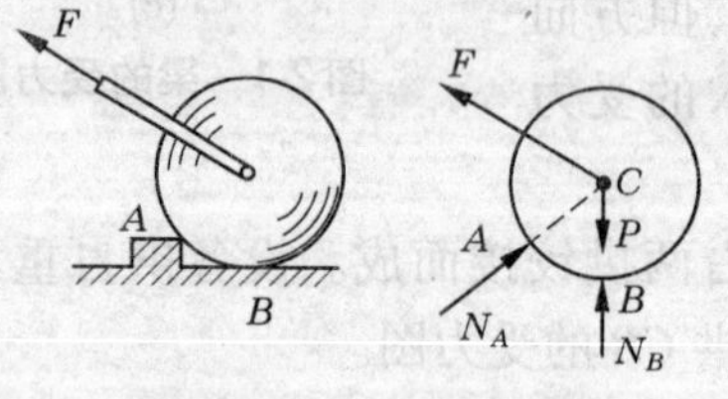

图 2-3　平面汇交力系

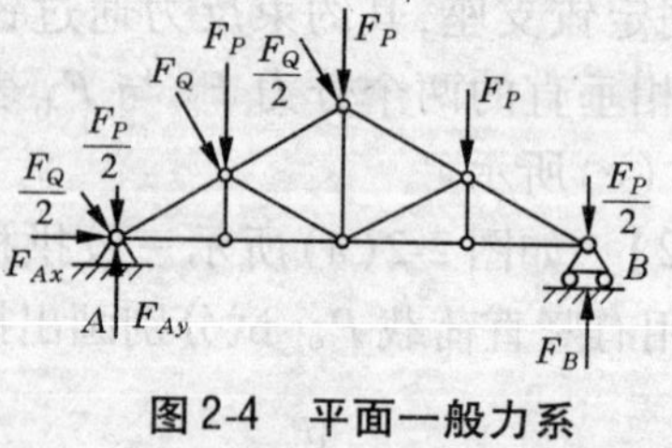

图 2-4　平面一般力系

如果某力与一力系等效，则此力称为该力系的合力，而力系中的诸力称为此合力的分力。用一个简单的等效力系(或一个力)代替一个复杂力系的过程称为力系的简化。

在求解平面力系问题时，常用的方法是解析法。解析法是以力在坐标轴上的投影为基础的，为此，先介绍力在坐标轴上的投影。

二、力的投影和合力投影定理

(一)力在坐标轴上的投影

设在刚体上 A 点作用一力 F，通过力 F 的两端 A 和 B 分别向 x 轴作垂线，垂足为 a 和 b，如图 2-5(a)所示。线段 ab 的长度冠以适当的正负号就表示这个力在 x 轴上的投影。

如果从 a 到 b 的指向与投影轴 x 轴的正向一致，则力 F 在 x 轴的投影为正值，记为 F_x，反之为负值。

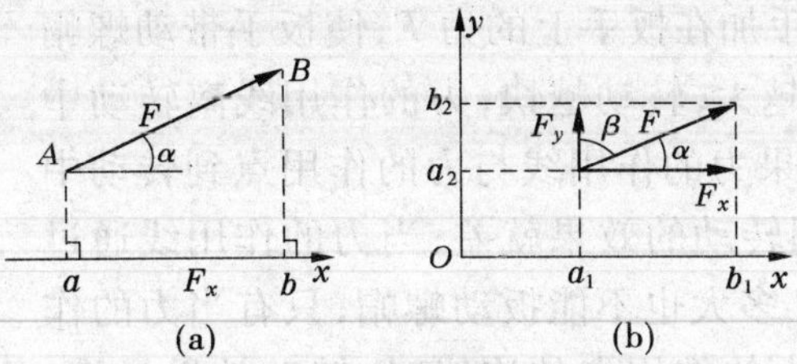

图 2-5　力在坐标轴上的投影

力在某坐标轴上的投影，等于力的大小乘以力与该轴的正向间夹角的余弦。若力 F 与 x 轴之间的夹角为 α，则有

$$F_x = F\cos\alpha \tag{2-1}$$

当 α 为锐角时，F_x 为正值；当 α 为钝角时，F_x 为负值。可见，力在坐标轴上的投影是个代数量。为了计算方便，经常需要求力在直角坐标轴上的投影，如图 2-5(b)所示，将力 F 分别在正交的 Ox、Oy 轴上投影，则有

$$\left.\begin{aligned} F_x &= F\cos\alpha \\ F_y &= F\cos\beta \end{aligned}\right\} \tag{2-2}$$

力的投影特点：

(1) 力平移后在坐标轴上的投影不变；

(2) 力垂直于某轴，力在该轴上的投影为零；

(3) 力平行于某轴，力在该轴上的投影的绝对值为力的大小。

(二) 合力投影定理

合力投影定理建立了合力在坐标轴上的投影与各分力在同一轴上投影之间的关系。这种关系是：力系的合力在任一轴上的投影，等于力系中的各分力在同一轴上的投影的代数和。这就是合力投影定理（推导过程略）。即

$$\left.\begin{aligned} F_{Rx} &= F_{1x} + F_{2x} + \cdots + F_{nx} = \sum F_{ix} \\ F_{Ry} &= F_{1y} + F_{2y} + \cdots + F_{ny} = \sum F_{iy} \end{aligned}\right\} \tag{2-3}$$

由此可得到合力的大小和方向为

$$\left.\begin{aligned} F_R &= \sqrt{F_{Rx}^2 + F_{Ry}^2} = \sqrt{\left(\sum F_{ix}\right)^2 + \left(\sum F_{iy}\right)^2} \\ \tan\alpha &= \left|\frac{F_{Ry}}{F_{Rx}}\right| = \left|\frac{\sum F_{iy}}{\sum F_{ix}}\right| \end{aligned}\right\} \tag{2-4}$$

式中　α——合力 F_R 与 x 轴之间的锐角。

三、力矩和合力矩定理

(一) 力对点之矩

从实践中知道，力对物体的作用效果除能使物体移动外，还能使物体转动，力矩就是

度量力使物体转动效果的物理量。

力使物体产生转动效应与哪些因素有关呢？现以扳手拧螺帽为例，如图2-6所示。手加在扳手上的力F，使扳手带动螺帽绕中心O点转动。力F越大，转动越快；力的作用线离转动中心越远，转动也越快。如果力的作用线与力的作用点到转动中心O点的连线不垂直，则转动的效果就差；当力的作用线通过转动中心O时，无论力F多大也不能扳动螺帽；只有当力的作用线垂直于转动中心与力的作用点的连线时，转动效果最好。另外，当力的大小和作用线不变而指向相反时，将使物体向相反的方向转动。在建筑工地上使用撬杠抬起重物，使用滑轮组起吊重物等也是实际的例子。通过大量的实践总结出以下的规律：力使物体绕某点转动的效果，与力的大小成正比，与转动中心到力的作用线的垂直距离d也成正比。这个垂直距离称为力臂，转动中心称为力矩中心（简称矩心）。力的大小与力臂的乘积称为力F对点O之矩（简称力矩），记做$m_O(F)$。计算公式可写为：

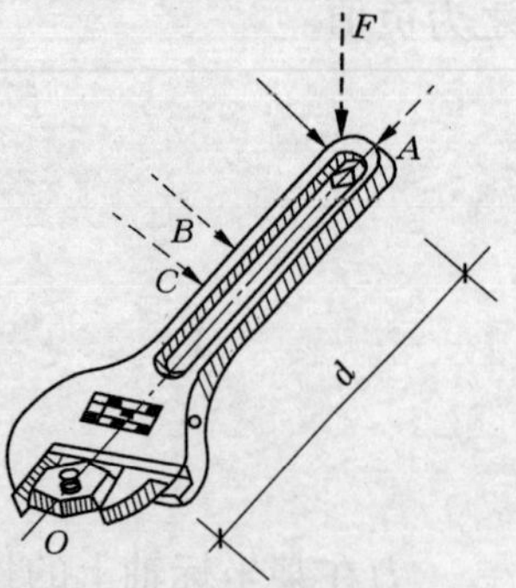

图2-6　力对点之矩示例

$$m_O(F) = \pm F \cdot d \tag{2-5}$$

式中的正负号表示力矩的转向。在平面内规定：力使物体绕矩心逆时针方向转动时，力矩为正；力使物体顺时针方向转动时，力矩为负。力矩是个代数量，单位是N·m或kN·m。

由力矩的定义可以得到如下力矩的性质：

（1）力F对点O的矩，不仅决定于力的大小，同时与矩心的位置有关，矩心的位置不同，力矩随之不同。

（2）相互平衡的两个力对同一点的矩的代数和等于零。

（3）力沿其作用线移动时，因为力的大小、方向和力臂均没有改变，所以力矩不变。

（二）合力矩定理

如果有n个平面汇交力作用于A点，则平面汇交力系的合力对平面内任一点之矩，等于力系中各分力对同一点力矩的代数和，即

$$m_O(F_R) = m_O(F_1) + m_O(F_2) + \cdots + m_O(F_n) = \sum m_O(F_i) \tag{2-6}$$

称为合力矩定理。

四、力偶和力偶矩

在实践中，汽车司机用双手转动方向盘，钳工用丝锥攻螺纹（如图2-7所示），以及日常生活中人们用手拧水龙头开关，用手指旋转钥匙等，都是施加力偶的实例。其中，作用于方向盘、丝锥扳手和水龙头开关的力分别成对出现，它们大小相等、方向相反、作用线平行。力学中，把这些成对的力作为整体来考虑。

（一）力偶

由大小相等、方向相反、作用线平行的二力组成的力系称为力偶，如图2-8所示。力偶与力一样，也是力学中的一种基本物理量。力偶不能简化成比力更简单的形式，所以力偶与力一样被看成是组成力系的基本元素。

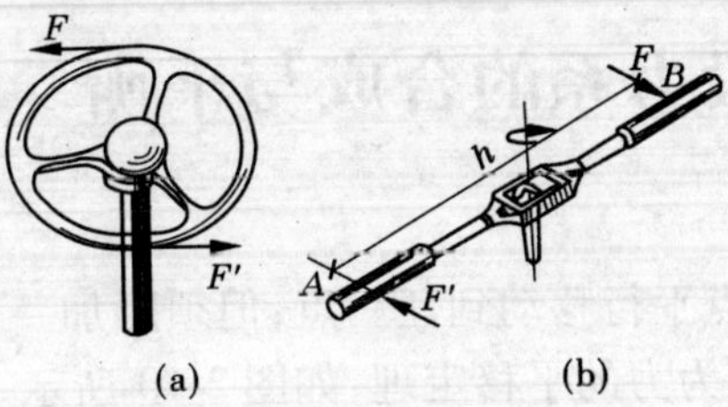

图 2-7 力偶实例

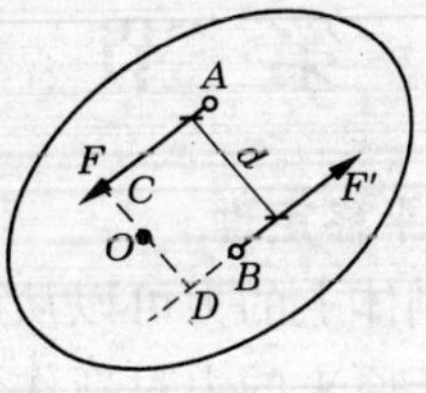

图 2-8 力偶

力偶用符号(F,F')表示。力偶所在的平面称为力偶作用面,力偶的二力间的垂直距离称为力偶臂。

(二)力偶矩

力偶中一个力大小和力偶臂的乘积并冠以适当正负号(以示转向)来度量力偶对物体的转动效应,称为力偶矩,用 m 表示。即

$$m = \pm Fd$$

使物体逆时针方向转动时,力偶矩为正,反之为负。力偶矩是代数量,它的单位与力矩的单位相同,常用 N·m 或 kN·m。

大量实践证明,度量力偶对物体转动效应的三要素是:力偶矩的大小、力偶的转向、力偶的作用面。不同的力偶只要它们的三要素相同,对物体的转动效应就是一样的。

(三)力偶的基本性质

性质 1 力偶没有合力,所以力偶不能用一个力来代替,也不能用一个力来平衡。

性质 2 力偶对其作用面内任一点之矩恒等于力偶矩,即与矩心位置无关。

性质 3 在同一平面内的两个力偶,如果它们的力偶矩大小相等、转向相同,则这两个力偶等效,称为力偶的等效条件。

从以上性质可以得到两个推论。

推论 1 力偶可在其作用面内任意转移,而不改变它对物体的转动效应,即力偶对物体的转动效应与它在作用面内的位置无关。

推论 2 在力偶矩大小不变的条件下,可以改变力偶中的力的大小和力偶臂的长短,而不改变它对物体的转动效应。

从上面两个推论可知,在研究与力偶有关的问题时,不必考虑力偶在平面内的作用位置,也不必考虑力偶中力的大小和力偶臂的长短,只需考虑力偶的大小和转向。所以,常用带箭头的弧线表示力偶,箭头方向表示力偶的转向,弧线旁的字母 m 或数值表示力偶矩的大小,如图 2-9 所示。

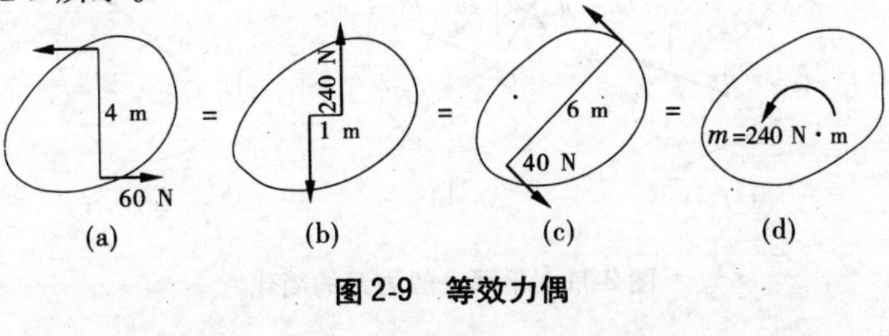

图 2-9 等效力偶

第三节　平面一般力系的合成与平衡

一、力的平移定理

作用在刚体上的力可以从原来的作用点平行移动到任一点，但须附加一个力偶，附加力偶的矩等于原来的力对新作用点的矩，称为力的平移定理，如图 2-10 所示。

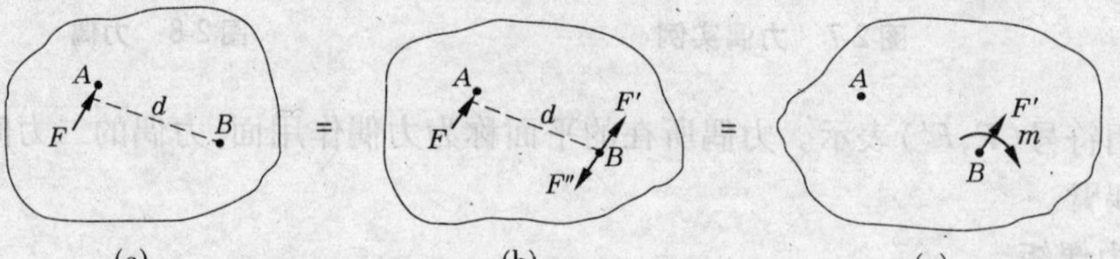

图 2-10　力的平移定理

证明：设力 F 作用于刚体上 A 点，如图 2-10(a) 所示，在距 A 为 d 的任一点 B 加上一对与原力 F 等值且平行的平衡力 F'、F''，如图 2-10(b) 所示。显然，力系(F,F',F'')与原力等效，这里又可以把 F、F'、F'' 这三个力看做是作用于 B 点上的力 F' 与一个力偶(F,F'')，这样作用于 A 点的力 F 就与作用于 B 点的力 F' 及力偶(F,F'')的组合等效，这就等于将力 F 由 A 点移到了 B 点，然后再加一力偶(F,F'')，称为附加力偶，其力偶矩等于原力 F 对 B 点的力矩，即

$$m = m_B(F) = Fd$$

由此证明，原来作用在 A 点的力 F，与作用在 B 点的平行力 F' 和附加力偶 m 的联合作用等效，如图 2-10(c) 所示。

二、平面一般力系向平面内一点的简化

设在刚体上作用有平面一般力系 $F_1,F_2,\cdots,F_n$，如图 2-11(a) 所示。为简化力系，首先在该力系的作用面内任选一点 O 作为简化中心，根据力的平移定理，将力系中各力全部平移到 O 点后，如图 2-11(b) 所示，则原力系就被平面汇交力系 $F'_1,F'_2,\cdots,F'_n$ 和力偶矩为 $m_1,m_2,\cdots,m_n$ 的附加平面力偶系所代替。因此，平面一般力系的简化就转化为此平面内的平面汇交力系和平面力偶系的合成，如图 2-11(c) 所示。则原力系可以用作用在 O 点的汇交力系和力偶系代替，O 点称为简化中心。

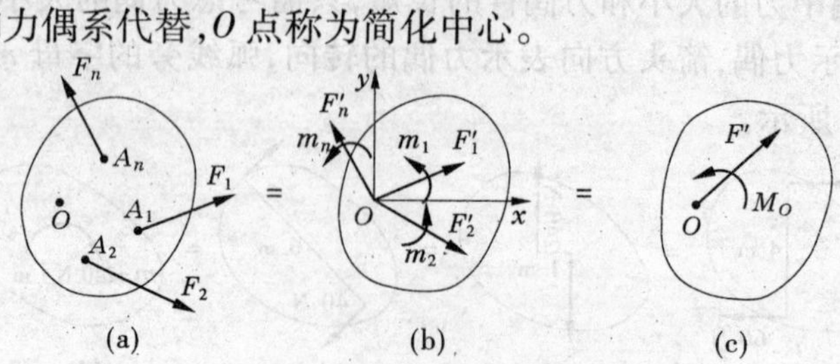

图 2-11　平面一般力系的简化

对作用于 O 点的汇交力系，可合成为作用于简化中心 O 的一个力 F'，F'为该力系的主矢。

$$F' = \sqrt{(F'_x)^2 + (F'_y)^2} = \sqrt{(\sum F_{xi})^2 + (\sum F_{yi})^2} \tag{2-7a}$$

$$\tan\alpha = \frac{|F'_y|}{|F'_x|} = \frac{|\sum F_{yi}|}{|\sum F_{xi}|} \tag{2-7b}$$

α 为 F' 与 x 轴所夹的锐角，F'的指向由$\sum F_{xi}$和$\sum F_{yi}$的正负号确定。

对作用于 O 点的附加力偶所组成的平面力偶系，可合成为一个合力偶，合力偶矩用 M_O 表示，M_O 称为平面一般力系相对于简化中心 O 点的主矩。

$$M_O = m_1 + m_2 + \cdots + m_n = \sum m_i \tag{2-8}$$

由于主矢等于原力系各力的矢量和，因此主矢的大小和方向与简化中心的位置无关。而主矩等于原力系中各力对简化中心的力矩的代数和，取不同的点作为简化中心，各力的力臂都要发生变化，则各力对简化中心的力矩也会改变，因此主矩一般随着简化中心的位置不同而改变。

三、平面一般力系简化结果的讨论

平面一般力系向一点简化，一般可得到一个力和一个力偶，但这并不是最后简化结果。根据主矢与主矩是否存在，可能出现下列几种情况：

(1) $F' \neq 0, M_O \neq 0$，此时力系没有简化为最简单的形式，根据力平移定理的逆过程，可将它们进一步合成为一个合力，合力 $F_R = F'$，合力至简化中心的距离为 $d = \left|\frac{M_O}{F'}\right|$，如图 2-12 所示。

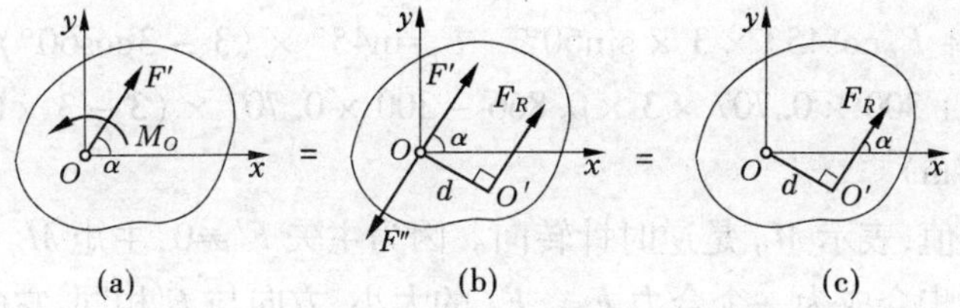

图 2-12　利用力的平移定理进行力系简化

(2) $F' \neq 0, M_O = 0$，则作用于简化中心的主矢 F' 就是原力系的合力 F_R，作用线通过简化中心。

(3) $F' = 0, M_O \neq 0$，此时主矩可单独代表原力系作用，在此时，简化结果与简化中心的位置无关。

(4) $F' = 0, M_O = 0$，物体在此力系下处于平衡状态。

综上所述，平面一般力系简化的最后结果（即合成结果）可能是一个力偶，或者是一个合力，或者是平衡。

【例 2-3】　已知挡土墙自重 $F_G = 400$ kN，水压力 $F_Q = 180$ kN，土压力 $F_P = 300$ kN，各力的方向及作用线位置如图 2-13(a) 所示。试将这三个力向底面中心 O 点简化，并求简化的最后结果。

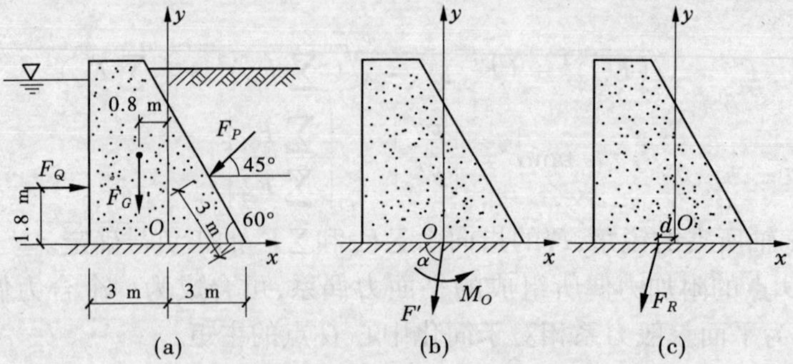

图 2-13 挡土墙受力的简化实例

解:以底面中心 O 为简化中心,取坐标系如图 2-13(a)所示,由式(2-7)可求得主矢 F' 的大小和方向。由于

$$\sum F_{xi} = F_Q - F_P\cos 45° = 180 - 300 \times 0.707 = -32.1(\mathrm{kN})$$

$$\sum F_{yi} = -F_P\sin 45° - F_G = -300 \times 0.707 - 400 = -612.1(\mathrm{kN})$$

$$F' = \sqrt{(\sum F_{xi})^2 + (\sum F_{yi})^2} = \sqrt{(-32.1)^2 + (-612.1)^2} = 612.9(\mathrm{kN})$$

则

$$\tan\alpha = \frac{\left|\sum F_y\right|}{\left|\sum F_x\right|} = \frac{612.1}{32.1} = 19.1, \alpha = 87°$$

因为 $\sum F_x$ 和 $\sum F_y$ 都是负值,故 F' 在第三象限,与 x 轴之夹角为 $\alpha = 87°$。

再由式(2-8)可求得主矢

$$\begin{aligned} M_O &= \sum m_O(F_i) \\ &= -F_Q \times 1.8 + F_P\cos 45° \times 3 \times \sin 60° - F_P\sin 45° \times (3 - 3\cos 60°) + F_G \times 0.8 \\ &= -180 \times 1.8 + 300 \times 0.707 \times 3 \times 0.866 - 300 \times 0.707 \times (3 - 3 \times 0.5) + 400 \times 0.8 \\ &= 228.9(\mathrm{kN \cdot m}) \end{aligned}$$

计算结果为正值,表示 M_O 是逆时针转向。因为主矢 $F' \neq 0$,主矩 $M_O \neq 0$(如图 2-13 (b)所示),故还可进一步合成为一个合力 F_R。F_R 的大小、方向与 F'相同,它的作用线与 O 点的距离为

$$d = \frac{|M_O|}{F'} = \frac{228.9}{612.9} = 0.373(\mathrm{m})$$

因 M_O 为正,故合力 F_R 应在 O 点左侧,如图 2-13(c)所示。

四 、平面力系的平衡条件及应用

(一) 平面一般力系平衡方程的基本形式

平面一般力系向任一点简化时,当主矢、主矩同时等于零,则该力系为平衡力系。因此,平面一般力系处在平衡状态的必要与充分条件是力系的主矢与力系对于任一点的主矩都等于零,即 $F' = 0, M_O = 0$。即

$$\left.\begin{aligned}\sum F_{xi} &= 0\\ \sum F_{yi} &= 0\\ \sum M_O(F_i) &= 0\end{aligned}\right\} \quad (2\text{-}9)$$

式(2-9)表明,力系中各力在任选的两个坐标轴 x、y 上的投影代数和为零,说明平面一般力系在 x 和 y 方向上没有合力,物体不会上下或左右移动。第三个方程为力矩平衡方程,即平面一般力系中的各力对任意点的力矩代数和等于零,说明物体不会转动。既没有移动又没有转动的物体就是平衡体。

各力在两个不平行的任意坐标轴上投影的代数和均等于零,各力对任一点的矩的代数和等于零,称为平面一般力系的平衡方程。

这组平衡方程式一方面可以用来判别平面一般力系是否平衡,另一方面可以用来对处于平衡状态的物体求解未知力。三个平衡方程式,可以用来求三个未知量。

(二)平面一般力系平衡方程的其他形式

除上述平面一般力系平衡方程的基本形式外,还可将平衡方程表示为二力矩形式及三力矩形式。

1. 二力矩形式的平衡方程(简称二矩式)

在力系作用面内任取两点 A、B 及 x 轴,要求 x 轴不与 A、B 两点的连线垂直。可以证明平面一般力系的平衡方程可改写成两个力矩方程和一个投影方程的形式,即

$$\left.\begin{aligned}\sum F_{xi} &= 0\\ \sum M_A &= 0\\ \sum M_B &= 0\end{aligned}\right\} \quad (2\text{-}10)$$

2. 三力矩形式的平衡方程(简称三矩式)

在力系作用面内任意取三个不在一直线上的点 A、B、C,则

$$\left.\begin{aligned}\sum M_A &= 0\\ \sum M_B &= 0\\ \sum M_C &= 0\end{aligned}\right\} \quad (2\text{-}11)$$

【例 2-4】 如图 2-14 所示,起吊一个重 10 kN 的构件,钢丝绳与水平线夹角 α 为 45°,求构件匀速上升时,绳的拉力是多少?

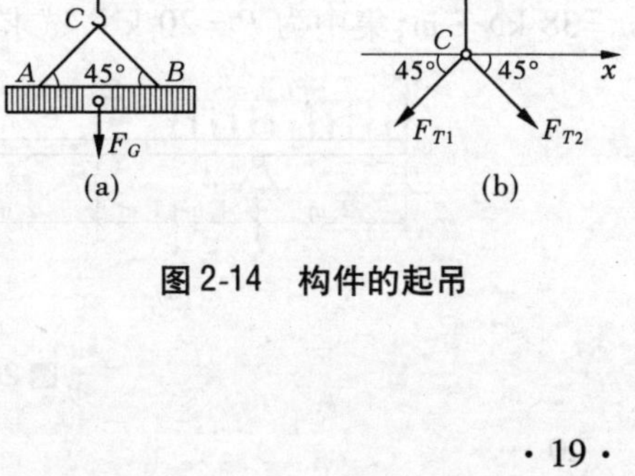

图 2-14 构件的起吊

解:构件匀速上升时,物体也处于平衡状态。整个系统在重力 F_G 和绳的拉力 F_T 的作用下平衡。即

$$F_G = F_T = 10\ \text{kN}$$

现在计算倾斜的钢丝绳 CA 和 CB 的拉力:

(1)根据题意取吊钩 C 为研究对象。

(2)画出吊钩 C 的受力图,如图 2-14(b)所示。吊钩受垂直方向拉力 F_T 和倾斜钢丝绳 CA、CB 的拉力 F_{T1}、F_{T2},构成一平面汇交力系,且为平衡的力系。

(3)选取坐标系如图 2-14 (b)所示,坐标系原点 O 放在吊钩 C 上。

(4)列平衡方程,求未知 F_{T1}、F_{T2}。

$$\sum F_x = 0,\ -F_{T1}\cos45^\circ + F_{T2}\cos45^\circ = 0 \tag{a}$$

$$\sum F_y = 0, F_T - F_{T1}\sin45^\circ - F_{T2}\sin45^\circ = 0 \tag{b}$$

由式(a)得 $F_{T1} = F_{T2}$,代入式(b)得

$$F_{T1} = F_{T2} = \frac{F_T}{2\sin45^\circ} = \frac{10}{2\times0.707} = 7.07(\text{kN})$$

第四节　平面力系平衡方程的应用

实际工程结构中既存在单个物体的平衡问题又存在物体系统的平衡问题。物体系统是由若干个物体通过适当的连接方式(约束)组成的,简称物系。工程中的结构或机构,如多跨梁、三铰拱、组合构架等都可看做物体系统。

在研究物体系统的平衡问题时,不仅要研究外界物体对整个系统所作用的外力,往往还要求出系统内部各物体之间相互作用的力,即内力。这样就需要将系统中某个物体或系统局部单独取出来作为研究对象,才能求出所需的未知力。

在研究物体系统的平衡问题时,必须注意以下几点:

(1)应根据问题的具体情况,恰当地选取研究对象,这是对问题求解过程的繁简起决定性作用的一步。

(2)必须综合考查整体与局部的平衡。当物体系统平衡时,组成该系统的任何一个局部系统或任何一个物体也必然处于平衡状态。分析时不仅要研究整个系统的平衡,而且要研究系统内某个局部或单个物体的平衡。

(3)在画物体系统、局部、单个物体的受力图时,特别要注意施力体与受力体、作用力与反作用力的关系。由于力是物体之间相互的机械作用,因此对于受力图上的任何一个力,必须明确它是哪个物体所施加的,决不能凭空臆造。

(4)在列平衡方程时,注意矩心和投影轴的选取,选择的原则是尽量做到一个平衡方程中只有一个未知量,以避免求解联立方程。

【例 2-5】　外伸梁受荷载如图 2-15(a)所示,已知均布荷载集度 $q=20$ kN/m,力偶矩 $m=38$ kN·m,集中力 $P=20$ kN,试求支座 A、B 的反力。

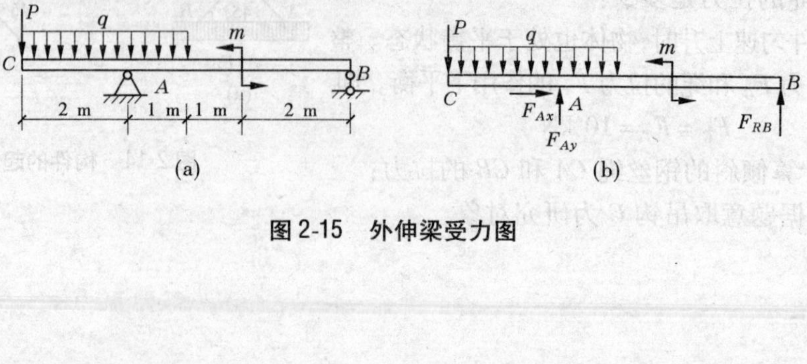

图 2-15　外伸梁受力图

解:取梁 BC 为研究对象,画受力图如图 2-15(b)所示,选取坐标轴,建立三个平衡方程:

$$\sum F_{xi} = 0,\quad F_{Ax} = 0$$

$$\sum M_B = 0,\quad -4F_{Ay} + 6P + 3q \times (6 - \frac{3}{2}) + m = 0$$

$$\sum M_A = 0,\quad 4F_{RB} + m + 2P + 3q \times \left(2 - \frac{3}{2}\right) = 0$$

解得 $F_{Ax} = 0(\rightarrow)$

$$F_{Ay} = \frac{1}{4}(6P + 3q \times 4.5 + 38) = \frac{1}{4} \times (6 \times 20 + 3 \times 20 \times 4.5 + 38) = 107(\text{kN})(\uparrow)$$

$$F_{RB} = -\frac{1}{4}(m + 2P + 3q \times 0.5) = -\frac{1}{4} \times (38 + 2 \times 20 + 3 \times 20 \times 0.5) = -27(\text{kN})(\downarrow)$$

F_{RB}为负值,说明其实际方向与假设方向相反,即应指向下。

校核:$\sum F_y = F_{RB} + F_{Ay} - P - 3q = -27 + 107 - 20 - 3 \times 20 = 0$,说明计算无误。

【例 2-6】 求图 2-16(a)所示刚架的支座反力。

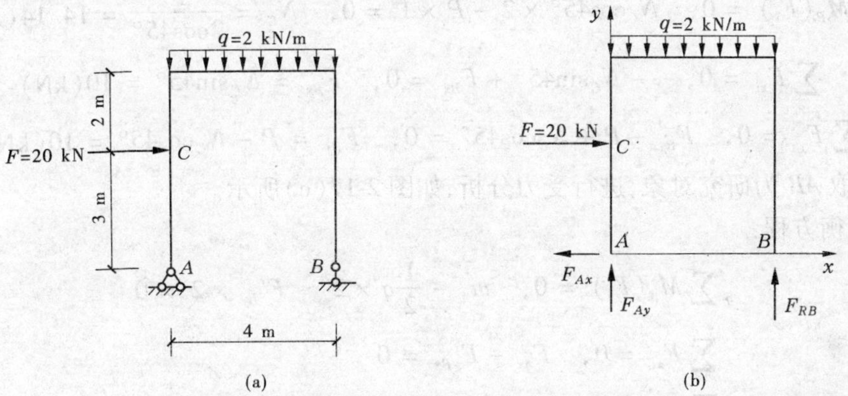

图 2-16 刚架受力图

解:取整体为研究对象,受力图如 2-16(b)所示,选取坐标轴,建立三个平衡方程:

$$\sum M_A = 0 \qquad 4F_{RB} - 3F - 4q \times 2 = 0$$

$$\sum M_B = 0 \qquad -4F_{Ay} - 3F + 4q \times 2 = 0$$

$$\sum M_C = 0 \qquad -3F_{Ax} - 4q \times 2 + 4F_{RB} = 0$$

$$F_{RB} = \frac{1}{4}(3F + 8q) = \frac{3 \times 20 + 8 \times 2}{4} = 19(\text{kN})(\uparrow)$$

$$F_{Ax} = \frac{4F_{RB} - 8q}{3} = \frac{4 \times 19 - 8 \times 2}{3} = 20(\text{kN})(\rightarrow)$$

$$F_{Ay} = \frac{8q - 3F}{4} = \frac{8 \times 2 - 3 \times 20}{4} = -11(\text{kN})(\downarrow)$$

F_{Ay}为负值,表示力的实际方向与假设方向相反。

校核:$\sum F_y = F_{Ay} + F_{RB} - 4q = -11 + 19 - 4 \times 2 = 0$,说明计算无误。

【例 2-7】 多跨静定梁由 AB 梁和 BC 梁用中间铰 B 连接而成,支座和荷载情况如图 2-17(a)所示,已知 $P = 20$ kN,$q = 5$ kN/m,$\alpha = 45°$。求支座 A、C 的反力和中间铰 B 处的反力。

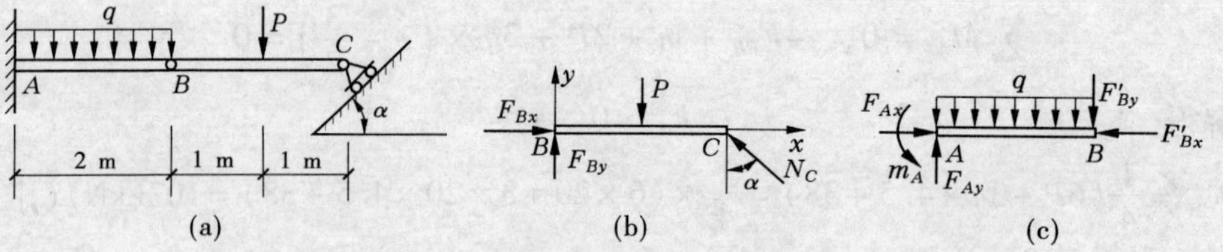

图 2-17 多跨静定梁受力图

解:(1)以 BC 为研究对象,进行受力分析,如图 2-17(b)所示。

列平衡方程:

$$\sum M_B(F_i) = 0,\quad N_C\cos45° \times 2 - P \times 1 = 0,\quad N_C = \frac{P}{2\cos45°} = 14.14(\text{kN})$$

$$\sum F_{xi} = 0,\quad -N_C\sin45° + F_{Bx} = 0,\quad F_{Bx} = N_C\sin45° = 10(\text{kN})$$

$$\sum F_{yi} = 0,\quad F_{By} - P + N_C\cos45° = 0,\quad F_{By} = P - N_C\cos45° = 10(\text{kN})$$

(2)取 AB 为研究对象,进行受力分析,如图 2-17(c)所示。

列平衡方程:

$$\sum M_A(F_i) = 0,\quad m_A - \frac{1}{2}q \times 2^2 - F'_{By} \times 2 = 0$$

$$\sum F_{xi} = 0,\quad F_{Ax} - F'_{Bx} = 0$$

$$\sum F_{yi} = 0,\quad F_{Ay} - 2q - F'_{By} = 0$$

解得 $m_A = 30$ kN·m,$F_{Ax} = 10$ kN,$F_{Ay} = 20$ kN

习 题

2-1 分别画出图 2-18 中各物体的受力图。

2-2 求图 2-19 中 P 对 O 点之矩。

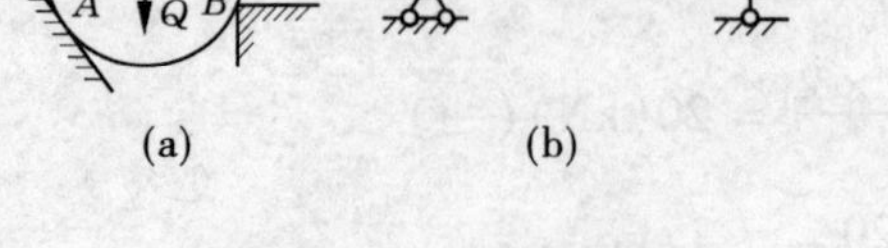

图 2-18 习题 2-1 图

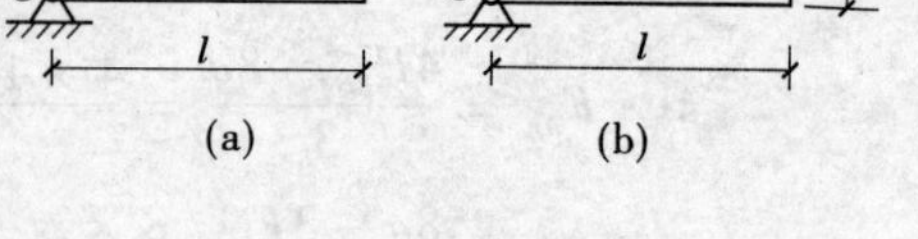

图 2-19 习题 2-2 图

2-3　重力坝受力情形如图 2-20 所示，设坝的自重分别为 $G_1 = 9\ 600\ \text{kN}$，$G_2 = 21\ 600\ \text{kN}$，上游水压力 $P = 10\ 120\ \text{kN}$，试将力系向坝底 O 点简化，并求其最后的简化结果。

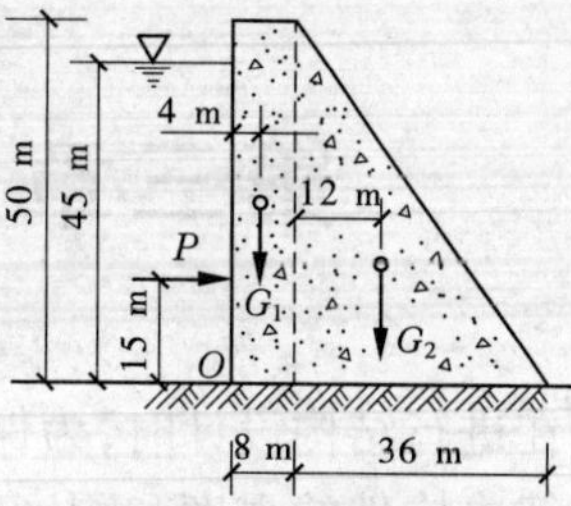

图 2-20　习题 2-3 图

2-4　不计自重的水平梁，所受载荷和支撑情况如图 2-21 所示，如果已知力 F、力偶矩 M 和集度为 q 的均布载荷，求支座 A 和 B 处的约束反力。

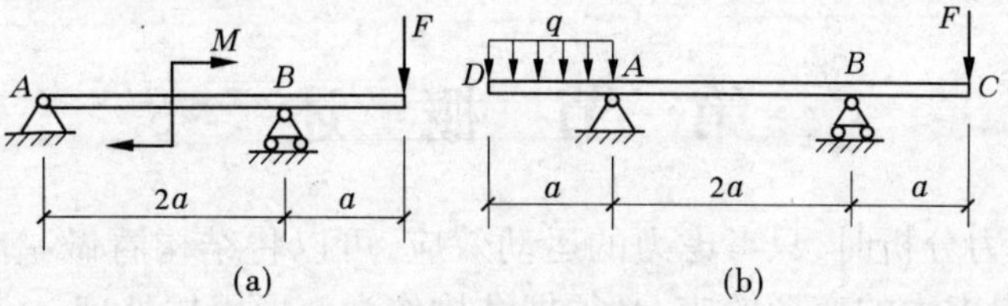

图 2-21　习题 2-4 图

2-5　各个刚架的载荷和尺寸如图 2-22 所示，试求各个刚架的支座反力。

2-6　组合梁受力情况如图 2-23 所示，已知 $q = 20\ \text{kN/m}$，$m = 40\ \text{kN} \cdot \text{m}$。试求支座 A、C 以及铰链 B 的反力。

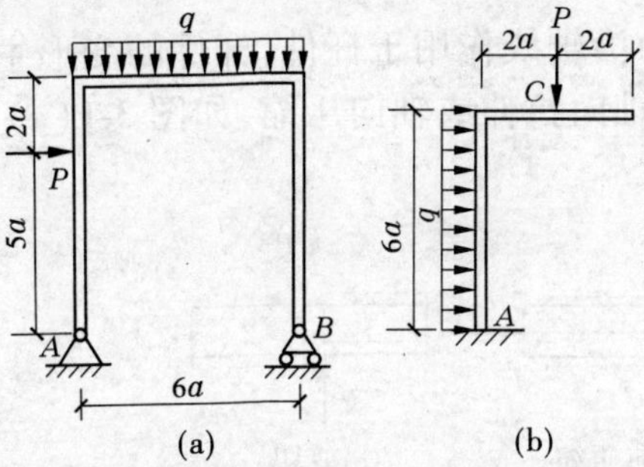

图 2-22　习题 2-5 图

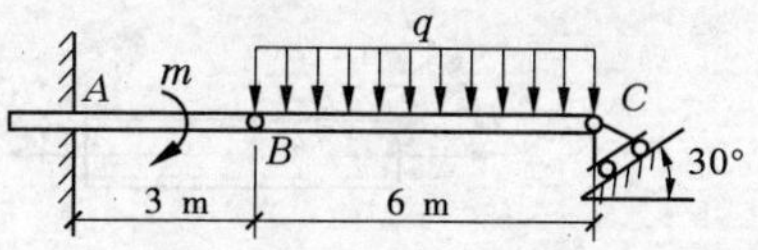

图 2-23　习题 2-6 图

第三章　静定结构的内力计算

在进行结构设计时，为保证结构安全正常工作，要求各构件必须具有足够的强度和刚度。解决构件的强度和刚度问题，首先需要确定危险截面的内力。内力计算是结构设计的基础。

第一节　概　述

进行结构的受力分析时，只考虑力的运动效应，可以将结构看做是刚体；但进行结构的内力分析时，要考虑力的变形效应，必须把结构作为变形固体处理。

一、四种基本变形

当外力以不同的方式作用于结构上时，结构将发生不同形式的变形。无论何种形式的变形，都可归结为四种基本变形形式之一，或者是基本变形形式的组合。直杆的四种基本变形形式是：

(1)轴向拉伸或压缩。一对方向相反的外力沿轴线作用于杆件，杆件的变形主要表现为长度发生伸长或缩短。这种变形形式称为轴向拉伸或轴向压缩，如图3-1(a)、(b)所示。

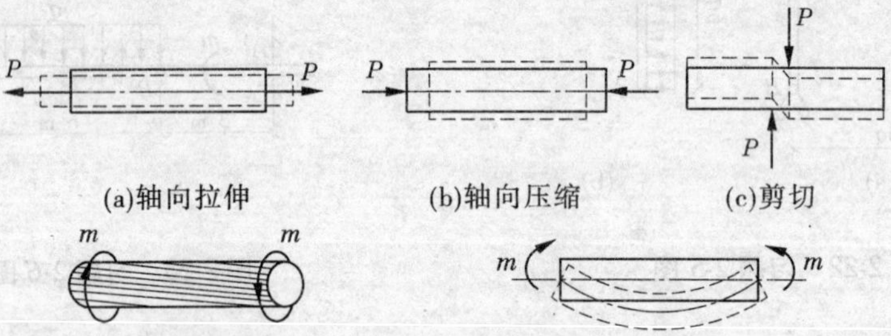

图3-1　直杆的四种基本变形

(2)剪切。一对相距很近、方向相反的平行力沿横向(垂直于轴线方向)作用于杆件，杆件的变形主要表现为横截面沿力作用方向发生错动。这种变形形式称为剪切，如图3-1(c)所示。工程上铆钉、键、销、螺栓等连接件是剪切变形的实例。

(3)扭转。一对方向相反的力偶作用在垂直于杆轴线的两平面内，杆件的任意两个横截面绕轴线发生相对转动。这种变形形式称为扭转，如图3-1(d)所示。

(4)弯曲。一对方向相反的力偶作用于杆件的纵向平面(通过杆件轴线的平面)内，杆件的轴线由直线变为曲线。这种变形形式称为弯曲，如图3-1(e)所示。

二、静定结构常见的基本形式

在实际工程中，有许多结构可以简化为静定结构，常见的几种典型静定结构为：静定梁（见图3-2（a））、静定平面刚架（见图3-2（b））、静定拱（见图3-2（c））和静定平面桁架（见图3-2（d））。

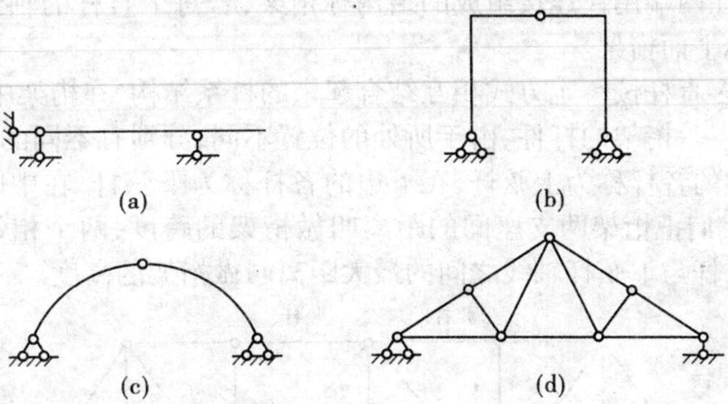

图3-2　几种典型静定结构

（一）静定梁

工程上习惯把以弯曲变形为主的构件叫梁。梁的结构很多，根据支座的情况可以分为以下三种基本形式：

（1）简支梁。梁的一端为固定铰支座，另一端为活动铰支座（见图3-3（a））。

（2）外伸梁。其支座和简支梁的支座相同，但梁的一端或两端伸出支座之外（见图3-3（b））。

（3）悬臂梁。梁的一端为固定端，另一端自由（见图3-3（c））。

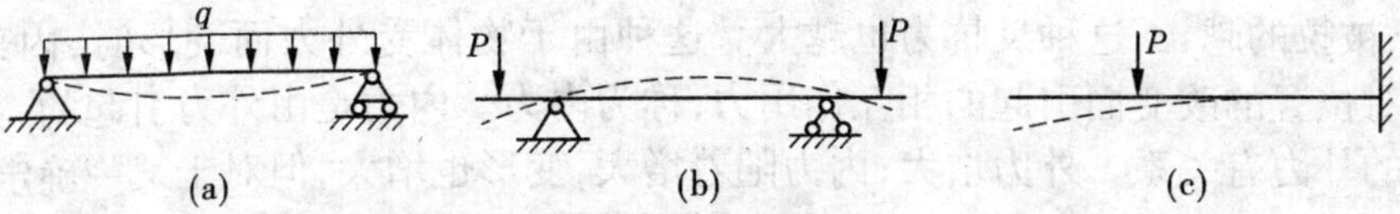

图3-3　梁的基本形式

（二）平面刚架

平面刚架是由梁和柱所组成的平面结构，其特点是在梁与柱的连接处为刚结点，当刚架受力而产生变形时，刚结点处各杆端之间的夹角始终保持不变。常见的静定平面刚架如图3-4所示，有悬臂刚架（见图3-4（a））、简支刚架（见图3-4（b））、三铰刚架（见图3-4（c））。

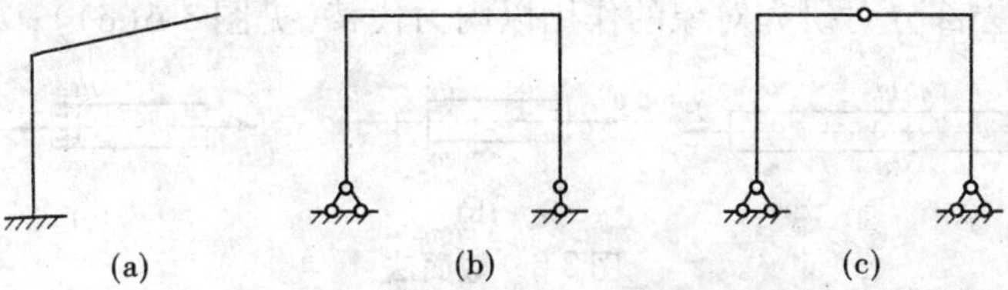

图3-4　静定平面刚架基本形式

（三）拱

由曲线构件组成，在竖向荷载作用下其支座处产生向内的水平反力的结构叫做拱。根据作用力与反作用力原理可知，拱对支座必定有向外的水平推力，所以拱属于有推力结构。工程上常用的静定拱结构为静定三铰拱，如图3-2（c）所示。

（四）静定平面桁架

由若干直杆在两端用铰连接组成的结构称桁架，若每个直杆的轴线与外荷载作用线在同一平面，则称平面桁架。

桁架是由许多直杆按一定方式相互结合起来的杆系结构，在桁架中，几根杆件互相结合的地方称为结点。桁架的杆件，由于所处的位置不同，分别有不同的名称。如图3-5所示的桁架，在上边的各杆称为上弦杆，在下边的各杆称为下弦杆，在中间的各杆称为腹杆（竖杆、斜杆）。我们把桁架两支座间的距离叫做桁架的跨度，两个相邻结点间的距离叫做节间长度，上弦杆与下弦杆轴线之间的最大距离叫做桁架的高度。

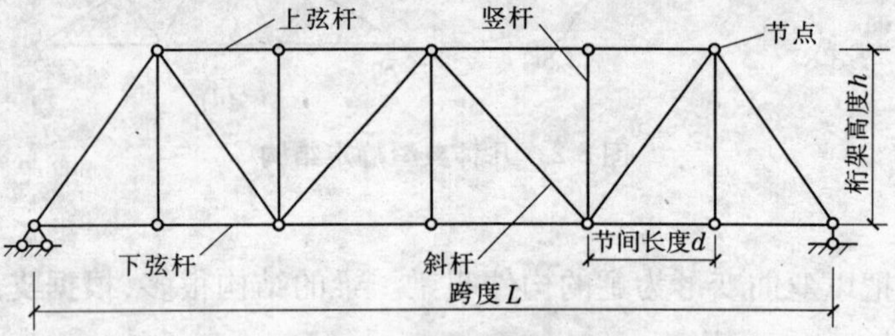

图3-5　静定平面桁架

三、内力

（一）内力的概念

当我们用手拉一根橡皮条时，会感觉到橡皮条内有一种反抗拉长的力。手的拉力越大，橡皮条被拉的越长，这种反抗力也越大。这种由于物体受外力而变形时，内部各部分之间因相对位置的改变而引起的相互作用力，称为内力。内力是由外力引起的，其大小与产生内力的外力有关系。外力增大，内力随着增大，变形也增大，但对于某一确定的构件，内力的增大又有一定的限度，超过这一限度，构件就发生破坏。因此，内力与构件的强度和刚度都有密切的联系。

（二）求内力的方法——截面法

要确定构件某一截面的内力，可以假想地将其沿需求内力的截面截开，求其横截面内力的方法称为截面法。截面法求解内力和求解一般平衡问题方法一样，步骤为：

（1）截：假想沿欲求内力的截面，将杆件截成左、右两部分分离体（见图3-6（a））；

（2）留：留下截面左侧或右侧为研究对象（见图3-6（b））；

（3）代：将弃去部分对研究对象的作用以内力代替（见图3-6（c））；

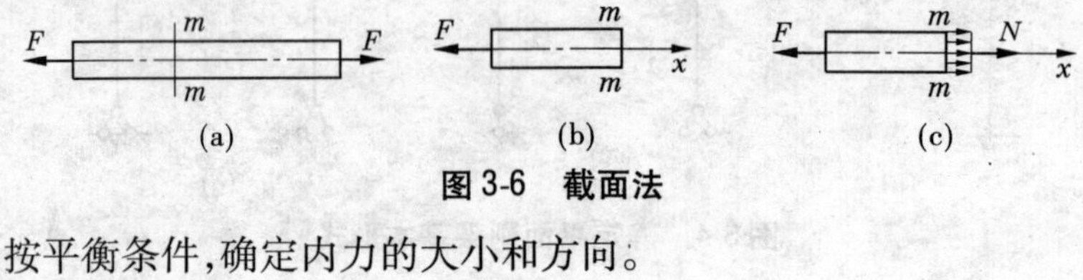

图3-6　截面法

（4）平：按平衡条件，确定内力的大小和方向。

第二节 轴向拉伸和压缩时的内力分析

一、轴向拉伸和压缩时的内力——轴力

轴向拉伸和压缩变形是柱结构的基本变形之一。当结构两端受到背离结构的轴向外力作用时，产生沿轴线方向的伸长变形，这种变形称为轴向拉伸，所受外力为拉力；反之，当构件两端受到指向构件的轴向外力作用时，产生沿轴线方向的缩短变形，这种变形称为轴向压缩，所受外力为压力。

二、截面法求轴力

如图 3-7(a)所示，设一直杆受力 P_1、P_2、P_3 的作用，其作用点分别是 A、B、C，求横截面 1—1、2—2 上的内力。

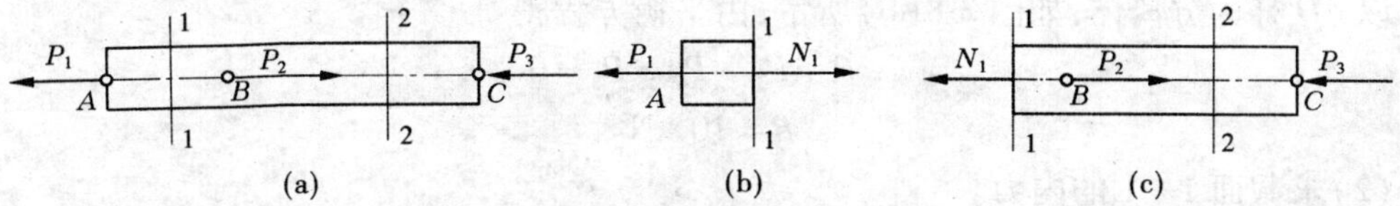

图 3-7 截面法求内力

(1)将杆沿截面 1—1 截开，杆被分为左右两部分，取左边为分离体(见图 3-7(b))。

(2)设右边对左边的作用力即截面 1—1 的内力用 N_1 来表示，称为轴力，并假设使分离体受拉，即为正。

(3)列平衡方程：

$$\sum F_x = 0，即 N_1 - P_1 = 0，N_1 = P_1$$

若取右边为分离体(见图 3-7(c))，列平衡方程：

$$\sum F_x = 0，即 P_2 - P_3 - N_1 = 0，N_1 = P_2 - P_3$$

可见，截面上的内力等于左边分离体上所有外力 P_1 的代数和或右边分离体上所有外力 P_2、P_3 的代数和。由此可归纳出计算轴力的简捷方法：

任意一个截面的轴力的大小等于截面其中一侧所有外力的代数和，外力使分离体受拉伸时为正，反之为负。

在实际计算时，一般选取外力较少的一边求代数和，计算比较简单 。

同样方法可计算截面 2—2 的内力 N_2。假设分离体受拉，取右边为分离体，列平衡方程可得：$N_2 = -P_3$。

三、杆件的轴力及轴力图

当杆件受到多个轴向外力作用时，在杆件不同部分的横截面上有不同的轴力。为了表达各横截面上的轴力随截面位置而变化的情况，可按选定的比例尺，用平行于杆轴线的坐标轴线表示横截面的位置，这条坐标轴通常称为基线，用垂直于杆轴线的坐标表示横截面上轴力的数值，从而画出表示各横截面上轴力的大小与截面所在位置关系的图形，这个

图形称为轴力图。有了轴力图,就可以很方便地从图上确定最大轴力及其所在横截面的位置,作为结构设计依据。习惯上将正值的轴力画在基线的上侧,负值的轴力画在基线的下侧,并标以正负号。下面举例说明具体作法。

【例 3-1】 作出图 3-8 所示直杆的轴力图。

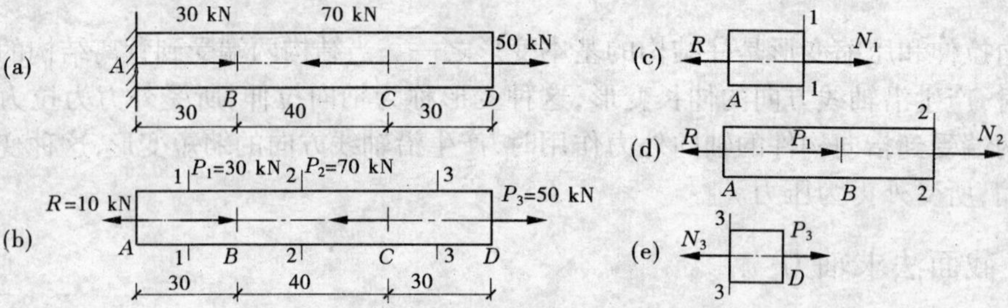

图 3-8 截面法求直杆的轴力

解:(1)首先求支座反力 R。

以 AD 杆为分离体,如图 3-8(b)所示,由平衡方程得

$$-R+P_1-P_2+P_3=0$$

$$R=10\ \text{kN}$$

(2)求截面 1—1 的内力。

假想用截面 1—1 将杆截开为两部分,以左侧部分为分离体,如图 3-8(c)所示。受力图上只有 A 端的反力 R,以及截面 1—1 上的轴力 N_1。由平衡方程得

$$N_1=R=10\ \text{kN}(\text{正值表明 } N_1 \text{ 是拉力})$$

(3)求截面 2—2 和截面 3—3 的内力。

取截面左侧为分离体,受力图如图 3-8(d)所示。由平衡方程得

$$N_2=R-P_1=-20\ \text{kN}(\text{负值表明 } N_2 \text{ 是压力})$$

同理得截面 3—3 的内力为

$$N_3=P_3=50\ \text{kN}$$

(4)作杆的轴力图。

按轴力图的作图规则作杆的轴力图,如图 3-9 所示。最大轴力 $N_{\max}$ 为 50 kN。

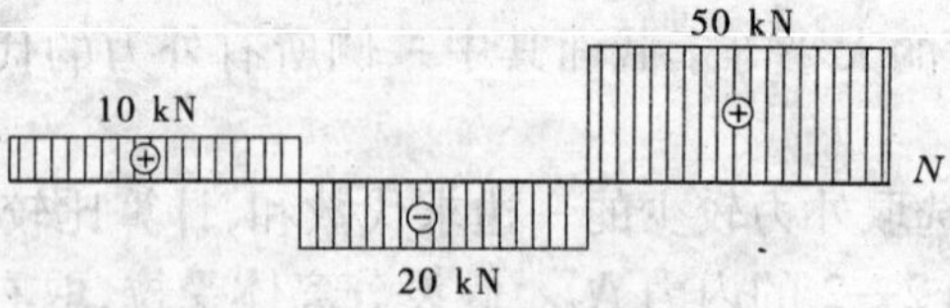

图 3-9 轴力图

第三节 梁的内力图

一、弯曲变形的内力——剪力和弯矩

如图 3-10(a)所示,简支梁上有载荷 P 作用,求任一截面 $m—n$ 上的内力,即分析梁弯

曲时横截面上的内力。

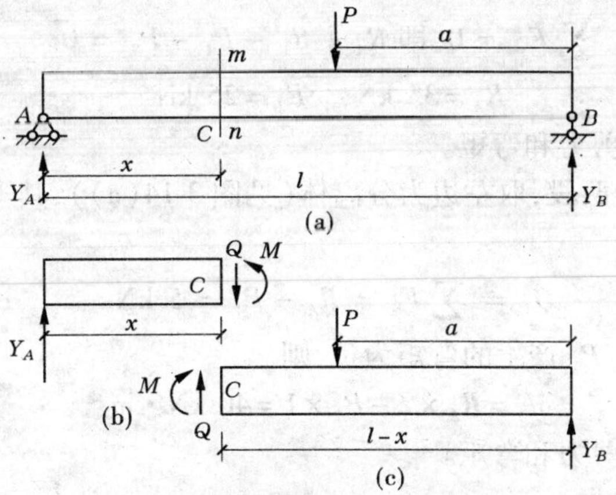

图 3-10 截面法求梁的内力

梁在外力(荷载 P 和反力 Y_A、Y_B)作用下处于平衡状态。在待求梁的内力 x 处用一假想截面 $m—n$ 将梁截开分为两段,取任意一段,如左段为分离体,由于梁原来处于平衡状态,取出的任一部分也应保持平衡。

从图 3-10(b)可知,左分离体 A 端原作用有一向上的支座反力 Y_A,要使它保持平衡,由 $\sum Y=0$ 和 $\sum M=0$,在切开的截面 $m—n$ 上必然存在两个内力分量:内力 Q 和内力矩 M。内力分量 Q 位于横截面上,称为剪力;内力矩 M 位于纵向对称平面内,称为弯矩。可见,梁弯曲时,横截面上有剪力 Q 和弯矩 M 两种内力。

二、剪力和弯矩的计算

利用截面法容易得出计算剪力和弯矩的简捷方法:任一截面上的剪力等于截面任一侧(左边或右边)所有垂直方向外力的代数和。任一截面上的弯矩等于截面任一侧(左边或右边)所有外力对横截面形心之矩的代数和。

为了使所求内力符号统一,规定:使微段梁产生顺时针转动趋势的剪力为正,逆时针转动趋势的剪力为负,如图 3-11 所示;使微段梁弯曲为向下凸时的弯矩 M 为正,反之为负,如图 3-12 所示。可简单归纳为:外力左上右下,剪力为正;左顺右逆(上压下拉),弯矩为正。

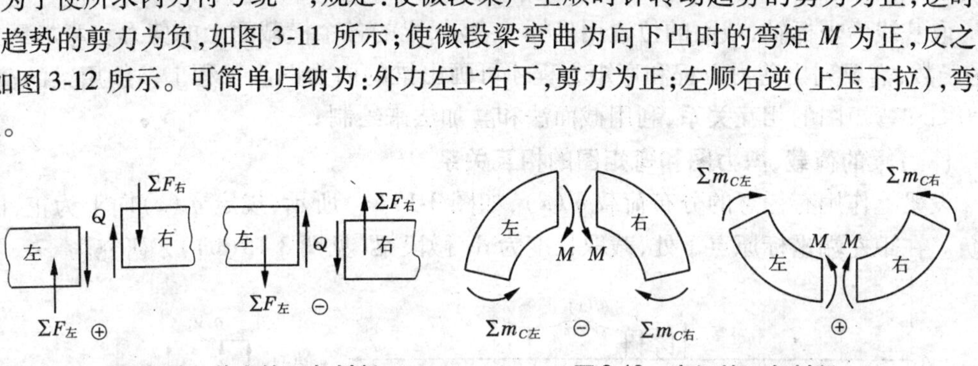

图 3-11 剪力的正负判断 **图 3-12 弯矩的正负判断**

【例 3-2】 简支梁的受力如图 3-13 所示,已知 $P_1=30$ kN、$P_2=30$ kN,求截面 1—1 和截面 2—2 的剪力和弯矩。

解:(1)求支座反力。

$$\sum m_B = 0, 即\ P_1 \times 5 + P_2 \times 2 - R_A \times 6 = 0$$

$$\sum F_{yi} = 0, 即\ R_A + R_B - P_1 - P_2 = 0$$

得 $$R_A = 35\ \text{kN},\quad R_B = 25\ \text{kN}$$

(2)求截面1—1的剪力和弯矩。

截面1—1把梁分为两段,取左边为分离体(见图3-14(a)),其上有两个力 R_A、P_1,且 R_A 为正,P_1 为负,则

$$Q_1 = \sum F_y = R_A - P_1 = 5\ \text{kN}$$

R_A 产生的弯矩为正,P_1 产生的弯矩为负,则

$$M_1 = R_A \times 2 - P_1 \times 1 = 40\ \text{kN} \cdot \text{m}$$

(3)求截面2—2的剪力和弯矩。

由上可得:$Q_2 = \sum F_y = -R_B = -25\ \text{kN}$

$M_2 = R_B \times 1 = 25\ \text{kN} \cdot \text{m}$

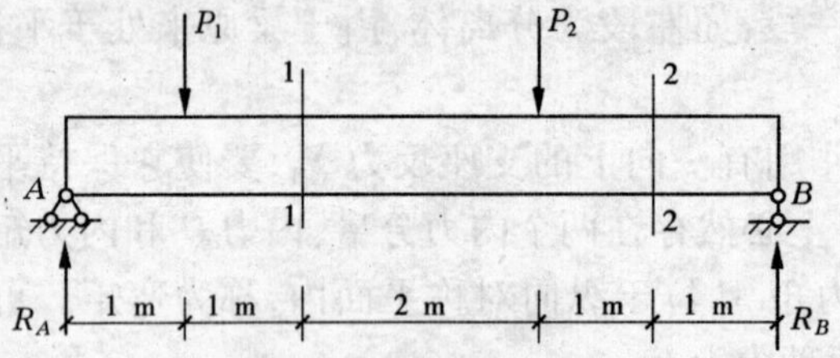

图3-13 简支梁的受力图

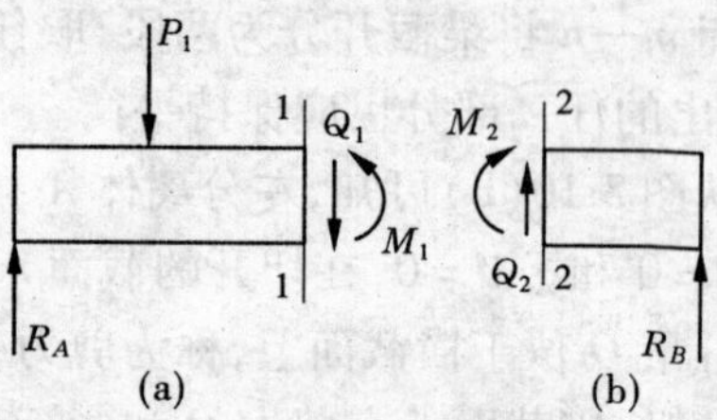

图3-14 分离体受力图

三、梁的内力图

在进行梁的强度计算时,往往需要找出整个梁上内力最大的截面,利用剪力图和弯矩图就可以很清楚地看到各个截面上内力的分布情况,可直观确定梁剪力、弯矩的最大值及其所在截面位置。

取基线为坐标轴,截面的位置用坐标 x 表示,梁的各个横截面上的剪力和弯矩是坐标 x 的函数,需要列出剪力方程和弯矩方程才可画出梁的内力图。工程上一般用梁的荷载、剪力图和弯矩图的相互关系,利用截面法和叠加法来绘制。

(一)梁的荷载、剪力图和弯矩图的相互关系

设梁上作用有任意的分布荷载 $q(x)$,如图3-15(a)所示,规定 $q(x)$ 向上为正,向下为负。在距左端坐标原点 x 处,截取长度为 dx 微段梁(见图3-15(b))来研究。

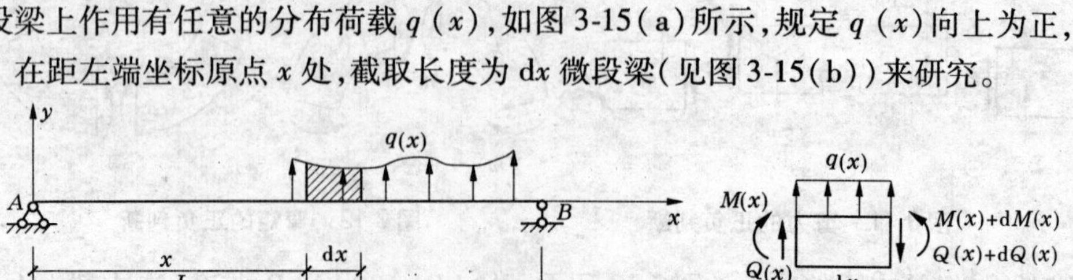

图3-15 长度为 dx 微段梁内力分析

微段梁上作用有分布荷载 $q(x)$。因为 dx 很微小，在 dx 微段上可以将分布荷载看成是均匀分布的。微段左侧横截面上的剪力和弯矩分别为 $Q(x)$ 和 $M(x)$；微段右侧截面上的剪力和弯矩分别为 $Q(x)+dQ(x)$ 和 $M(x)+dM(x)$。当梁平衡时，该微段也处于平衡状态。由平衡方程得到一般情况 $M(x)$、$Q(x)$、$q(x)$ 关系式：

$$\frac{dQ(x)}{dx}=q(x)$$

$$\frac{dM(x)}{dx}=Q(x)$$

由两式又可以得到：

$$\frac{dM^2(x)}{dx^2}=q(x)$$

上述三个方程表明了弯矩 $M(x)$、剪力 $Q(x)$、荷载集度 $q(x)$ 三者之间的关系，梁的荷载、剪力图和弯矩图的相互间几何关系见表 3-1。

表 3-1　梁的荷载、剪力图和弯矩图的相互关系

荷载	$q=0$（无分布荷载梁段）	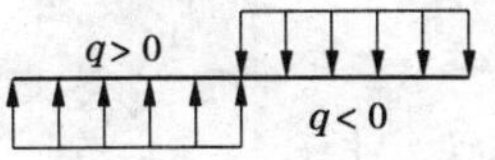（均布荷载梁段）	集中力 P 作用处（C 点）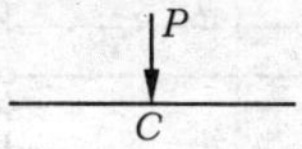	集中力偶 m 作用处（C 点）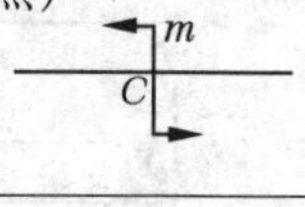
Q 图	 水平线	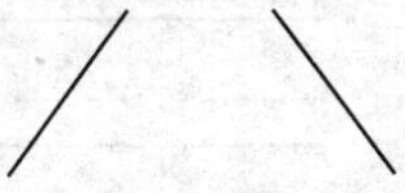斜直线	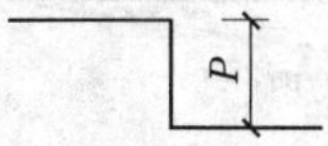C 截面突变，P 向下，则向下突变，突变值 $=P$	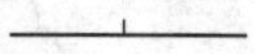 C 截面无变化
M 图	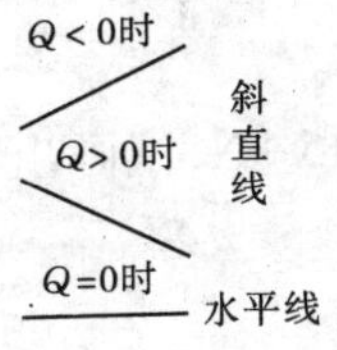	$Q=0$ 处，M 有极值（M 图凹向类似弓箭的形状）	C 截面有尖角或转折（图形斜率随 Q 的突变而改变，形成尖角和转折）	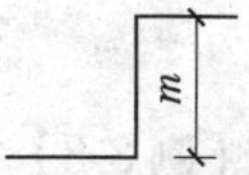C 截面 M 突变，m（逆时针）向上突变，突变值 $=m$
实例	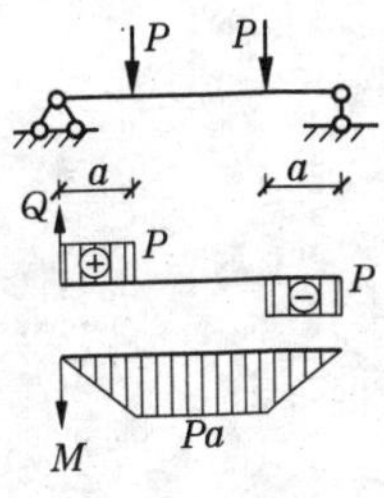	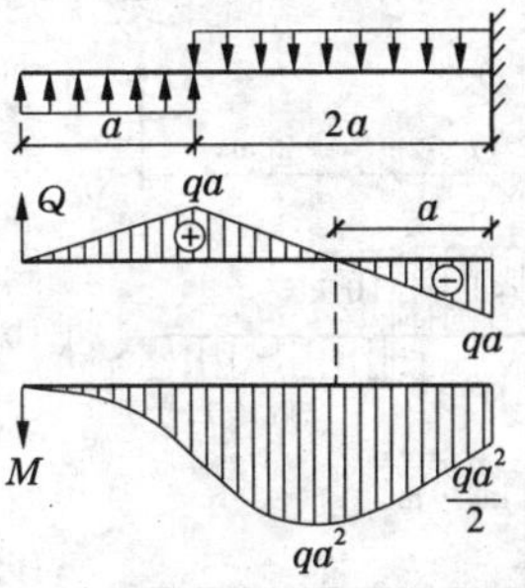	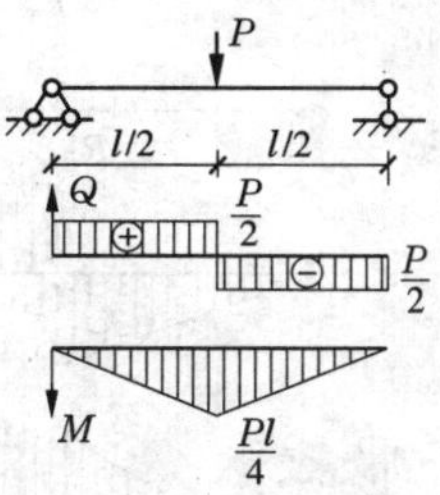	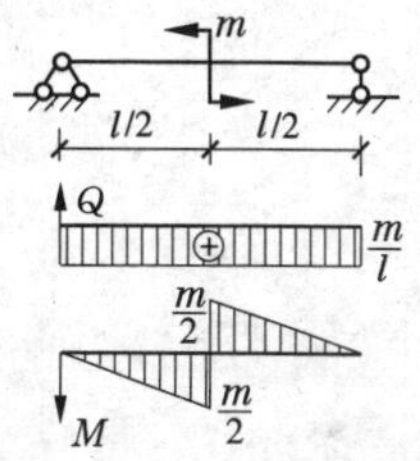

在掌握了表 3-1 中所列的内力图和荷载之间的关系后，可根据梁上作用荷载的情况，定出梁上几个控制截面的内力值，画出内力图。这样，画内力图时只需求几个截面的内

力,而不需再列内力函数方程,使求解过程变得简单。

(二)简支梁的内力图

(1)简支梁受一集度为 q 的均布荷载作用,梁的剪力图和弯矩图见图 3-16(a)。

(2)简支梁在某 C 处作用一集中力 P,梁的剪力图和弯矩图见图 3-16(b)。

(3)简支梁在某 C 处作用一集中力偶 m,梁的剪力图和弯矩图见图 3-16(c)。

(4)悬臂梁的自由端作用一集中力 P,梁的剪力图和弯矩图见图 3-16(d)。

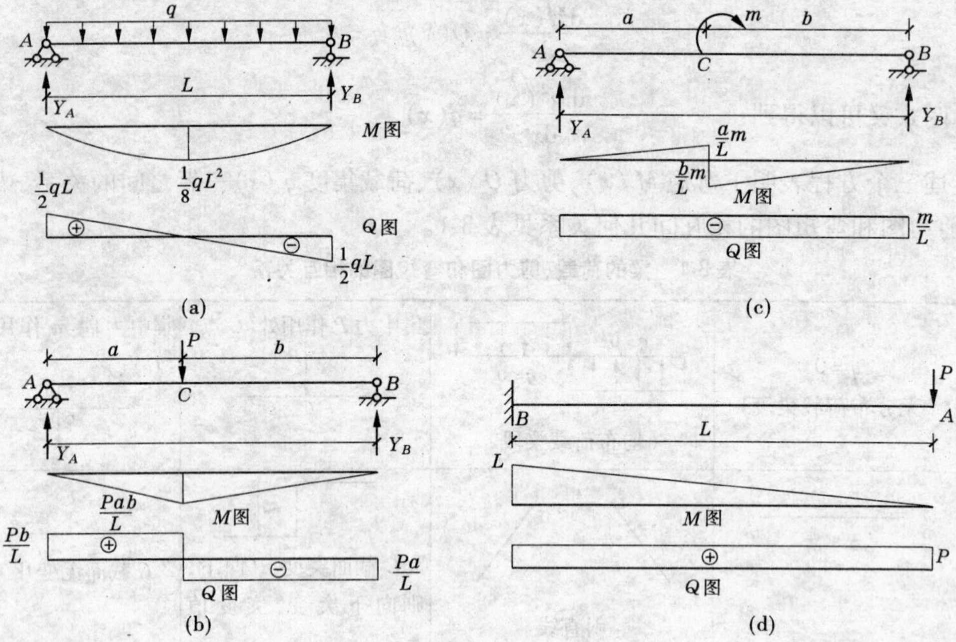

图 3-16　简支梁的内力图

【例 3-3】　外伸梁如图 3-17(a)所示,已知 $q=5$ kN/m,$P=15$ kN,试画出该梁的内力图。

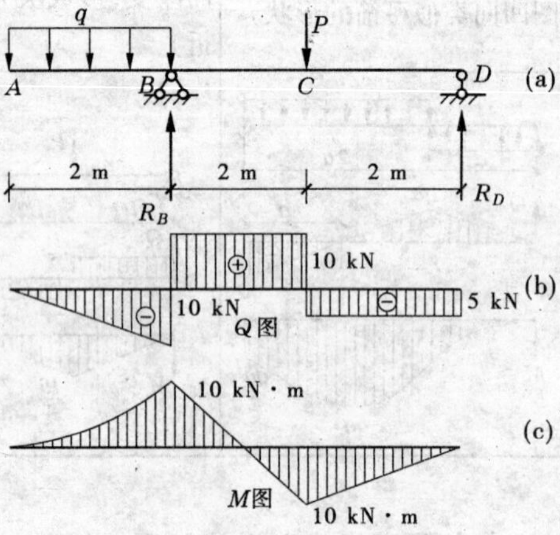

图 3-17　梁的内力图

解:(1)求梁的支座反力。

$$R_B = 20\ \text{kN}(\uparrow),\quad R_D = 5\ \text{kN}(\uparrow)$$

根据梁上受力情况,将此梁分为 AB、BC、CD 三段,逐段画出内力图。

(2)剪力图。

AB 段作用有均布荷载,剪力图为斜直线,且 $Q_A = 0$,$Q_B^{左} = -q\times 2 = -10\ \text{kN}$,画出此直线。

BC 段无外荷载作用,剪力图为水平线,且 $Q_B^{右} = Q_B^{左} + R_B = -10 + 20 = 10(\text{kN})$,画出此水平线。

CD 段无外荷载作用,剪力图为水平线,且 $Q_D = -R_D = -5\ \text{kN}$,画出此水平线。

剪力图如图 3-17(b)所示。

(3)弯矩图。

AB 段作用有均布荷载,弯矩图为二次抛物线,q 方向向下,所以此段曲线下凹,由 $M_A = 0$,$M_B = -q\times 2\times \dfrac{2}{2} = -10\ \text{kN}\cdot\text{m}$,画出此段曲线大致形状。

BC 段无外荷载作用,弯矩图为斜直线,且 $M_B = -10\ \text{kN}\cdot\text{m}$,$M_C = R_D\times 2 = 10\ \text{kN}\cdot\text{m}$,画出此直线。

CD 段无外荷载作用,弯矩图为斜直线,且 $M_C = 10\ \text{kN}\cdot\text{m}$,$M_D = 0$,画出此直线。

弯矩图如图 3-17(c)所示。

四、叠加法作弯矩图与剪力图

当梁上作用有多种荷载时,梁的反力和内力可以这样计算:先分别计算出单个荷载单独作用时的反力和内力,然后把这些计算结果代数相加,即得到几种荷载共同作用时的反力和内力。这种作内力图的方法称为叠加法。

例如图 3-18 所示悬臂梁上作用有均布荷载 q 和集中力 P,梁的固定端处的反力为

$$R_B = P + qL,\ M_B = -PL - \frac{1}{2}qL^2$$

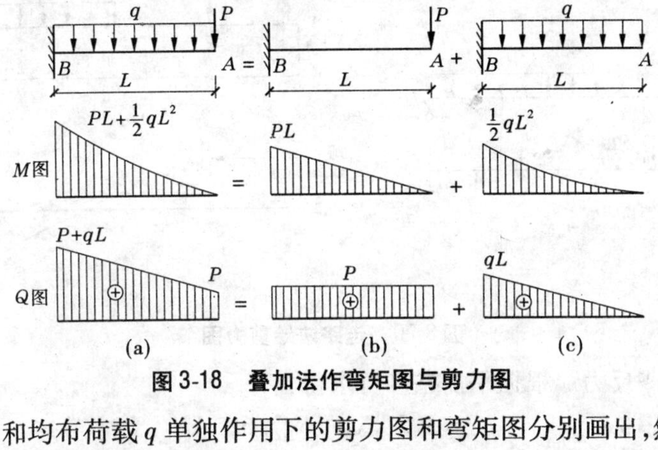

图 3-18　叠加法作弯矩图与剪力图

将集中力 P 和均布荷载 q 单独作用下的剪力图和弯矩图分别画出,然后再叠加,就得到两种荷载共同作用的剪力图和弯矩图。

值得注意的是，内力图的叠加是指内力图的纵坐标代数和，而不是内力图形的简单叠合与合并。

【例 3-4】 试用叠加法作出图 3-19(a)所示简支梁的弯矩图。

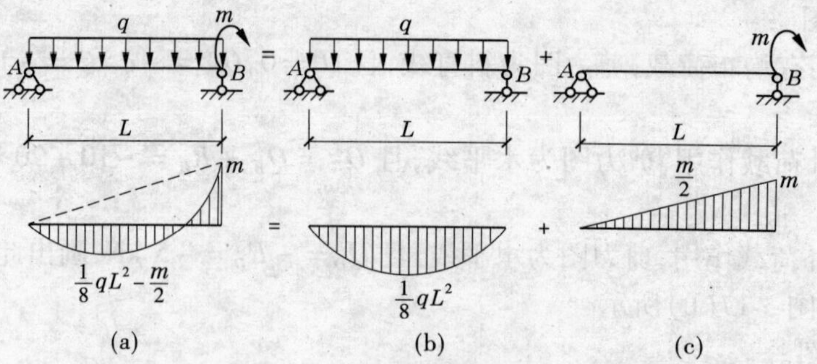

图 3-19　叠加法作弯矩图

解：先分别画出均布荷载 q 和集中力偶 m 单独作用下的弯矩图，如图 3-19(b)、(c)所示。以弯矩图 3-19(c)的斜直线为基线，向下作铅直线，其长度等于图 3-19(b)中相应的纵坐标，即以图 3-19(c)上的斜直线为基线作弯矩图 3-19(b)，两图的重叠部分相互抵消，不重叠部分为叠加后的弯矩图，如图 3-19(a)所示。

综上所述，作杆段的弯矩图时，只需求出杆段的两端弯矩，并将两端弯矩作为荷载，用叠加法作相应的简支梁的弯矩图即可。

五、走路法绘剪力图

走路法绘剪力图的规则是以梁的左端的集中力的大小和方向起步走，没有荷载的梁段上平着走，遇到均布荷载斜着走(斜的梯度为均布荷载的大小)，遇到集中力跟着走，遇到集中力偶不理睬。

【例 3-5】 图 3-20(a)所示的简支梁承受集中力 F 和集度为 q 的均布载荷。试用走路法绘梁的剪力图。

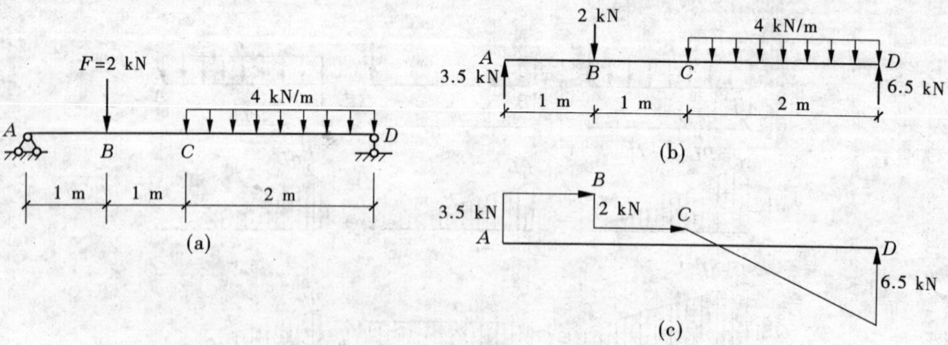

图 3-20　走路法绘剪力图

解：(1)求支座反力。根据平衡条件可求得：

$$R_A=3.5\ \text{kN},\quad R_D=6.5\ \text{kN}$$

(2)绘梁的受力分析图，见图 3-20(b)。

(3) A 点出发向上走 3.5 kN，平着走 1 m 到 B 点，由 B 点向下走 2 kN，再平着走 1 m 到 C 点，由 C 点到 D 点斜着向下走，斜的梯度为 CD 段上均布荷载的大小，即 8 kN，再向上走 6.5 kN，到梁上 D 点，最终形成一个闭合图形为梁的剪力图形，如图 3-20(c)所示。

第四节　静定平面桁架的内力

一、桁架的计算假定

工程实际中的桁架，其受力和构造都比较复杂，在计算中必须抓住主要矛盾，作一些必要的简化。通常在桁架的内力计算中采用如下三个方面的假定：

(1)所有结点都是无摩擦的理想铰；

(2)各杆的轴线都是直线并通过铰的中心；

(3)荷载和支座反力都作用在结点上。

二、桁架内力的计算

桁架各杆的轴线汇交于各个结点，桁架的杆件都在两端受轴向力，因此桁架中的所有杆件均为二力杆，桁架各杆只受轴力。因此，作用于任一结点的各力(荷载、反力、杆件轴力)组成一个平面汇交力系，存在两个独立的平衡方程，一般从未知力不超过两个的结点开始依次计算，即用结点法求桁架内力。分析时，各个杆件的内力一般先假设为受拉，当计算结果为正时，说明杆件受拉，为负时，杆件受压。

【例 3-6】 试求图 3-21(a)所示三角形屋架各杆的轴力。

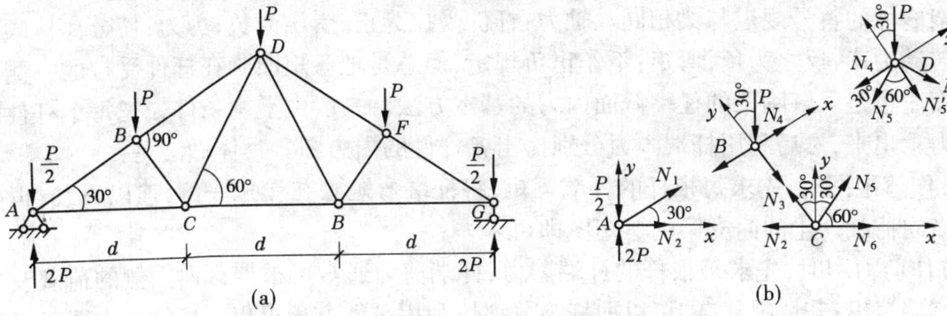

图 3-21　结点法求解简单平面桁架内力

解：根据此桁架所承受的荷载及结构的对称性，支座 A 及 G 的反力都等于 $2P$，左右两边的对称杆内力相同，因此只要计算桁架对称轴一侧的杆件内力即可。顺序将结点 A、B、C 分别取分离体如图 3-21(b)所示，设杆件的内力分别为 N_1、N_2、N_3、N_4、N_5、N_6，并假定它们都是拉力。

(1)取结点 A，由平面汇交力系平衡条件：

由
$$\sum F_y = 0,\quad 2P - \frac{P}{2} + N_1 \sin 30^\circ = 0$$

$$\sum F_x = 0,\quad N_1\cos30° + N_2 = 0$$

得 $$N_1 = -3P,\quad N_2 = 2.598P$$

N_1为负值，表明 AB 杆是压力；N_2为正值，表明 AC 杆是拉力。

（2）取结点 B，由平面汇交力系平衡条件：

$$\sum F_y = 0,\quad -P\cos30° - N_3 = 0$$

$$\sum F_x = 0,\quad N_4 - N_1 - P\sin30° = 0$$

得 $$N_3 = -0.866P,\quad N_4 = -2.5P$$

（3）取结点 C，同理得 $N_5 = 0.866P$，$N_6 = 1.732P$。

第五节　静定平面刚架的内力

一、静定刚架支座反力的计算

刚架在外力作用下处于平衡状态，其约束反力可用平衡方程来确定。若刚架由一个构件组成，可列三个平衡方程求出其支座反力。若刚架由两个构件或多个构件组成，可按物体系统的平衡问题来处理。

二、绘制内力图

为了明确各截面内力，特别是区别相交于同一结点的不同杆端截面的内力，在内力符号右下角采用两个角标，其中第一个角标表示内力所属截面，第二个角标表示该截面所在杆的另一端。M_{AB}表示 AB 杆 A 端截面的弯矩，M_{BA}表示 AB 杆 B 端截面的弯矩。

刚架内力的符号规定与梁相同。轴力：杆件受拉为正，受压为负；剪力：使分离体顺时针方向转动为正，反之为负；弯矩：不作正负规定，但总是把弯矩图画在杆件受拉的一侧。

截面法也是求解刚架的任一截面内力的基本方法。一般由平衡条件先把每个杆件两端的内力求出来，然后利用杆端内力分别作出各杆件的内力图。具体做法是：

（1）作弯矩图时，先求每根杆的杆端弯矩，将杆端弯矩画在受拉一侧，连以直线，再叠加上由横向荷载产生的简支梁的弯矩图即可。

（2）作剪力图时，先求每根杆的杆端剪力，杆端剪力通常可根据截面一侧的荷载及支座反力直接算出；若情况复杂，可以取杆为分离体利用平衡方程求出。杆的剪力图可以利用简支梁的内力图规律画出。

（3）作轴力图时，先求杆的杆端轴力，杆端轴力通常可以根据截面一侧的荷载及支座反力直接算出。

三、内力图的校核

内力图的校核是必要的。通常截取刚架的一部分或结点为分离体，验证其是否满足平衡条件。

【例 3-7】　作图 3-22（a）所示悬臂刚架的内力图。

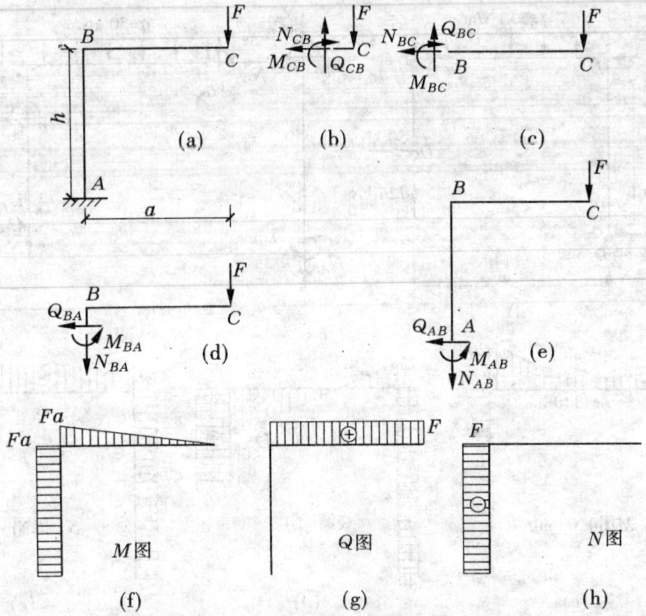

图 3-22　刚架的内力和内力图

解:悬臂刚架可不计算其支座反力,用截面法计算各杆端内力。

(1)计算各杆端内力。

BC 杆:取分离体如图 3-22(b)、(c)所示,由平衡方程得

$$M_{CB}=0 \quad M_{BC}=-Fa(\text{上侧受拉})$$

$$Q_{CB}=F \quad Q_{BC}=F$$

$$N_{CB}=0 \quad N_{BC}=0$$

AB 杆:取分离体如图 3-22(d)、(e)所示,由平衡方程得

$$M_{BA}=Fa(\text{左侧受拉}) \quad M_{AB}=Fa(\text{左侧受拉})$$

$$Q_{BA}=0 \quad Q_{AB}=0$$

$$N_{BA}=-F \quad N_{AB}=-F$$

(2)绘内力图。

根据求出的各杆杆端内力,按内力图特征,画内力图。图 3-22(f)、(g)、(h)即为所求悬臂刚架 *M*、*Q*、*N* 图。

【例 3-8】　作图 3-23(a)所示刚架的内力图。

解:(1)求支座反力:

$$R_{Ax}=40\ \text{kN}(\rightarrow) \quad R_{Ay}=75\ \text{kN}(\uparrow) \quad R_{Dy}=125\ \text{kN}(\uparrow)$$

(2)计算各杆端(控制截面)内力。

AB 杆:取分离体如图 3-23(b)所示,由平衡方程得

$$M_{AB}=0 \quad M_{BA}=160\ \text{kN}\cdot\text{m}(\text{左侧受拉})$$

$$Q_{AB}=-40\ \text{kN} \quad Q_{BA}=-40\ \text{kN}$$

$$N_{AB}=-75\ \text{kN} \quad N_{BA}=-75\ \text{kN}$$

BC 杆:取分离体如图 3-23(b)所示,由平衡方程得

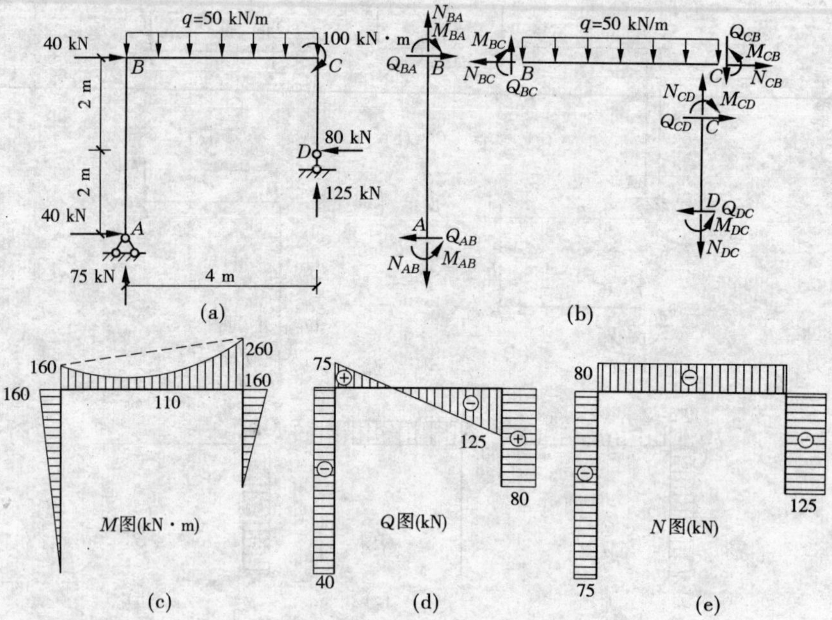

图 3-23　刚架的内力和内力图

$$M_{BC}=-160\ \text{kN}\cdot\text{m}(\text{上侧受拉})\quad M_{CB}=-260\ \text{kN}\cdot\text{m}$$

$$Q_{BC}=75\ \text{kN}\quad Q_{CB}=-125\ \text{kN}$$

$$N_{BC}=-80\ \text{kN}\quad N_{CB}=-80\ \text{kN}$$

CD 杆:取分离体如图 3-23(b)所示,由平衡方程得:

$$M_{CD}=-160\ \text{kN}\cdot\text{m}(\text{右侧受拉})\quad M_{DC}=0$$

$$Q_{CD}=80\ \text{kN}\quad Q_{DC}=80\ \text{kN}$$

$$N_{CD}=-125\ \text{kN}\quad N_{DC}=-125\ \text{kN}$$

(3)绘内力图。根据求出的各杆杆端内力,按内力图特征,画内力图。图 3-23(c)、(d)、(e)即为所求刚架 M、Q、N 图。

习　题

3-1　求图 3-24 所示结构 1—1 和 2—2 横截面上的轴力并作轴力图。

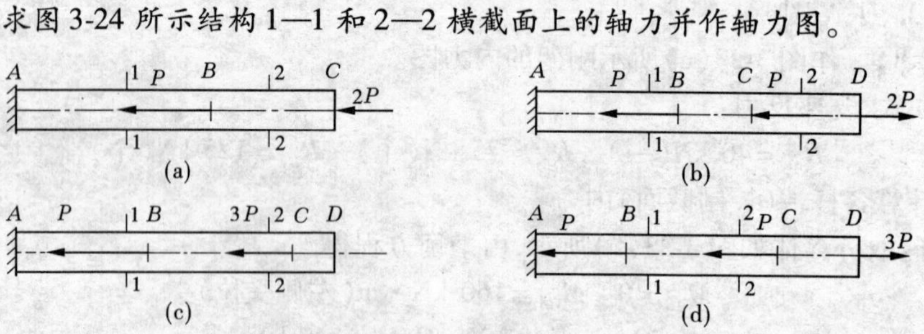

图 3-24　习题 3-1 图

3-2　求图 3-25 所示各梁指定截面上的剪力和弯矩,并绘制内力图。

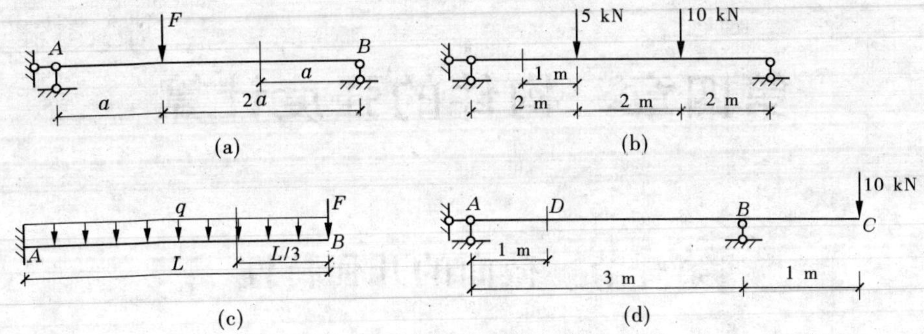

图 3-25　习题 3-2 图

3-3　用叠加法作图 3-26 所示梁的弯矩图。

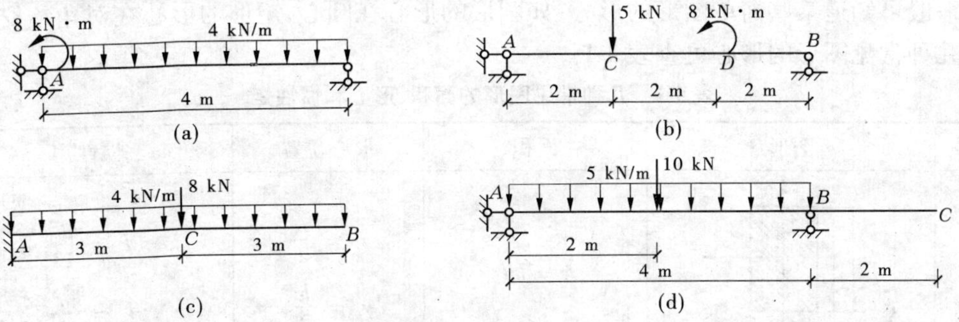

图 3-26　习题 3-3 图

3-4　作图 3-27 所示刚架的内力图。

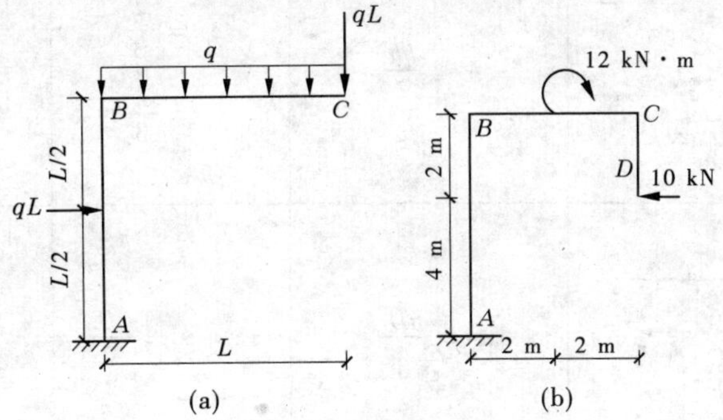

图 3-27　习题 3-4 图

3-5　试用结点法求图 3-28 所示桁架各杆的内力。

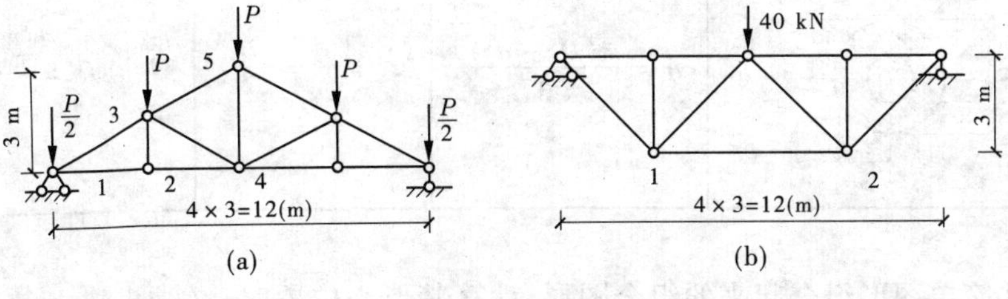

图 3-28　习题 3-5 图

第四章　构件的强度计算

第一节　截面的几何特性

一、形心

一般可知道某些简单图形的形心，如圆形的形心在圆心，矩形的形心在对角线交点上等。几种常见图形的形心可查表4-1。

表4-1　几种常见图形的面积、形心和惯性矩

序号	图形	面积	形心位置	惯性矩
1	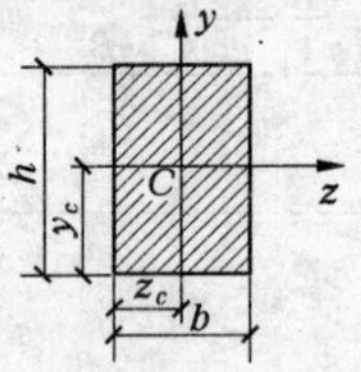	$A = bh$	$z_c = \frac{b}{2}$ $y_c = \frac{h}{2}$	$I_z = \frac{bh^3}{12}$ $I_y = \frac{hb^3}{12}$
2	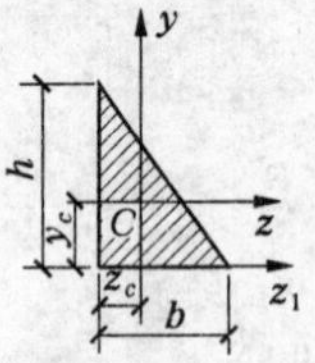	$A = \frac{bh}{2}$	$z_c = \frac{b}{3}$ $y_c = \frac{h}{3}$	$I_z = \frac{bh^3}{36}$ $I_{z1} = \frac{bh^3}{12}$
3	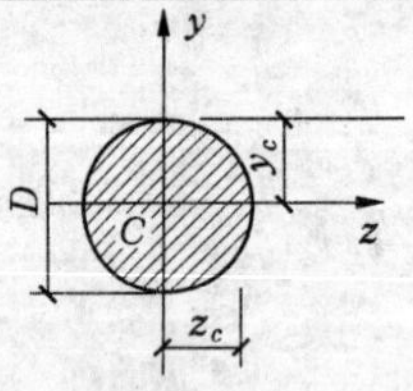	$A = \frac{\pi D^2}{4}$	$z_c = y_c = \frac{D}{2}$	$I_z = I_y = \frac{\pi D^4}{64}$
4	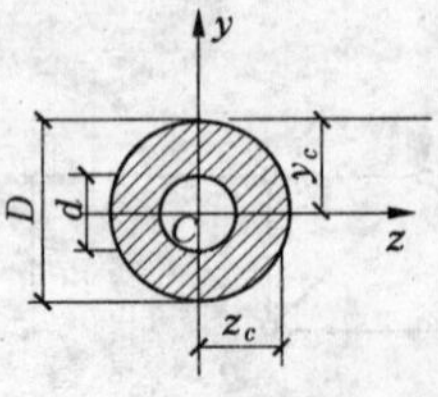	$A = \frac{\pi(D^2 - d^2)}{4}$	$z_c = y_c = \frac{D}{2}$	$I_z = I_y = \frac{\pi(D^4 - d^4)}{64}$

对一些简单图形组合起来的组合图形，计算其形心位置时，必须先建立参考坐标系，把组合图形分解成简单图形，按式(4-1)计算：

$$
\left.\begin{aligned}
y_c &= \frac{\sum A_i y_i}{A} \\
z_c &= \frac{\sum A_i z_i}{A}
\end{aligned}\right\} \tag{4-1}
$$

式中 y_c, z_c ——组合图形在参考坐标系上的形心坐标；

A_i ——任一简单图形的面积；

y_i, z_i ——任一简单图形形心在参考坐标系上的坐标；

A ——总面积。

二、截面的惯性矩、平行移轴公式

(一)惯性矩

如图 4-1 所示，取任一微面积 dA，设其形心到两坐标轴的距离分别为 y 和 z，乘积 $y^2 dA$ 和 $z^2 dA$ 分别定义为微面积 dA 对 z 轴和 y 轴的轴惯性矩，简称惯性矩。整个截面对 z 轴和 y 轴的惯性矩分别记为 I_z 和 I_y，则

$$
\left.\begin{aligned}
I_z &= \int_A y^2 \mathrm{d}A \\
I_y &= \int_A z^2 \mathrm{d}A
\end{aligned}\right\} \tag{4-2}
$$

同一截面对不同坐标轴的惯性矩是不相同的，惯性矩恒为正值，常用的单位为 m^4 或 mm^4。

几种常见的简单图形的惯性矩可查表 4-1，要求熟记矩形截面、圆形截面及圆环截面的惯性矩。

(二)平行移轴公式

同一截面对于不同坐标轴的惯性矩是不同的，但同一截面对两根平行轴的惯性矩之间存在着一定关系。图 4-2 为一任意形状的截面，面积为 A，z、y 为通过该截面形心 C 的一对坐标轴，z_1、y_1 为分别与 z、y 轴平行的另一对轴，平行轴间的距离分别为 a 和 b，截面对 z、y 轴的惯性矩 I_z、I_y 已知，截面对 z_1 和 y_1 轴的惯性矩记为 I_{z_1}、I_{y_1}，则存在着如下关系：

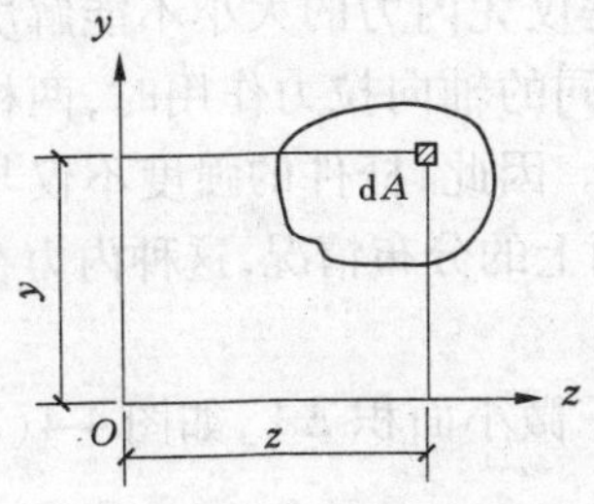

图 4-1 惯性矩

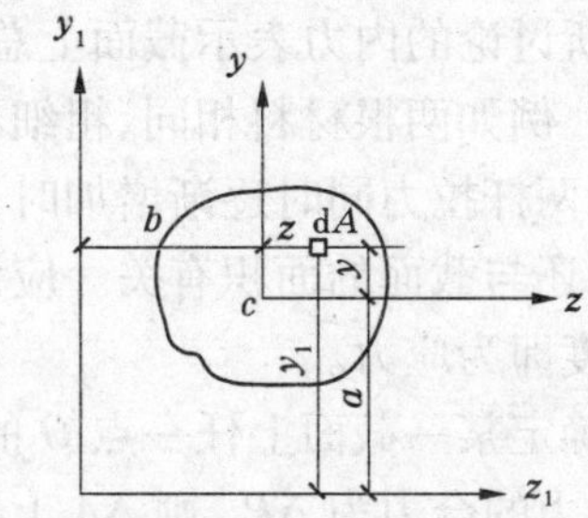

图 4-2 平行移轴公式

$$
\left.\begin{aligned}
I_{z1} &= I_z + a^2 A \\
I_{y1} &= I_y + b^2 A
\end{aligned}\right\} \tag{4-3}
$$

式(4-3)就是惯性矩的平行移轴公式。它表明:截面对任何一根轴的惯性矩,等于截面对与该轴平行的形心轴的惯性矩,再加上截面的面积与两轴间距离平方的乘积。由于a^2A、b^2A恒为正值,故图形对通过形心轴的惯性矩是所有平行轴的惯性矩中最小的一个。

由惯性矩定义可知,组合截面对某轴的惯性矩,等于其各组成部分的简单图形对该轴惯性矩之和。利用平行移轴公式可以很方便地计算组合截面的惯性矩。

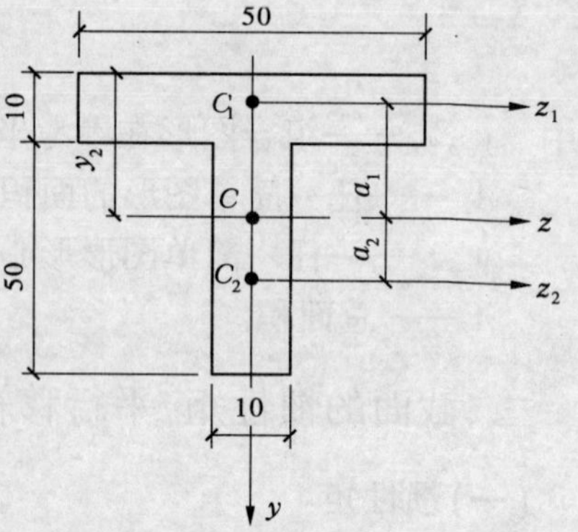

图 4-3　截面对形心轴的惯性矩　(单位:cm)

【例 4-1】　试计算图 4-3 所示截面对形心轴z、y的惯性矩。

解:(1)确定 T 形截面的形心坐标y_C。

y轴为对称轴,所以形心C必在y轴上。以图形顶边为基准,按形心坐标公式,则

$$y_C = \frac{A_1 y_1 + A_2 y_2}{A_1 + A_2} = \frac{50 \times 10 \times 5 + 50 \times 10 \times (10 + 25)}{50 \times 10 + 50 \times 10} = 20\ (\text{cm})$$

(2)计算I_y、I_z。

$$I_y = I_{y1} + I_{y2} = \frac{10 \times 50^3}{12} + \frac{50 \times 10^3}{12} = 1.08 \times 10^5 (\text{cm}^4)$$

$$I_z = I_{z1} + I_{z2} = \left(\frac{b_1 h_1^3}{12} + a_1^2 A_1\right) + \left(\frac{b_2 h_2^3}{12} + a_2^2 A_2\right)$$

$$= \left(\frac{50 \times 10^3}{12} + 15^2 \times 50 \times 10\right) + \left(\frac{10 \times 50^3}{12} + 15^2 \times 50 \times 10\right)$$

$$= 3.33 \times 10^5 (\text{cm}^4)$$

第二节　轴向拉(压)杆的应力、应变及强度条件

一、应力的概念

前面所讨论的内力表示截面上总的受力情况,但是仅凭内力的大小不能解决构件的强度问题。例如两根材料相同、粗细不同的杆件,受相同的轴向拉力作用时,两杆的内力相同,但当两杆拉力同时逐渐增加时,细杆首先被拉断。因此,杆件的强度不仅与内力的大小有关,还与截面的面积有关。应该研究内力在截面上的分布情况,这种内力在截面上的分布集度即为应力。

为了确定某一截面上任一点O的应力,在该点取一微小面积ΔA,如图 4-4(a)所示。ΔA上微内力的合力为ΔP,则ΔA上的平均应力为

$$P_m = \frac{\Delta P}{\Delta A}$$

当内力ΔP在面积ΔA上均匀分布时,平均应力P_m即为该点处的应力;当内力ΔP不

是均匀分布时,则取 ΔA 趋于零时 P_m 的极限值为该点的应力。

通常将应力分解为两个分量:垂直于截面的正应力 σ 和相切于截面的剪应力 τ,如图 4-4(b)所示。应力的单位为 N/m^2,常写为 Pa,读做帕。常用单位还有千帕(kPa)、兆帕(MPa),$1\ MPa = 1\ N/mm^2 = 10^6\ Pa$。

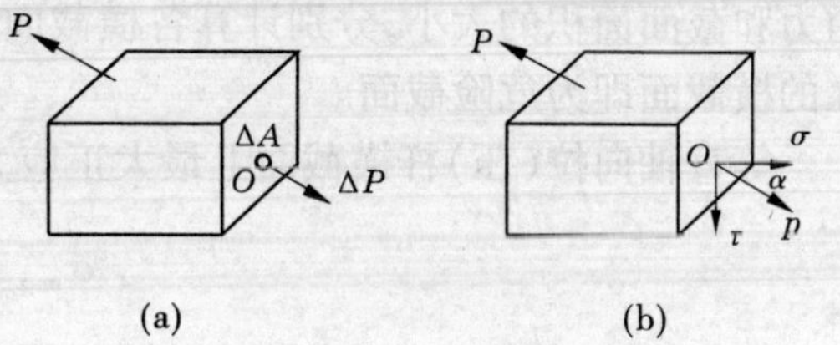

图 4-4 应力示意图

二、轴向拉(压)杆横截面上的正应力

(一)试验现象

为了确定轴向拉(压)杆横截面上的应力分布情况,必须了解内力在其横截面上的分布规律。内力与变形是相关联的,所以可以通过试验来观察和研究轴向拉(压)杆的变形,从而得出内力在横截面上的分布规律。

取一个易于变形的(如橡皮制成)等直杆,在其表面画上垂直于杆轴线的横线和平行于杆轴线的纵线,如图 4-5(a)所示。然后在杆的两端施加一对轴向拉力 P,杆件受力变形后,这些纵线、横线仍为直线,并且横线仍垂直于杆轴线,纵线仍平行于杆轴线,只是这些纵、横线间的距离发生了改变,如图 4-5(b)所示。

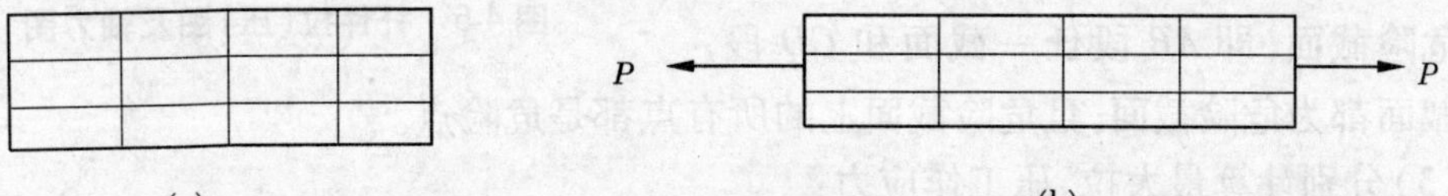

图 4-5 轴向拉伸试验

(二)现象分析

根据试验现象,可作出如下平面假设:轴向拉(压)杆的横截面在变形后仍为平面,且仍垂直于杆轴线。由此假设可知:轴向拉压杆横截面间的纵向和横向变形是均匀的。进而可知轴向拉(压)杆横截面上各点的应力为正应力,且横截面上的应力是均匀分布的,即横截面上各点的应力相同。

(三)轴向拉(压)杆横截面上的正应力公式

因为应力是均匀分布的,故横截面上的平均应力即为横截面上各点处的应力。若杆件横截面上的内力为 N,杆件横截面面积为 A,则横截面上各点的正应力为

$$\sigma = \frac{N}{A} \tag{4-4}$$

正应力 σ 的正负号规定为:拉应力为正,压应力为负。

三、轴向拉(压)杆危险截面和危险点

最大应力所在的横截面为危险截面,危险截面上最大应力所在的点为危险点。对于等截面拉(压)杆而言,最大内力所在的截面即为危险截面。而对于变截面杆,则须根据

内力和截面面积的大小，分别计算各横截面的应力，然后比较得出最大应力，最大内力所在的横截面即为危险截面。

等直轴向拉(压)杆横截面上最大正应力的计算公式为

$$\sigma_{max} = \frac{N_{max}}{A} \tag{4-5}$$

对于抗拉、抗压性能相同的材料(如低碳钢)，则应力绝对值的最大值为最大工作应力。而对于抗拉、抗压性能不同的材料(如铸铁)，则最大拉应力和最大压应力都为最大工作应力。

【例 4-2】 某杆件受力如图 4-6 所示，$P = 10$ kN，横截面面积 $A_{CD} = 400\ mm^2$，$A_{AC} = 200\ mm^2$。杆件材料的抗拉、抗压性能不同。求该杆的最大工作应力。

解：(1)分别求出各段的内力：

$N_{AB} = -3P = -30$ kN

$N_{BC} = -2P = -20$ kN

$N_{CD} = 2P = 20$ kN

轴力图如图 4-6 所示。

(2)判断危险截面和危险点。

因杆件材料的抗拉、抗压性能不同，最大拉力所在的截面和最大压力所在的截面都为危险截面，即 AB 段任一截面和 CD 段任一截面都为危险截面，且危险截面上的所有点都是危险点。

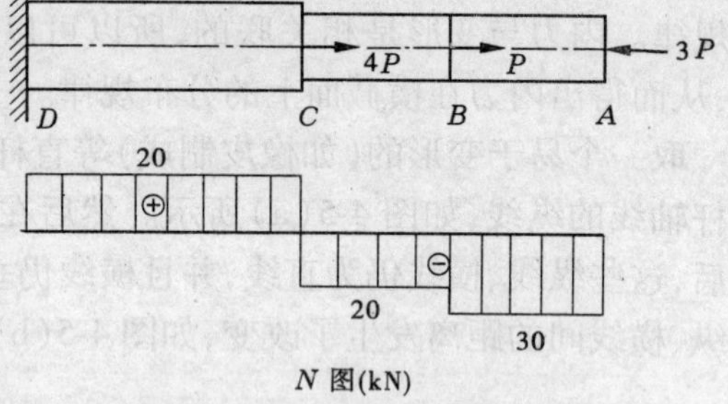

图 4-6 杆件拉(压)图及轴力图

(3)分别计算最大拉、压工作应力：

$$\sigma_{tmax} = \frac{N_{CD}}{A_{CD}} = \frac{20 \times 10^3}{400} = 50(\text{MPa})$$

$$\sigma_{cmax} = -\frac{30 \times 10^3}{200} = -150(\text{MPa})$$

四、强度条件及其应用

为了保证构件能正常工作，必须使构件的最大工作应力不超过材料的容许应力。故轴向拉压杆的强度条件为

$$\sigma_{max} = \frac{N_{max}}{A} \leqslant [\sigma] \tag{4-6}$$

式中 N_{max}——危险截面上的轴力；

A——危险截面的面积；

$[\sigma]$——容许应力，即构件在工作时所允许产生的最大工作应力，可查有关手册。

运用强度条件可进行三类计算：

(1)强度校核：已知构件所受的荷载、构件的截面尺寸和材料的容许应力，可判断构件的强度是否足够。

(2)设计截面尺寸：已知构件所受的荷载和容许应力，计算构件的横截面面积，从而确定截面尺寸。

(3)确定许可荷载:已知构件的截面尺寸和容许应力,求出构件所能承受的最大轴力,从而确定所能承受的最大荷载。

【例 4-3】 如图 4-7 所示桁架,杆 AB 拟用直径 $d=24$ mm 的圆钢,杆 AC 拟用木材。已知钢材的$[\sigma]=170$ MPa,木材的$[\sigma]=10$ MPa。试校核 杆 AB 的强度,并确定杆 AC 的横截面面积。

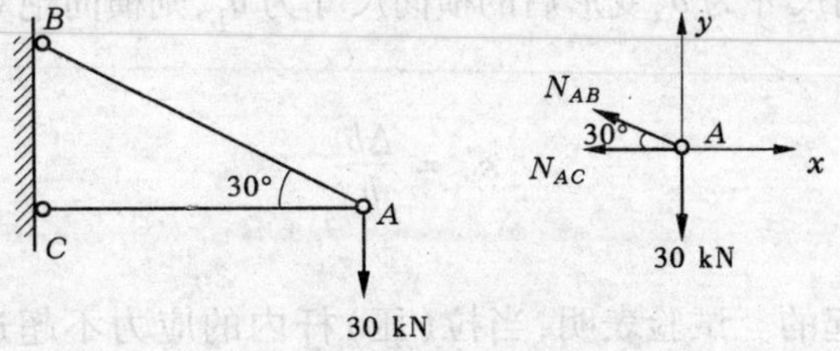

图 4-7 例 4-3 图

解:(1)取结点 A 研究,用结点平衡条件求杆件的内力。

$$-N_{AC}-N_{AB}\cos 30^\circ=0$$

$$N_{AB}\sin 30^\circ-30=0$$

得: $N_{AB}=60$ kN(受拉) $N_{AC}=-52$ kN(受压)

(2)校核杆 AB:

$$\sigma_{\max}=\frac{N_{AB}}{A_1}=\frac{4\times 60\times 10^3}{3.14\times 24^2}=132.7(\text{MPa})<[\sigma]$$

(3)确定杆 AC 的横截面面积:

$$A_2=\frac{|N_{AC}|}{[\sigma]}=\frac{52\times 10^3}{10}=5.2\times 10^3(\text{mm}^2)$$

五、轴向拉伸或压缩时的变形

拉(压)杆在受到轴向力时,会产生轴向变形。轴向受拉(或受压)杆会产生纵向伸长(或缩短),同时,横向尺寸也略有缩小(或增大),如图 4-8 所示。

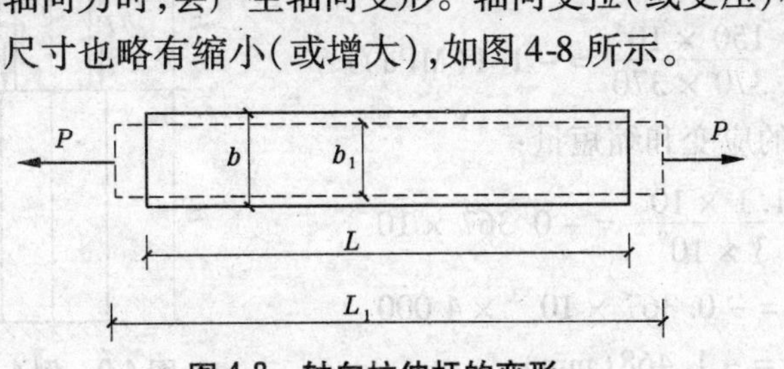

图 4-8 轴向拉伸杆的变形

(一)纵向变形

设杆件的原长为 L,受拉变形后的纵向尺寸为 L_1,则杆件纵向尺寸 的变化量 $\Delta L=L_1-L$ 为绝对变形。绝对变形只能反映杆的总的变形量,但不能说明杆件的变形程度。例如,1 m 长的杆件和 5 m 长的杆件受轴向拉力后的纵向变形都为 1 mm,而 1 m 长的杆件的变形程度大,变形明显些。

由于拉(压)杆的变形是均匀变形，各段是均匀伸长的，所以杆的变形程度可用单位长度杆的变形量 ε 来描述，称为相对变形或线应变，即

$$\varepsilon = \frac{\Delta L}{L} \tag{4-7}$$

ε 是无量纲的量，杆件受拉时 ε 为正，杆件受压时 ε 为负。

(二)横向变形

设杆件原来的横向尺寸为 b，变形后的横向尺寸为 b_1，则横向绝对变形为 $\Delta b = b_1 - b$，横向线应变为：

$$\varepsilon' = \frac{\Delta b}{b} \tag{4-8}$$

(三)虎克定律

变形是由外力引起的。试验表明，当拉(压)杆内的应力不超过比例极限时，杆的伸长(压缩)量与轴向外力 N 成正比，与杆件的原长 L 成正比，与杆件的横截面面积 A 成反比，这就是虎克定律。用式子表达为

$$\Delta L = \frac{NL}{EA} \tag{4-9}$$

式中　E——弹性模量，单位与应力单位相同，大小可查有关手册。

因为 $\sigma = \frac{N}{A}$，$\varepsilon = \frac{\Delta L}{L}$，故式(4-9)可改写为

$$\sigma = E\varepsilon \tag{4-10}$$

【例4-4】　截面为正方形的阶梯砖柱如图4-9所示。上柱高 $H_1 = 3$ m，截面面积 $A_1 = 240\ \text{mm} \times 240\ \text{mm}$。下柱高 $H_2 = 4$ m，截面面积 $A_2 = 370\ \text{mm} \times 370\ \text{mm}$，荷载 $F = 50$ kN，砖砌体的弹性模量 $E = 3$ GPa，砖柱自重不计。试求柱子下段的应变和缩短量。

解：(1)求下段的轴力：

$$N_2 = -3F = -150\ \text{kN}$$

(2)求下段的应力：

$$\sigma_2 = \frac{N_2}{A_2} = -\frac{150 \times 10^3}{370 \times 370} = -1.1(\text{MPa})$$

(3)计算下段的应变和缩短量：

$$\varepsilon_2 = \frac{\sigma_2}{E} = -\frac{1.1 \times 10^6}{3 \times 10^9} = -0.367 \times 10^{-3}$$

$$\Delta L_2 = \varepsilon_2 l_2 = -0.367 \times 10^{-3} \times 4\,000 = -1.468(\text{mm})$$

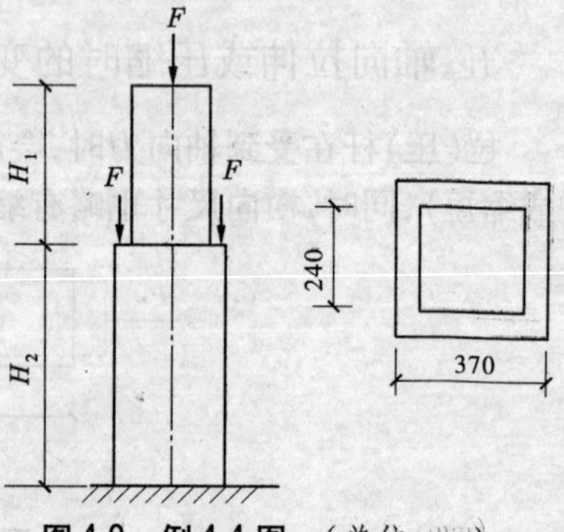

图4-9　例4-4图　(单位：mm)

六、压杆稳定

对较短粗压杆，当压杆横截面上的正应力不超过材料的容许应力时，就能保证杆件正常工作，这类问题属于强度问题。但对于细长压杆，当其所受轴向压力达到某一数值之后，其直线的平衡形式将突然转变为弯曲形式，致使构件或结构丧失正常承载能力而发生破坏，这类问题属于稳定问题。

压杆受轴向压力时为什么会发生弯曲变形呢？这是因为实际压杆在制造时都不可避免地存在着发生弯曲的因素，如制造时的初始曲率，其上的压力与杆的轴线不是绝对重合，材料本身的不均匀性等。这些因素都使压杆在轴向压力作用下除发生轴向压缩变形外还发生附加的弯曲变形。这种弯曲变形随着压力的增大而迅速增长，从而导致压杆丧失承载能力。故对细长压杆，强度条件为

$$\sigma = \frac{P}{A} \leqslant \varphi[\sigma] \tag{4-11}$$

式中 φ——压杆的稳定系数，常用材料压杆的 φ 值可从有关手册中查得。

第三节 梁的弯曲应力和强度条件

一、梁的平面弯曲

梁的弯曲变形是工程中常见的一种基本变形形式，如图 4-10(a)所示的桥梁的主梁，如图 4-10(b)所示支承闸门启闭机的纵梁，都是以弯曲变形为主的构件。

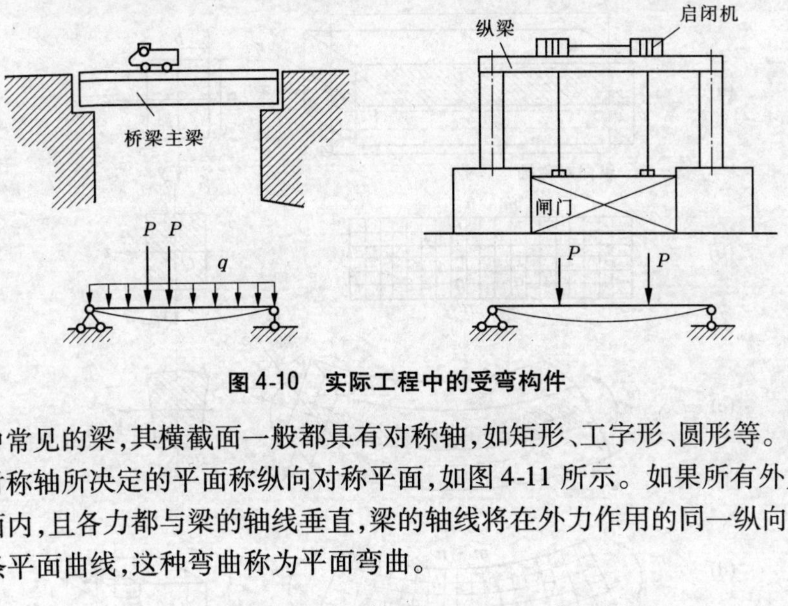

图 4-10 实际工程中的受弯构件

工程中常见的梁，其横截面一般都具有对称轴，如矩形、工字形、圆形等。梁的轴线和截面纵向对称轴所决定的平面称纵向对称平面，如图 4-11 所示。如果所有外力都作用在该对称平面内，且各力都与梁的轴线垂直，梁的轴线将在外力作用的同一纵向对称平面之内弯成一条平面曲线，这种弯曲称为平面弯曲。

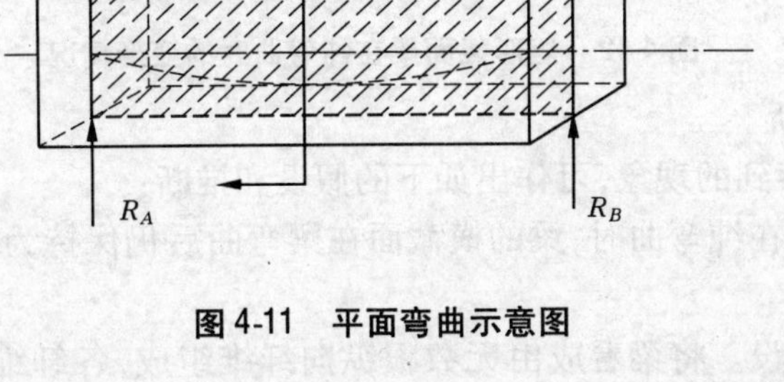

图 4-11 平面弯曲示意图

若梁内只承受弯矩内力作用，它所产生的弯曲称为纯弯曲。一般情况下，梁内同时存在剪力和弯矩，这两种内力分别代表梁横截面上某种分布应力的合力。显然，只有横截面上切向分布的应力才能组成剪力 Q，只有横截面上法向分布的应力才能组成弯矩 M，所以梁的横截面上将产生连续分布的正应力和剪应力。在剪力和弯矩两内力作用下所产生的弯曲称为横力弯曲。

二、梁的正应力

（一）试验现象

一矩形截面梁，如图 4-12（a）、（b）所示，在其表面画一些与梁轴平行的纵线和与纵线垂直的横线，然后在梁的两端施加一对力偶，梁将发生纯弯曲变形。这时可观察到如下现象（如图 4-12（c）、（d）所示）：

（1）所有纵线都弯成曲线，靠近底面（凸边）的纵线伸长了，而靠近顶面（凹边）的纵线缩短了。

（2）所有横线仍保持为直线，只是相互倾斜了一个角度，但仍与弯曲的纵线相垂直。

（3）矩形截面的上部变宽，下部变窄。

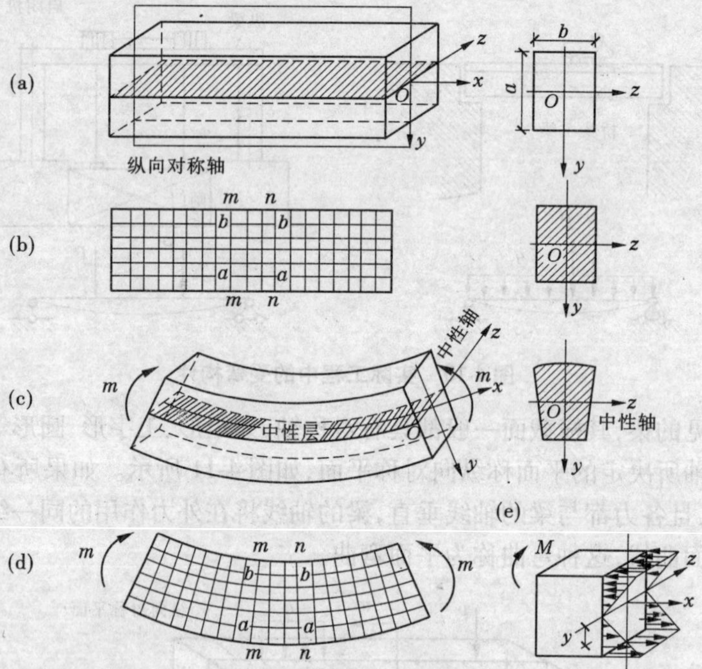

图 4-12　矩形截面梁在纯弯曲时的变形情况

（二）假设和推断

根据上面所观察到的现象，可作出如下的假设和推断：

（1）平面假设。在纯弯曲时，梁的横截面在梁弯曲后仍保持为平面，且仍垂直于弯曲后的梁轴线。

（2）单向受力假设。将梁看成由无数根纵向纤维组成，各纤维只受到轴向拉伸或压缩，不存在相互挤压。

由平面假设知，梁变形后各横截面仍保持与纵线正交，所以剪应变为零。由应力与应变的相应关系知，纯弯曲梁段无剪应力存在。

上部的纵线缩短，截面变宽，表示上部各根纤维受压缩；下部的纵线伸长、截面变窄，表示下部各根纤维受拉伸。从上部各层纤维缩短到下部各层纤维伸长的连续变化中，中间必有一层长度不变的过渡层称为中性层。中性层与横截面的交线称为中性轴，见图 4-12(c)。中性轴将横截面分为受压和受拉两个区域。

(三)正应力公式

由梁平面弯曲变形时的几何关系、物理关系和静力平衡关系可推导出梁平面弯曲时的正应力公式(推导过程可参阅其他力学教材)：

$$\sigma = \frac{M \cdot y}{I_z} \tag{4-12}$$

式中 σ—— 梁横截面上任一点处的正应力；

M—— 横截面上的弯矩；

y—— 所求的应力点到中性轴的距离；

I_z ——横截面对中性轴的惯性矩。

公式表明：梁横截面任一点的正应力 σ 与截面上的弯矩 M 和该点到中性轴的距离 y 成正比，而与截面对中性轴的惯性矩 I_z 成反比。

计算时直接将 M 和 y 的绝对值代入公式，正应力的性质(拉或压)可由弯矩 M 的正负及所求点的位置来判断。即以中性层为界，变形后梁凸出边的应力必为拉应力，而凹入边的应力则为压应力。

当 M 为正时，中性轴以上各点为压应力，取负值；中性轴以下各点为拉应力，取正值；当 M 为负时则相反。

另外，在横截面上离中性轴最远的各点处，正应力值最大。这也说明，梁横截面上正应力的最大值永远出现在梁截面的上、下边缘处，如图 4-12(e)所示。

(四)公式的适用条件

梁的正应力计算公式适用于纯弯曲梁，且梁的最大正应力不超过材料的比例极限。但工程上横力弯曲是弯曲问题中最常见的情况。梁横截面上不仅有正应力而且有剪应力。但当梁跨度与横截面高度之比 L/h 大于 5 时，剪应力的存在对正应力的影响甚小，可以忽略不计。所以，式(4-12)在一般情况下也可用于横力弯曲时横截面正应力的计算。

式(4-12)适用于所有横截面有纵向对称轴梁，如矩形、圆形、圆环形、工字形和 T 形截面等。

【例 4-5】 简支梁受均布荷载 q 作用，如图 4-13 所示。已知 $q = 4$ kN/m，梁的跨度 $l = 3$ m，截面为矩形，$b = 120$ mm，$h = 180$ mm。试求：C 截面上 a、b、c 三点处正应力以及梁的最大压应力 σ_{max} 及其位置。

解：(1)计算 C 截面的弯矩。因对称，支座反力及弯矩分别为

$$R_A = \frac{ql}{2} = \frac{4 \times 3}{2} = 6(\text{kN})$$

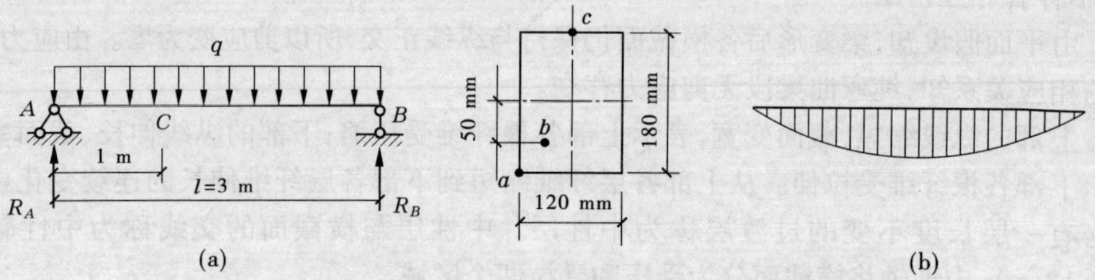

图 4-13　简支梁受均布荷载作用图及弯矩图

$$M_c = R_A \times 1 - \frac{q \times l^2}{2} = 6 \times 1 - \frac{4 \times 1^2}{2} = 4(\text{kN} \cdot \text{m})$$

(2)计算截面对中性轴 z 的惯性矩：

$$I_z = \frac{bh^3}{12} = \frac{1}{12} \times 120 \times 180^3 = 58.3 \times 10^6(\text{mm}^4)$$

(3)计算各点的正应力：

$$\sigma_a = \frac{M_c y_a}{I_z} = \frac{4 \times 10^6 \times 90}{58.3 \times 10^6} = 6.17(\text{MPa})(\text{拉})$$

$$\sigma_b = \frac{M_c y_b}{I_z} = \frac{4 \times 10^6 \times 50}{58.3 \times 10^6} = 3.43(\text{MPa})(\text{拉})$$

$$\sigma_c = \frac{M_c y_c}{I_z} = \frac{4 \times 10^6 \times 90}{58.3 \times 10^6} = 6.17(\text{MPa})(\text{压})$$

(4)求梁最大压应力 $\sigma_{\max}$ 及其位置。由弯矩图可知，最大弯矩在跨中截面：

$$M_{\max} = \frac{ql^2}{8} = \frac{1}{8} \times 4 \times 3^2 = 4.5(\text{kN} \cdot \text{m})$$

$$\sigma_{\max} = \frac{M_{\max} y_{\max}}{I_z} = \frac{4.5 \times 10^6 \times 90}{58.3 \times 10^6} = 6.95(\text{MPa})$$

最大压力发生在跨中截面上边缘处。

三、梁的最大剪应力

横力弯曲时，梁的横截面上既有弯矩又有剪力，因而在截面上既有正应力又有剪应力。当剪应力的数值过大，而梁的材料抗剪强度不足时，也要发生剪切破坏。梁弯曲时最大剪应力（推导过程可参阅有关力学教材）公式如下：

矩形截面　$$\tau_{\max} = 1.5\frac{Q}{A} \tag{4-13}$$

圆形截面　$$\tau_{\max} = \frac{4}{3}\frac{Q}{A} \tag{4-14}$$

圆环形截面　$$\tau_{\max} = 2\frac{Q}{A} \tag{4-15}$$

四、梁的强度条件

(一)最大正应力

在进行梁的正应力强度计算时,必须首先算出梁的最大正应力。最大正应力所在截面称为危险截面。对于等直梁,弯矩绝对值最大的截面就是危险截面。危险截面上最大应力所在的点,称为危险点,它在距中性轴最远的上、下边缘处。

对于中性轴是截面对称轴的梁,最大正应力 $\sigma_{\max}$ 为

$$\sigma_{\max}=\frac{M_{\max}y_{\max}}{I_z}$$

令

$$W_z=\frac{I_z}{y_{\max}} \tag{4-16}$$

则

$$\sigma_{\max}=\frac{M_{\max}}{W_z} \tag{4-17}$$

式中 W_z——抗弯截面系数,m^3 或 mm^3。

矩形和圆形截面的抗弯截面系数分别为 $\frac{bh^2}{6}$、$\frac{\pi d^3}{32}$,对于工字钢、槽钢等型钢截面,W_z 值可在相关的型钢表中查得。

对于中性轴不是截面对称轴的梁,则截面上最大拉应力 $\sigma_{t\max}$ 与最大压应力 $\sigma_{c\max}$ 的数值并不相等,这时可以将距中性轴上、下最远的距离 $y_{t\max}$ 和 $y_{c\max}$ 分别代入公式(4-12)中,以计算出截面下边缘处的最大拉应力 $\sigma_{t\max}$ 和上边缘处的最大压应力 $\sigma_{c\max}$。

$$\left.\begin{aligned}\sigma_{t\max}&=\frac{My_{t\max}}{I_z}\\ \sigma_{c\max}&=\frac{My_{c\max}}{I_z}\end{aligned}\right\} \tag{4-18}$$

式中 $y_{t\max}$——最大拉应力所在点距中性轴的距离;
$y_{c\max}$——最大压应力所在点距中性轴的距离;
$\sigma_{t\max}$、$\sigma_{c\max}$——最大拉应力和最大压应力。

(二)梁的强度条件

为了保证梁安全工作,必须使梁在荷载作用下产生的最大工作正应力 $\sigma_{\max}$ 不超过其材料的许用应力 $[\sigma]$,最大剪应力也不能超过材料的许用剪应力 $[\tau]$,这就是梁的强度条件:

$$\left.\begin{aligned}\sigma_{\max}&\leqslant[\sigma]\\ \tau_{\max}&\leqslant[\tau]\end{aligned}\right\} \tag{4-19}$$

对梁进行强度计算时,必须同时满足正应力和剪应力强度条件。一般情况下,先按正应力强度条件选择截面,或确定许可荷载,然后再按剪应力强度条件进行校核。但在某些情况下,剪应力强度也可能成为控制因素。如跨度较小的梁或梁在支座附近有较大的集中力作用,这时梁的弯矩往往较小,而剪力却较大。

【例 4-6】 一圆形截面木梁,梁上荷载如图 4-14 所示,已知 $l=3$ m, $F=3$ kN, $q=$

3 kN/m，弯曲时木材的许用应力 $[\sigma]=10$ MPa，许用剪应力 $[\tau]=2$ MPa，试选择圆木的直径。

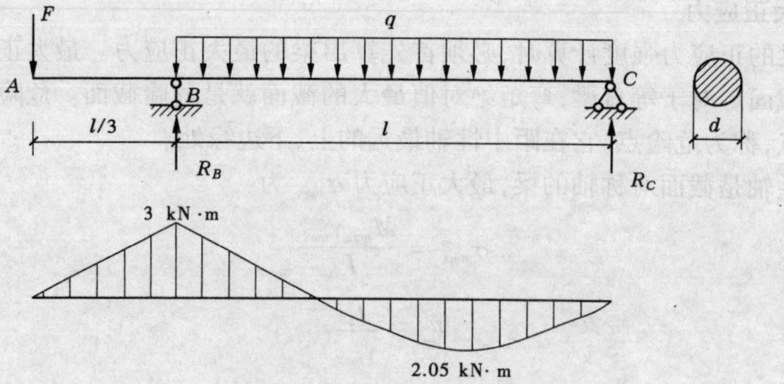

图 4-14　木梁的荷载图及弯矩图

解：(1)确定最大弯矩和剪力。

由静力平衡条件可计算出支座反力：

$$R_B = 8.5\ \text{kN}(\uparrow) \qquad R_C = 3.5\ \text{kN}(\uparrow)$$

作弯矩图，从弯矩图上可知危险截面在 B 截面，$M_{z\max} = 3\ \text{kN}\cdot\text{m}$；$Q_{\max} = 5.5\ \text{kN}$，在支座 B 截面右侧。

(2)设计截面的直径。

根据强度条件式(4-17)，此梁所需的弯曲截面系数为

$$W_z = \frac{M_{z\max}}{[\sigma]} = \frac{3\times10^6}{10} = 3\times10^5(\text{mm}^3)$$

由于圆截面的弯曲截面系数为 $W_z = \dfrac{\pi d^3}{32}$，代入得

$$d \geqslant \sqrt[3]{\frac{3\times10^5\times32}{\pi}} = 145(\text{mm})$$

取圆木的直径为 $d = 15$ cm。

(3)利用剪应力强度条件校核：

$$\tau_{\max} = \frac{4}{3}\frac{Q}{A} = \frac{4}{3}\times\frac{5.5\times10^3}{\pi\times150^2/4} = 0.42(\text{MPa}) < [\tau] = 2\ \text{MPa}$$

满足要求。

五、提高梁弯曲强度的措施

(一)合理安排梁的支座和荷载来降低最大弯矩值

1. 梁支承的合理安排

当荷载一定时，梁的最大弯矩值 $M_{\max}$ 与梁的跨度有关，首先应当合理安排支座。例如图 4-15(a)所示受均布荷载作用的简支梁，其最大弯矩值 $M_{\max} = 0.125ql^2$，如果将两支座向跨中方向移动 0.2l，见图 4-15(b)，则最大弯矩降为 $0.025ql^2$，即只有前者的 1/5。

所以，在工程中起吊大梁时，两吊点设在梁端以内的一定距离处。

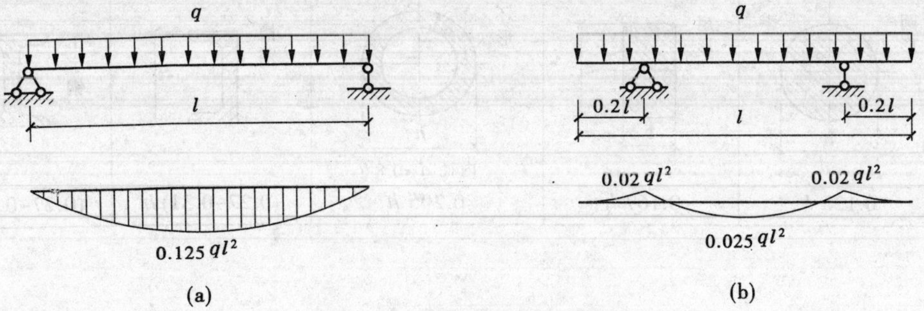

图 4-15　梁支承的合理安排

2. 荷载的合理布置

在工作条件允许的情况下，应尽可能合理地布置梁上的荷载。例如图 4-16 中把一个集中力分为几个较小的集中力，分散布置，梁的最大弯矩就能明显减少。

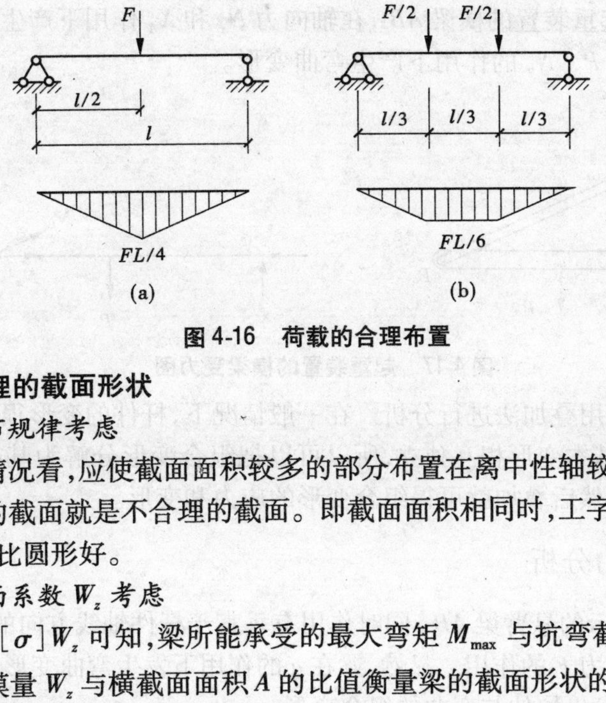

图 4-16　荷载的合理布置

（二）采用合理的截面形状

1. 从应力分布规律考虑

从应力分布情况看，应使截面面积较多的部分布置在离中性轴较远的地方，凡是中性轴附近用料较多的截面就是不合理的截面。即截面面积相同时，工字形比矩形好，矩形比正方形好，正方形比圆形好。

2. 从抗弯截面系数 W_z 考虑

由式 $M_{max} = [\sigma]W_z$ 可知，梁所能承受的最大弯矩 M_{max} 与抗弯截面模量 W_z 成正比。通常用抗弯截面模量 W_z 与横截面面积 A 的比值衡量梁的截面形状的合理性和经济性，其比值越大，则其截面的形状越合理、越经济。表 4-2 中列出了几种常见的截面形状及其 W_z/A 值。

3. 从材料的强度特性考虑

应合理地布置中性轴的位置，使截面上的最大拉应力和最大压应力同时达到材料的容许应力。对抗拉和抗压强度相等的塑性材料梁，宜采用对称于中性轴截面形状，如矩形、工字形、圆形等；对于拉、压强度不等的材料，一般采用非对称截面形状，使中性轴偏向强度较低的一边，如 T 形等。

表 4-2　常见的截面形状及其 W_z/A 值

截面形状	圆形 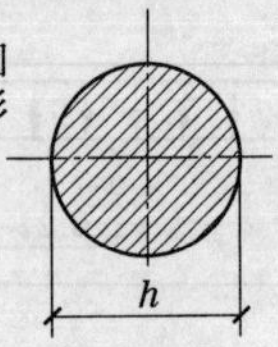	矩形 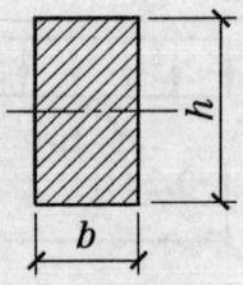	环形 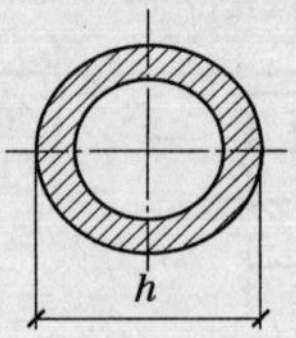 内径 $d=0.8h$	槽钢 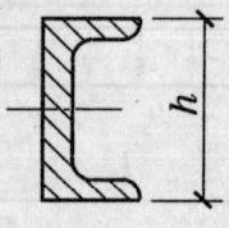	工字钢 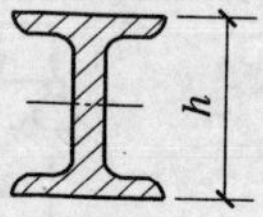
W_z/A	$0.125h$	$0.167h$	$0.205h$	$(0.27\sim0.31)h$	$(0.27\sim0.31)h$

第四节　组合变形

前面研究了轴向拉伸与压缩、弯曲等基本变形时的内力、应力、强度和刚度的计算。而工程实际中，很多构件的变形都比较复杂，常常是两种或两种以上的基本变形的组合，这种变形称之为组合变形。

如图 4-17 所示起重装置的横梁 AB，在轴向力 N_x 和 X_A 作用下产生压缩变形，在垂直于轴线方向的力 Y_A、P、N_y 的作用下产生弯曲变形。

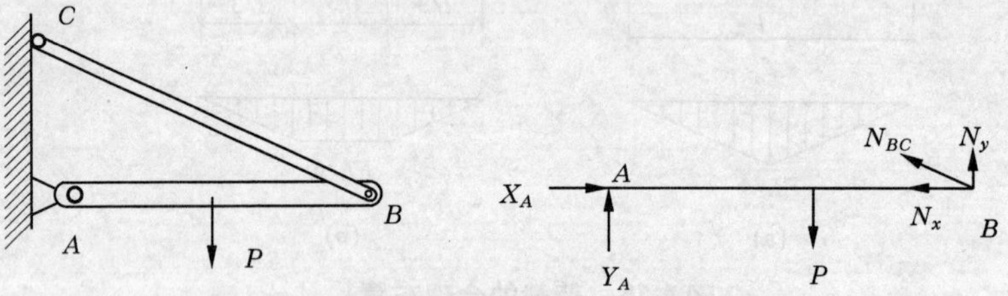

图 4-17　起重装置的横梁受力图

组合变形一般可用叠加法进行分析。在一般情况下，杆件的变形很小，处在线弹性范围内，组合变形中的基本变形相互独立，所以可以把组合变形分解为基本变形，分别分析其内力、应力和变形，然后叠加就可得组合变形的应力和变形。

一、内力和应力分析

如图 4-18(a)所示的悬臂梁 AB，同时作用有垂直于杆件轴线方向的均布荷载 q 和沿着杆件轴线的轴向拉力 F 的作用。显然，梁在 q 的作用下发生弯曲变形，在 F 的作用下发生拉伸变形，即该梁发生拉伸与弯曲的组合变形。

轴向拉力 F 单独作用时，杆件发生轴向拉伸变形，各横截面上的内力(即轴力)都为 N，且 $N = F$，横截面上各点的正应力 σ' 都相同，且

$$\sigma' = \frac{N}{A} = \frac{F}{A}$$

σ'的正负号由 F 确定。F 为拉力时，σ' 取正号；F 为压力时，σ' 取负号。σ' 的分布情况如图 4-18(b)所示。

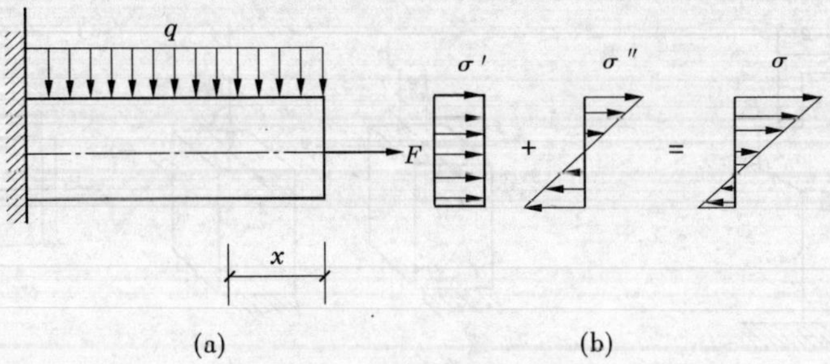

图 4-18　悬臂梁受力图

在均布荷载 q 的单独作用下，梁产生平面弯曲变形。横截面上的内力有剪力和弯矩。剪力忽略不计，只考虑弯矩 M_z，且 $M_z = \frac{1}{2}qx^2$。M_z 使横截面上产生正应力 σ''，且 $\sigma'' = \pm \frac{M_z y}{I_z}$，$\sigma''$ 的分布情况如图 4-18(b)所示。σ'' 的正负号由观察确定。

根据叠加原理，横截面上任一点的正应力为

$$\sigma = \sigma' + \sigma'' = \frac{F}{A} \pm \frac{M_z y}{I_z} \tag{4-20}$$

假设 $\sigma''_{\max} > \sigma'$，则 σ 的应力分布情况如图 4-18(b)所示。

二、强度条件

最大正应力应发生在危险截面的上、下边缘处。如图 4-18 所示梁的最大正应力发生在固定端截面的上、下边缘处，所以强度条件为

$$|\sigma_{t,c\max}| = \left|\frac{F}{A} \pm \frac{M_{z\max}}{W_z}\right| \leqslant [\sigma_{t,c}] \tag{4-21}$$

三、偏心压缩(拉伸)

当外力作用线与杆件轴线平行而不重合时，杆件将发生轴向压缩(拉伸)与弯曲的组合变形，称为偏心压缩(拉伸)。偏心压缩(拉伸)是工程中常见的一种压(拉)弯组合变形。如图 4-19 所示厂房建筑中的边柱，作用在柱上的压力不与柱的轴线重合，但与柱的轴线平行，故柱的变形为偏心压缩，压力 F 称为偏心压力。

偏心压力 F 作用在截面的对称轴上且其作用线与杆件轴线平行时，称为单向偏心压缩。如图 4-20(a)所示。作用线与杆件轴线间的距离 e 称为偏心距。

将力 F 向截面形心 O 简化。应用力的平移定理，将力 F 平移到截面形心 O 点，得到一个轴向压力 F 和一个附加力偶 m，且 $m = Fe$，如图 4-20(b)所示。F 使杆件发生轴向压缩变形，而 m 使杆件在 xOy 面内产生平面弯曲，z 轴为中性轴。

若偏心受压杆为矩形截面，则其截面面积 $A = bh$，$W_z = \frac{bh^2}{6}$，则

$$\sigma_{t,c\max} = -\frac{F}{A} \pm \frac{M_z}{W_z} = -\frac{F}{bh} \pm \frac{6Fe}{bh^2} \tag{4-22}$$

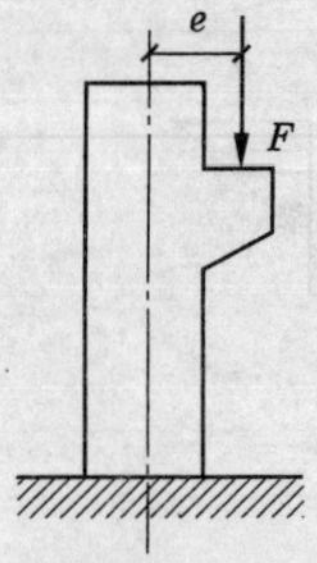

图 4-19

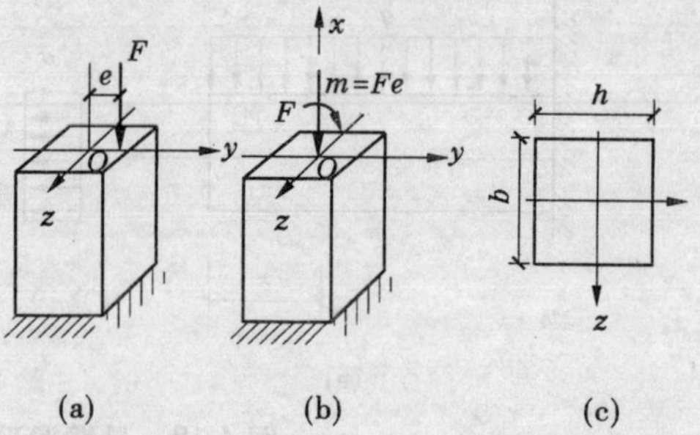

图 4-20

由式(4-22)可知，偏心压缩时，矩形截面上的应力分布情况有以下三种情况：

(1)当 $e<\dfrac{h}{6}$ 时，$\sigma_{t\max}$ 为压应力，截面全部受压，如图 4-21(a)所示。

(2)当 $e=\dfrac{h}{6}$ 时，$\sigma_{t\max}$ 为零，边缘上的应力为零，如图 4-21(b)所示。

(3)当 $e>\dfrac{h}{6}$ 时，$\sigma_{t\max}$ 为拉应力，截面部分受压，部分受拉，如图 4-21(c)所示。

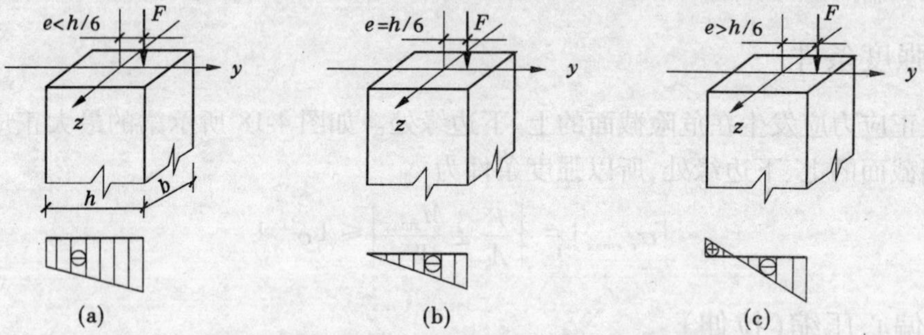

图 4-21 偏心受压杆应力分布三种情况

【例 4-7】 如图 4-22(a)所示砖柱的横截面面积 $bh=0.3\ \text{m}^2$，柱顶荷载作用在离形心 $\dfrac{b}{6}$ 的点 A 处，柱的自重 $G=40\ \text{kN}$。材料的容许压应力 $[\sigma_c]=1.05\ \text{MPa}$。按压应力强度条件确定柱顶的许可荷载 $[P]$。

解：荷载的 P 的作用线与柱的轴线平行，且作用在一条形心主轴 z 上，但与轴线有一距离，故该砖柱产生单向偏心压缩变形。

(1)把荷载 P 向顶面形心简化，得到一轴心压力和附加力偶矩，分别作出内力图如图 4-22(b)所示。

(2)判断危险截面和危险点：由内力图可判断出柱底截面为危险截面，右侧边缘的各点为最大压应力所在的危险点。

(3)计算最大压应力，确定许可荷载 $[P]$。

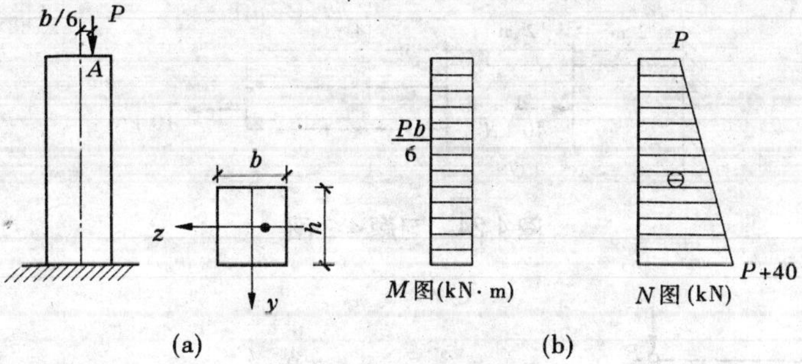

图 4-22 偏心受压杆应力

$$|\sigma_{c\max}| = \frac{M_{y\max}}{W_y} + \frac{|N|_{\max}}{A} = \frac{\frac{Pb}{6}}{\frac{hb^2}{6}} + \frac{P + 40 \times 10^3}{bh} = \frac{P}{bh} + \frac{P + 40 \times 10^3}{bh} \leqslant [\sigma_c]$$

即 $$2P + 40 \times 10^3 \leqslant bh[\sigma_c] = 0.3 \times 1.05 \times 10^6$$

解得 $$P \leqslant 137\ 500 \text{ N} = 137.5 \text{ kN}$$

即 $$[P] = 137.5 \text{ kN}$$

习　题

4-1　一直杆受力情况如图 4-23 所示，已知杆件截面面积 $A = 2\ 000\ \text{mm}^2$，材料容许应力 $[\sigma] = 160$ MPa，$E = 2 \times 10^5$ MPa，试：

(1) 画轴力图；

(2) 求 CD 段的变形量和线应变；

(3) 校核杆件强度。

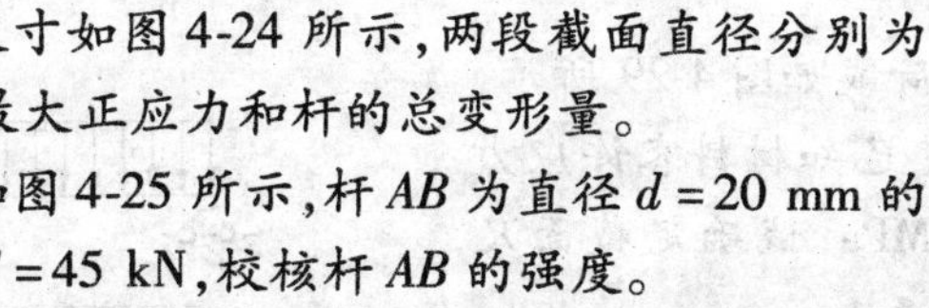

图 4-23　习题 4-1 图

4-2　圆截面钢杆尺寸如图 4-24 所示，两段截面直径分别为 40 mm 和 20 mm。试画出杆的轴力图，求杆的最大正应力和杆的总变形量。

4-3　三角形托架如图 4-25 所示，杆 AB 为直径 $d = 20$ mm 的圆形钢杆，材料容许应力 $[\sigma] = 160$ MPa，荷载 $F = 45$ kN，校核杆 AB 的强度。

4-4　如图 4-26 所示，AB 为刚体，CD 为 $d = 22$ mm 的圆截面钢杆，容许应力 $[\sigma] = 170$ MPa，求许可荷载 $[F]$。

4-5　如图 4-27 所示简支梁，截面尺寸 $b = 130$ mm，$h = 200$ mm，$l = 2$ m，$[\sigma] =$

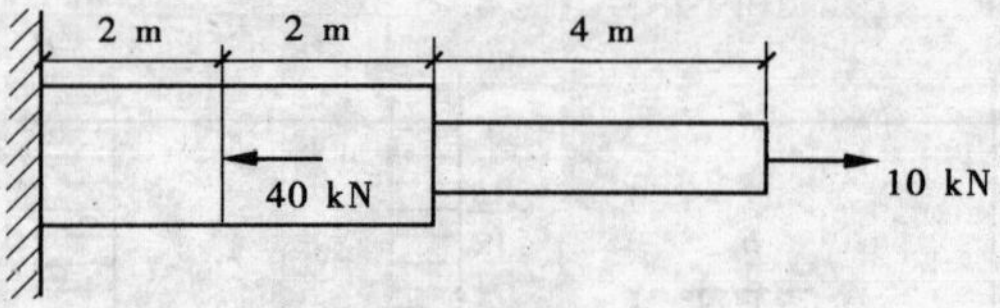

图 4-24　习题 4-2 图

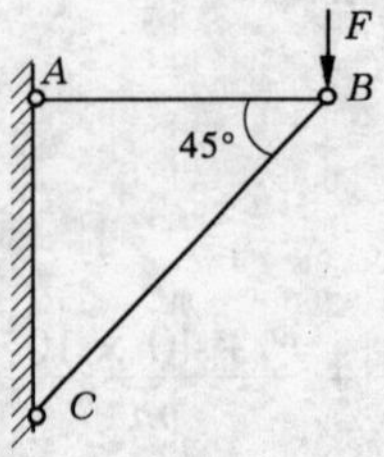

图 4-25　习题 4-3 图

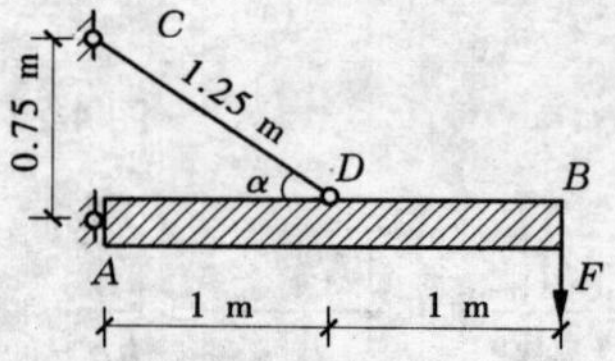

图 4-26　习题 4-4 图

7 MPa，求许可载荷[F]。

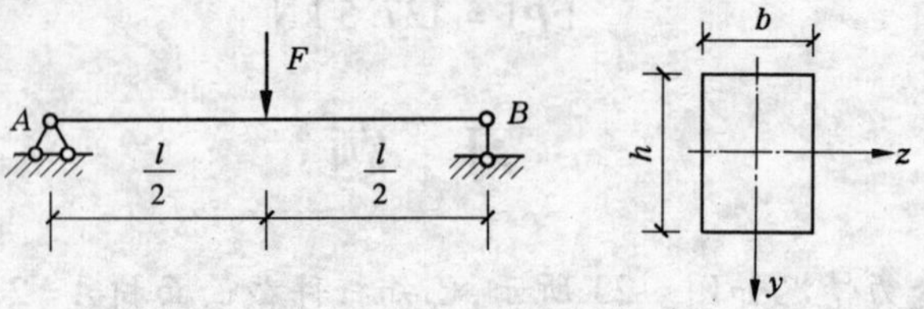

图 4-27　习题 4-5 图

4-6　一矩形截面梁，截面尺寸 $b \times h = 140\ \text{mm} \times 250\ \text{mm}$，荷载情况如图 4-28 所示，已知材料容许应力$[\sigma] = 6.4\ \text{MPa}$，试校核梁的强度。

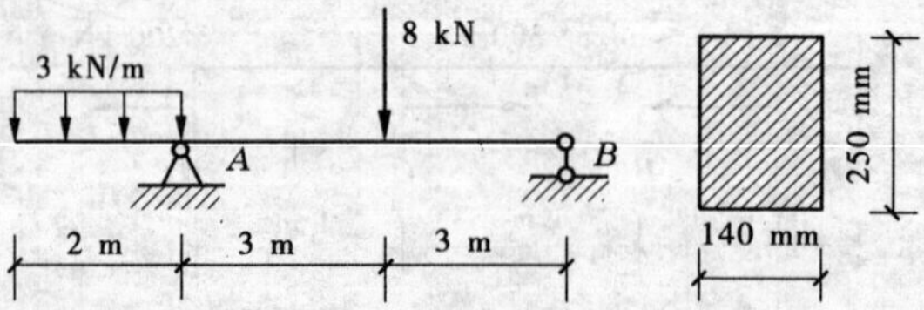

图 4-28　习题 4-6 图

4-7　矩形截面梁受荷载如图 4-29 所示，$q = 3\ \text{kN/m}$，跨度 $l = 4\ \text{m}$，已知材料容许应力$[\sigma] = 10\ \text{MPa}$，$[\tau] = 2\ \text{MPa}$，试确定截面尺寸。

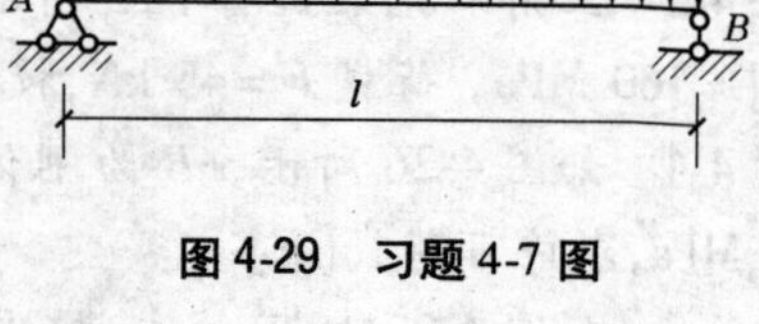

图 4-29　习题 4-7 图

第五章　结构位移计算

第一节　结构位移

结构在荷载、温度变化、支座移动与制造误差等各种因素作用下发生变形,因而结构上各点的位置会有变动。这种位置变动称为位移。

计算位移的目的:一是验算结构刚度,校核结构位移是否超过允许限值,以防止构件和结构产生过大变形而影响结构正常使用;二是为超静定结构内力计算打下基础。

一、梁的挠度和转角

图 5-1 所示的悬臂梁,在纵向对称面内受横向荷载 P 作用,AB 梁的轴线由图中直线变成虚线所示的平面曲线。

某横截面 C 沿与梁轴线垂直方向移动到 C',线位移 CC' 称为截面 C 的挠度(又称线位移),以 y_C 表示。截面 C 在变形后绕中性轴转过一角度 θ_C,称为截面 C 的转角 θ_C,又称截面 C 的角位移。

图中虚线所示梁的变形曲线称为挠曲线,其方程为

$$y = f(x) \tag{5-1}$$

称为挠曲线方程。式中 x 为截面坐标,y 为截面挠度。在小变形情况下,截面转角

$$\theta \approx \tan\theta = \frac{dy}{dx} = f'(x) \tag{5-2}$$

即挠曲线上任意点的斜率为该点处横截面的转角。

挠度以向下为正,单位为 m 或 mm;转角以顺时针转动为正,单位为度(°)或弧度(rad)。

二、刚架的位移

如图 5-2 所示刚架,在荷载作用下发生如虚线所示的变形,使截面 A 的形心从 A 点移动

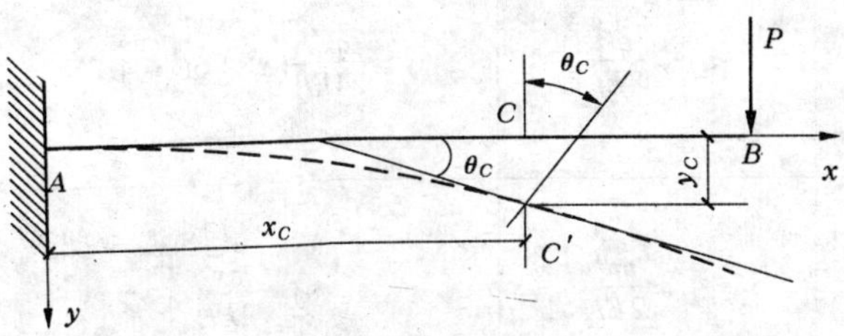

图 5-1　梁的挠曲线

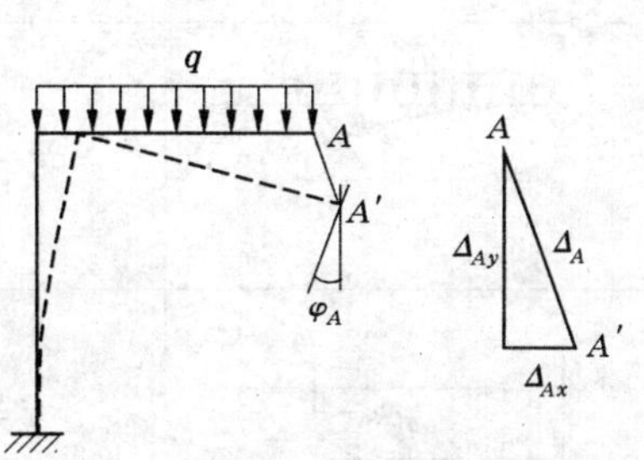

图 5-2　刚架的位移

到了 A'点，线段 AA'称为 A 点的线位移，记为 Δ_A，它也可以用水平线位移 Δ_{Ax} 和竖向线位移 Δ_{Ay} 两个分量来表示。同时，截面 A 还转动了一个角度，称为截面 A 的角位移，用 φ_A 表示。

第二节　梁在弯曲时的变形与刚度校核

在设计受弯构件时，除应该满足强度条件以防止构件发生破坏外，还应该注意满足刚度条件，使其弯曲变形不致过大，以免影响结构的正常使用。例如，楼面梁变形过大，会使抹灰层开裂或脱落；吊车梁的变形过大就会影响吊车的正常运行；桥梁的变形过大，在车辆通过时会引起很大振动等。因此，在研究了梁的强度问题以后，还有必要研究梁的刚度问题或弯曲变形问题。

一、叠加法进行梁的变形计算

叠加原理是材料力学的一个普遍原理。在线弹性小变形前提下，构件的支反力、内力、应力和变形都可以用叠加的方法计算。

实际工程中，往往只需要求出梁指定截面的位移。在弹性范围内，梁的挠度与转角都与荷载成线性关系，这时可采用叠加法进行计算。

表 5-1 列举了几种常用的梁在简单荷载作用时的变形。利用这些数据，按叠加法求梁的位移是很方便的。所谓叠加法，就是先分别计算每种（或每个）荷载单独作用下产生的截面位移，然后再将这些相应截面的位移代数相加，即为各荷载共同作用下的该截面位移。

表 5-1　简单荷载作用下梁的变形

支承和荷载情况	梁端转角	最大挠度	挠曲线方程式
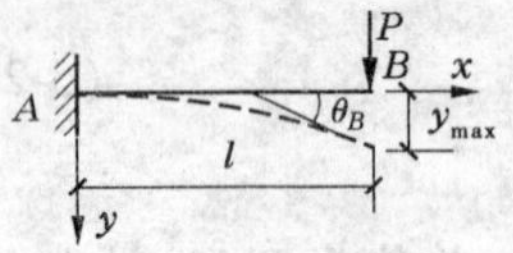	$\theta_B=\dfrac{Pl^2}{2EI_z}$	$y_{\max}=\dfrac{Pl^3}{3EI_z}$	$y=\dfrac{Px^2}{6EI_z}(3l-x)$
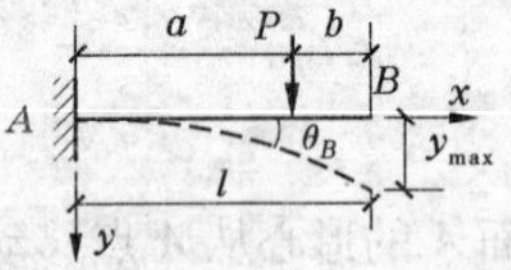	$\theta_B=\dfrac{Pa^2}{2EI_z}$	$y_{\max}=\dfrac{Pa^2}{6EI_z}(3l-a)$	$y=\dfrac{Px^2}{6EI_z}(3a-x)$，$0\leqslant x\leqslant a$ $y=\dfrac{Pa^2}{6EI_z}(3x-a)$，$a\leqslant x\leqslant l$
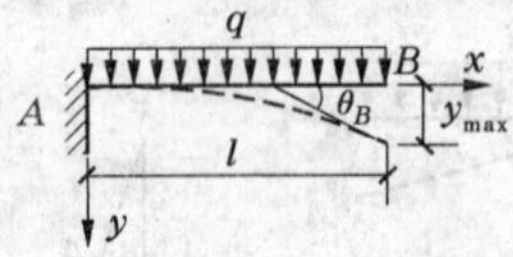	$\theta_B=\dfrac{ql^3}{6EI_z}$	$y_{\max}=\dfrac{ql^4}{8EI_z}$	$y=\dfrac{qx^2}{24EI_z}(x^2+6l^2-4lx)$
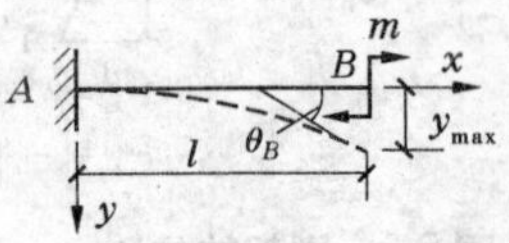	$\theta_B=\dfrac{ml}{EI_z}$	$y_{\max}=\dfrac{ml^2}{2EI_z}$	$y=\dfrac{mx^2}{2EI_z}$

续表 5-1

支承和荷载情况	梁端转角	最大挠度	挠曲线方程式
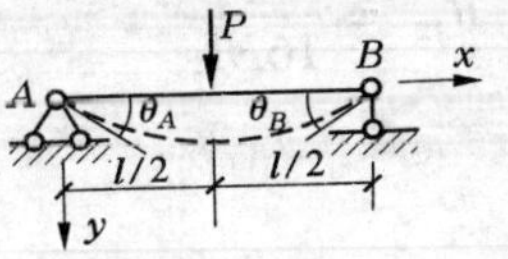	$\theta_A=-\theta_B=\dfrac{Pl^2}{16EI_z}$	$y_{\max}=\dfrac{Pl^3}{48EI_z}$	$y=\dfrac{Px}{48EI_z}(3l^2-4x^2)$，$0\leqslant x\leqslant\dfrac{l}{2}$
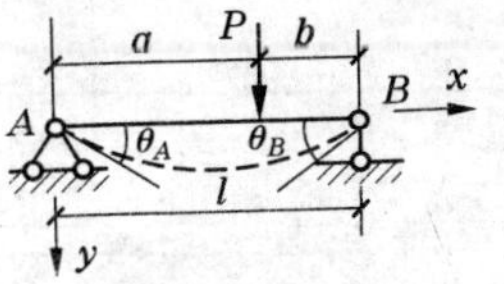	$\theta_A=\dfrac{Pab(l+b)}{6lEI_z}$ $\theta_B=-\dfrac{Pab(l+a)}{6lEI_z}$	在 $x=\sqrt{\dfrac{l^2-b^2}{3}}$ 处 $y_{\max}=\dfrac{Pb}{9\sqrt{3}lEI_z}\times(l^2-b^2)^{3/2}$	$y=\dfrac{Pbx}{6lEI_z}(l^2-x^2-b^2)$，$0\leqslant x\leqslant a$ $y=\dfrac{Pb}{6lEI_z}\left[(l^2-b^2)x-x^3+\dfrac{l}{b}\times(x-a)^3\right]$，$a\leqslant x\leqslant l$
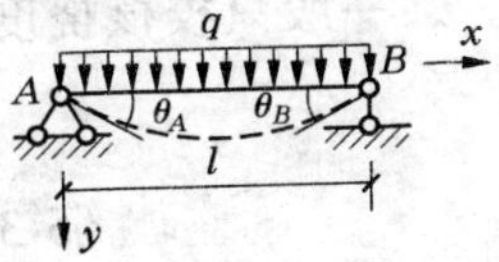	$\theta_A=-\theta_B=\dfrac{ql^3}{24EI_z}$	$y_{\max}=\dfrac{5ql^4}{384EI_z}$	$y=\dfrac{qx}{24EI_z}(l^3-2lx^2+x^3)$
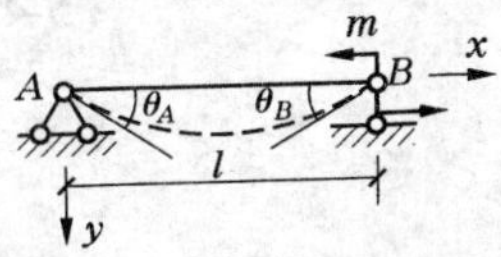	$\theta_A=\dfrac{ml}{6EI_z}$ $\theta_B=-\dfrac{ml}{3EI_z}$	在 $x=\dfrac{l}{\sqrt{3}}$ $y_{\max}=\dfrac{ml^2}{9\sqrt{3}EI_z}$	$y=\dfrac{mx}{6lEI_z}(l^2-x^2)$

表中的 EI 称为梁的抗弯刚度，梁的变形与其成反比，EI 愈大，抵抗弯曲变形的能力愈大，则变形愈小。

【例 5-1】 如图 5-3 所示简支梁，承受均布荷载 q 和集中荷载 P 作用，梁的抗弯刚度为 EI_z，试用叠加法求梁跨中截面的挠度 f_C 和 A 截面的转角 θ_A。

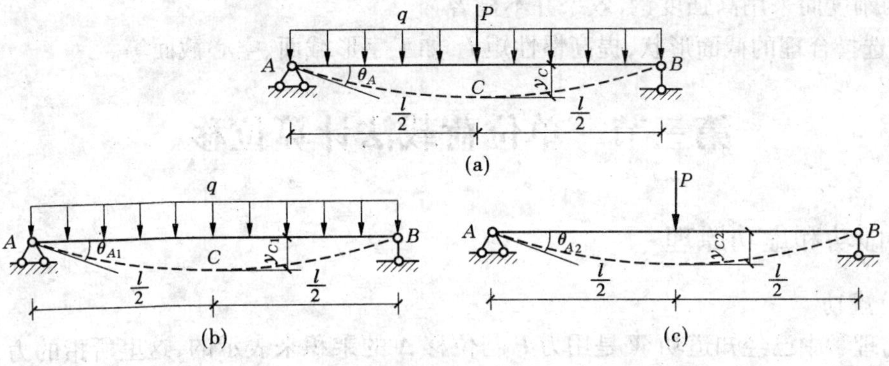

图 5-3 简支梁受均布荷载和集中荷载作用的变形

解： 图 5-3(a)可视为简支梁承受均布荷载 q 和集中荷载 P 单独作用的叠加，如图 5-3(b)、(c)所示，利用表 5-1 分别查得简支梁单独承受均布荷载 q 和集中荷载 P 时的跨中截面的挠度和 A 截面的转角，然后相应叠加。

简支梁单独承受均布荷载 q 作用： $y_{C1} = \frac{5ql^4}{384EI_z}$ $\theta_{A1} = \frac{ql^3}{24EI_z}$

简支梁单独承受集中荷载 P 作用： $y_{C2} = \frac{Pl^3}{48EI_z}$ $\theta_{A2} = \frac{Pl^2}{16EI_z}$

叠加结果：

$$y_C = y_{C1} + y_{C2} = \frac{5ql^4}{384EI_z} + \frac{Pl^3}{48EI_z}$$

$$\theta_A = \theta_{A1} + \theta_{A2} = \frac{ql^3}{24EI_z} + \frac{Pl^2}{16EI_z}$$

二、梁的刚度校核

(一)刚度条件

刚度校核是检查梁在荷载作用下产生的变形是否超过容许值。梁一般只校核挠度，其刚度条件为

$$y_{\max} \leqslant [y] \quad 或 \quad \frac{y_{\max}}{l} \leqslant \left[\frac{y}{l}\right] \tag{5-3}$$

$$\theta_{\max} \leqslant [\theta] \tag{5-4}$$

式中 $[\theta]$——构件的容许转角；

$[y]$、$[y/l]$——构件的容许挠度、单位长度容许挠度。

(二)提高梁刚度的措施

从表 5-1 可见，梁的弯曲变形与弯矩大小、跨度长短、支座条件、梁截面的惯性矩、材料的弹性模量等有关，故提高梁刚度的措施为：

(1)改善结构形式，减小弯矩 M。

(2)增加支承，减小跨度 l。

(3)选用合适的材料，增加弹性模量 E。但因各种钢材的弹性模量基本相同，所以为提高梁的刚度而采用高强度钢，效果并不显著。

(4)选择合理的截面形状，提高惯性矩 I，如工字形截面、空心截面等。

第三节 单位荷载法计算位移

一、虚功和虚功原理

(一)虚功

在物理学中已经知道功 W 是用力 P 与位移 Δ 的乘积来表示的，这里所指的力，其大小、方向不变，所指的位移是力方向上的位移，一般为

$$W = P\Delta$$

若位移 Δ 是做功的力 P 本身产生的，W 称为实功；若位移 Δ 是别的因素引起，而不是做功的力 P 本身引起的，这样的功叫做虚功。如图 5-4 所示结构，由于温度的变化，这时作用在 A 点的力 P 就在 Δ_A 上做虚功，Δ_A 不是力 P 引起的而是温度 t 引起的。

(二)虚功原理

图 5-5 所示简支梁 AB 在第一组荷载 P_k 作用下,在 P_k 的作用点沿 P_k 方向产生的位移记为 Δ_{kk}。位移 Δ 的第一个下标表示发生位移的地点和方向,第二个下标表示引起位移的原因。Δ_{kk}的两个下标,表示位移 Δ 是在 P_k 作用点沿 P_k 方向,是由 P_k 的作用而引起的。

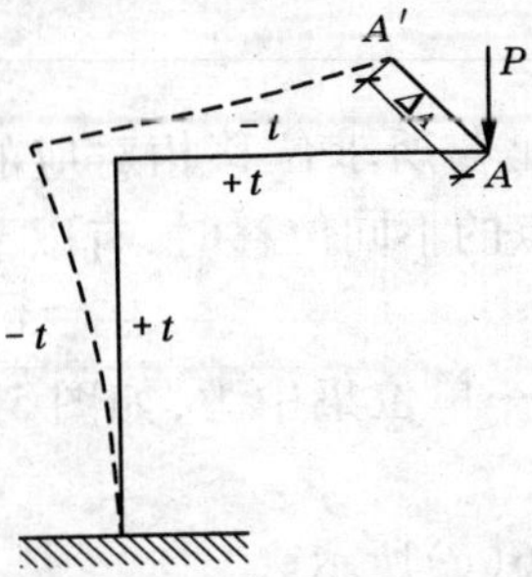

图 5-4

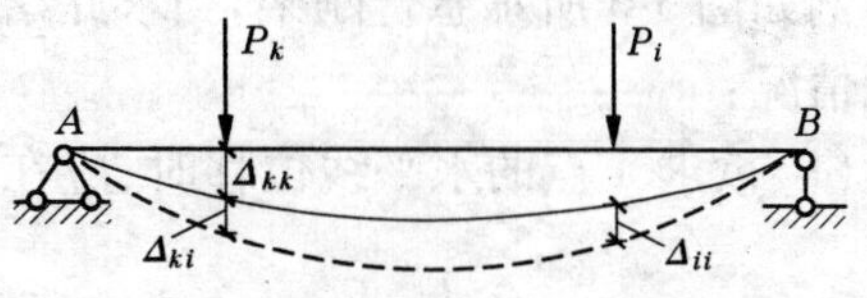

图 5-5

当第一组荷载 P_k 作用于结构,并达到稳定平衡以后,再加上第二组荷载 P_i,这时结构将继续发生微小的变形而达到虚线位置,P_k 作用点沿 P_k 方向产生新的位移为 Δ_{ki},Δ_{ki}表示由 P_i 引起的在 P_k 作用点沿 P_k 方向的位移。力 P_k 在对应的位移 Δ_{ki}上所做的虚功为

$$W_{ki} = P_k\Delta_{ki}$$

式中,W_{ki}是 P_k 力在 P_i力所引起的位移上做的功,这种外力在其他因素(如其他力系、温度变化、支座位移或制造误差等)引起的位移上所做的功,称为外力虚功。

同时,简支梁 AB 由于第一组荷载 P_k 作用产生的内力 M_k、Q_k 和 N_k 在 P_i力所引起的变形上(由实线到虚线)也做了虚功,用 W'_{ki} 表示,称为内力虚功。

虚功原理:结构的第一组外力在第二组外力所引起的变形上所做的外力虚功,等于第一组内力在第二组外力引起的变形上所做的内力虚功,即

$$\text{外力虚功 } W_{ki} = \text{内力虚功 } W'_{ki} \tag{5-5}$$

在上述情况中,两组力 P_k 和 P_i 是彼此独立无关的,因此在计算位移时可设 $P_k=1$ 的单位荷载。

二、结构位移计算公式

(一)结构位移计算公式

根据虚功原理,我们就可以得到梁或刚架以弯曲变形为主的结构位移计算公式

$$P_k\Delta_{ki} = \sum\int\frac{M_kM_P}{EI}\mathrm{d}s$$

令 $P_k=1$,则

$$\Delta_{ki} = \sum\int\frac{M_kM_P}{EI}\mathrm{d}s \tag{5-6}$$

式中 M_P——梁或刚架在实际荷载作用下构件的内力函数表达式;

M_k——梁或刚架在虚设单位荷载 $P_k=1$ 作用下构件的内力函数表达式;

EI ——杆件的抗弯刚度。

(二)位移计算

欲求某点位移,只要在欲求位移处沿所求位移方向虚设单位力,然后分别列各杆段在虚设单位力和实际荷载作用下内力方程,将各内力方程分别代入式(5-6),分段积分后再求总和即可计算出所求位移。

三、虚设单位荷载

在式(5-6)中,需要虚设单位荷载。虚设单位荷载必须是与所求位移相对应的单位力。例如图5-6所示悬臂刚架,当求此结构在荷载作用下 *A* 点的不同位移时,有以下几种不同情况:

(1)欲求 *A* 点的水平线位移时,应在 A 点沿水平方向加一单位集中力,如图5-6(b)所示。

(2)欲求 *A* 点的角位移,应在 *A* 点加一单位力偶,如图5-6(c)所示。

(3)欲求 *A*、*B* 两点的相对线位移,应在 *A*、*B* 两点沿 *AB* 连线方向加一对反向的单位集中力,如图5-6(d)所示。

(4)欲求 *A*、*B* 两截面的相对角位移,应在 *A*、*B* 两截面处加一对反向的单位力偶,如图5-6(e)所示。

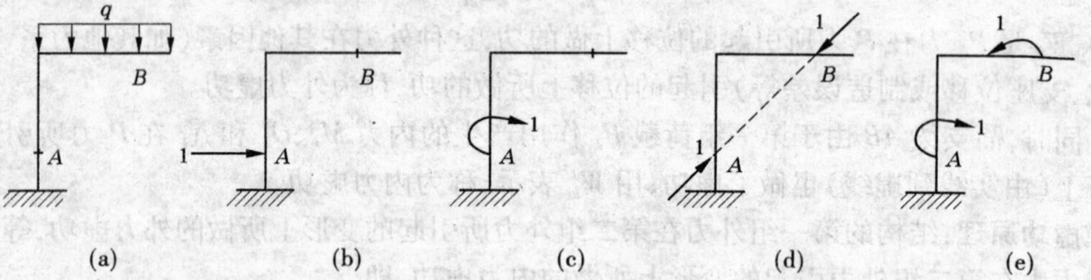

图5-6 虚设单位荷载

第四节 图乘法计算位移

在用式(5-6)计算结构的位移时,需要进行积分。特别是当外力较多,结构较复杂时,运算比较麻烦且容易出错。当结构的各杆段符合某些条件时,可用图乘法来代替积分运算,使计算工作简化。

如图5-7所示为等截面直杆 *AB* 段上的两个弯矩图,$\overline{M}$ 图为一段直线,M_P 图为任意形状。对于图示坐标,$\overline{M} = x\tan\alpha$,于是有

$$\Delta_{kP} = \int_A^B \frac{\overline{M}M_P}{EI}\mathrm{d}s = \frac{1}{EI}\int_A^B \overline{M}M_P\mathrm{d}s = \frac{1}{EI}\int_A^B x\tan\alpha M_P\mathrm{d}x$$

$$= \frac{1}{EI}\tan\alpha\int_A^B xM_P\mathrm{d}x = \frac{1}{EI}\tan\alpha\int_A^B x\mathrm{d}A_\omega$$

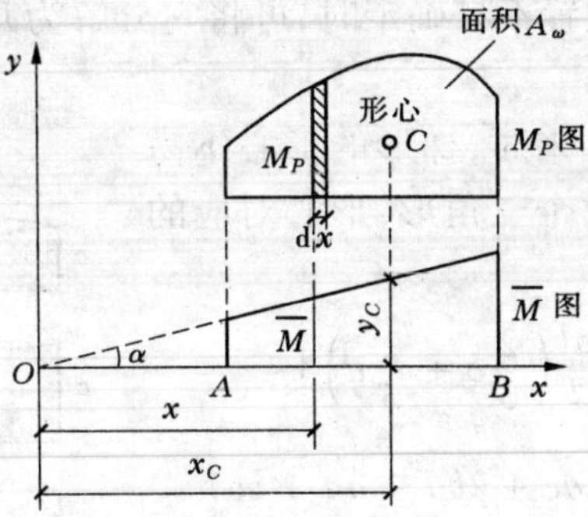

图 5-7 图乘法

式中，$dA_\omega = M_P dx$ 表示 M_P 图的微面积。

因积分$\int_A^B x dA_\omega = A_\omega x_C$（推导参见相关力学教材），且 $x_C \tan\alpha = y_C$（y_C 为$\overline{M}$ 图中与 M_P 图形心 x_C 相对应的竖标），于是上式可写为

$$\Delta_{kP} = \int_A^B \frac{\overline{M}M_P}{EI} ds = \frac{1}{EI} A_\omega y_C \tag{5-7}$$

式(5-7)即为用图乘法计算位移的公式，即所求的位移等于一个弯矩图的面积 A_ω 乘以其形心所对应的另一个直线弯矩图的竖坐标 y_C 再除以 EI。

用图乘法计算位移应注意以下几点：

(1)杆件应为等截面直杆，且 EI 为常数。

(2)$\overline{M}$图和 M_P 图中至少有一个是直线图，并且竖坐标 y_C 应能在直线图中选取，如 M_k 图、M_P 图均为直线图，则 y_C 可取自任一直线图，而 A_ω 则为另一图的面积。

(3)两弯矩图均画在杆件受拉一侧，图乘时同侧图相乘为正，异侧图相乘为负值。

(4)当 y_C 所在图形是折线，或各杆段截面不相等时，均应分段图乘，再进行叠加，如图 5-8 所示。

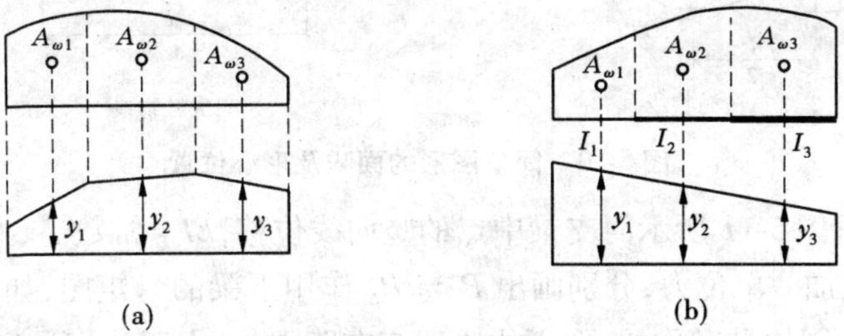

图 5-8 分段图乘

如图 5-8 (a)所示应为

$$\Delta = \frac{1}{EI}(A_{\omega1}y_1 + A_{\omega2}y_2 + A_{\omega3}y_3)$$

图 5-8 (b)所示应为

$$\Delta = \frac{A_{\omega1}y_1}{EI_1} + \frac{A_{\omega2}y_2}{EI_2} + \frac{A_{\omega3}y_3}{EI_3}$$

(5)当遇到面积和形心位置不易确定时，可将它分解为几个简单的图形，分别与另一图形相乘，然后把结果叠加。

如图 5-9 所示两个梯形相乘时，梯形的形心不易定出，我们可以把它分解为两个三角形，形心对应的竖坐标分别为 y_1 和 y_2，则

$$\Delta = \frac{1}{EI}(A_{\omega1}y_1 + A_{\omega2}y_2) = \frac{al}{2}\left(\frac{2}{3}c + \frac{1}{3}d\right) + \frac{bl}{2}\left(\frac{1}{3}c + \frac{2}{3}d\right) = \frac{1}{6}(2ac + 2bd + ad + bc)$$

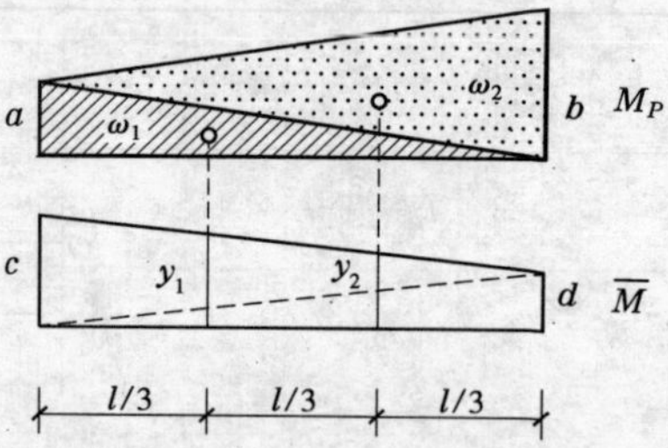

图 5-9　两个梯形图乘

应用图乘法时，还必须确定弯矩图面积及形心位置，需要掌握几种简单图形的面积及形心位置，如图 5-10 所示。

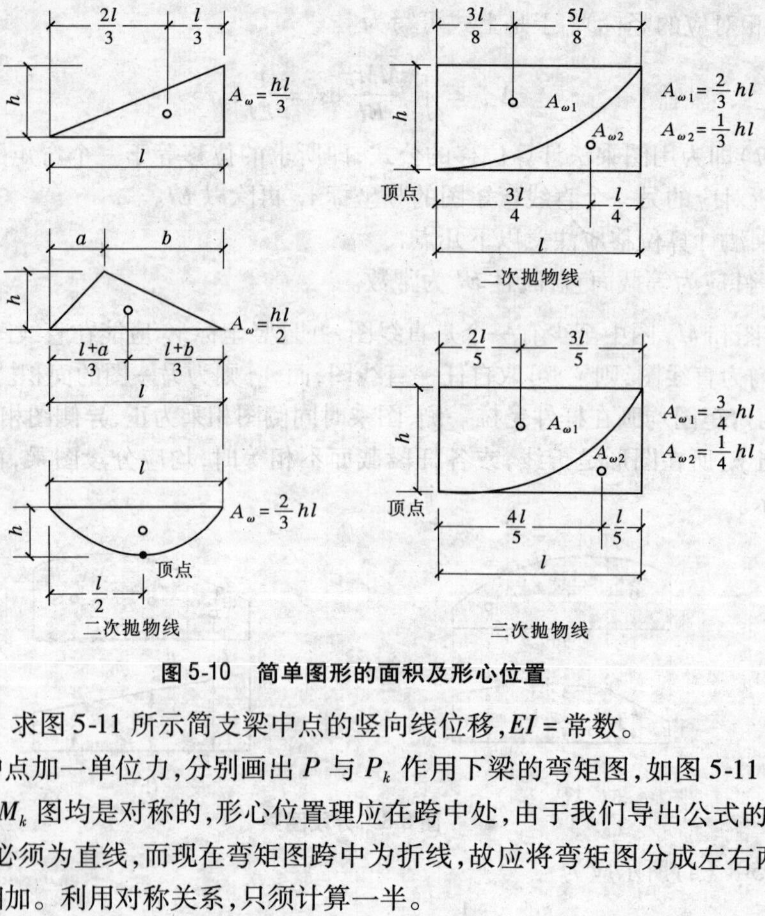

图 5-10　简单图形的面积及形心位置

【例 5-2】　求图 5-11 所示简支梁中点的竖向线位移，EI = 常数。

解：在梁中点加一单位力，分别画出 P 与 P_k 作用下梁的弯矩图，如图 5-11 (b)、(d) 所示，M_P 图与 M_k 图均是对称的，形心位置理应在跨中处，由于我们导出公式的前提条件是上下两边均必须为直线，而现在弯矩图跨中为折线，故应将弯矩图分成左右两部分，分别图乘，然后相加。利用对称关系，只须计算一半。

$$\Delta_{Cy} = \sum \frac{Ay_C}{EI} = \frac{2}{EI} \times \frac{1}{2} \times \frac{Pl}{4} \times \frac{l}{2} \times \frac{2}{3} \times \frac{l}{4} = \frac{Pl^3}{48EI}(\downarrow)$$

【例 5-3】　求图 5-12(a) 刚架 D 点的竖向线位移。

解：在 D 点加竖向单位力 $P_k = 1$，再分别画出 M_P、M_k 图，如图 5-12 (b)、(c) 所示，在

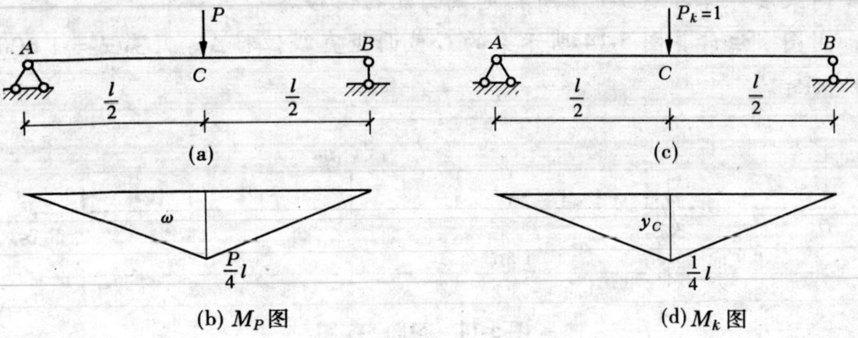

图 5-11　图乘法求梁的位移

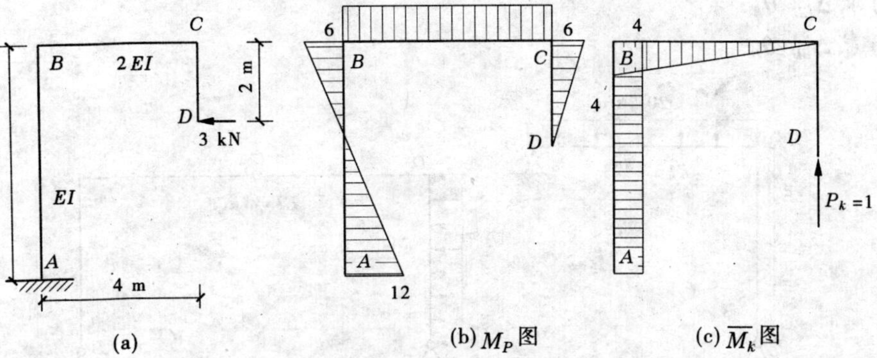

图 5-12　图乘法求刚架的位移

计算时，图 5-12（c）中 CD 杆无弯矩，故只将 AB、BC 二杆的弯矩图进行图乘即可。

$$AB\text{ 杆}:A=0.5\times12\times4-0.5\times6\times2=18,\ y_C=4$$

$$BC\text{ 杆}:A=0.5\times4\times4=8,\ y_C=6$$

$$\Delta_{Dy}=\sum\frac{\omega y_C}{EI}=\frac{1}{EI}\times4\times18-\frac{1}{2EI}\times8\times6=\frac{48}{EI}(\uparrow)$$

习　题

5-1　用叠加法求图 5-13(a)所示结构中跨中截面挠度、A 截面的转角，图 5-13(b)中 B 截面挠度和转角。

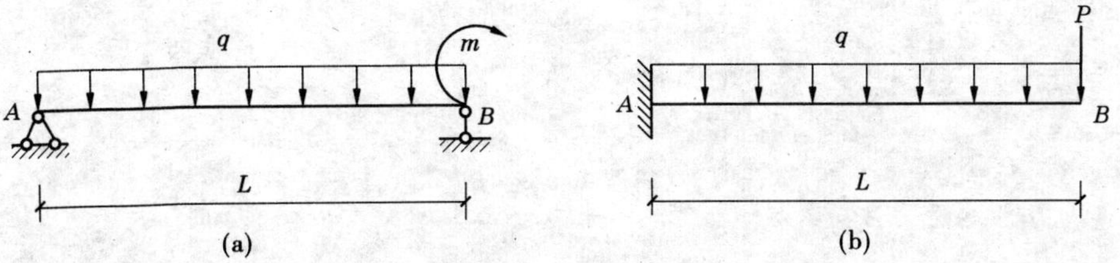

图 5-13　习题 5-1 图

5-2　图乘法计算习题 5-1 中所指定截面处的位移。

5-3　用图乘法计算图 5-14 所示梁的 C 截面竖直线位移 Δ_{Cy}。已知 $I = 1\ 600\ \text{cm}^4$，$E = 2.1 \times 10^5\ \text{MPa}$。

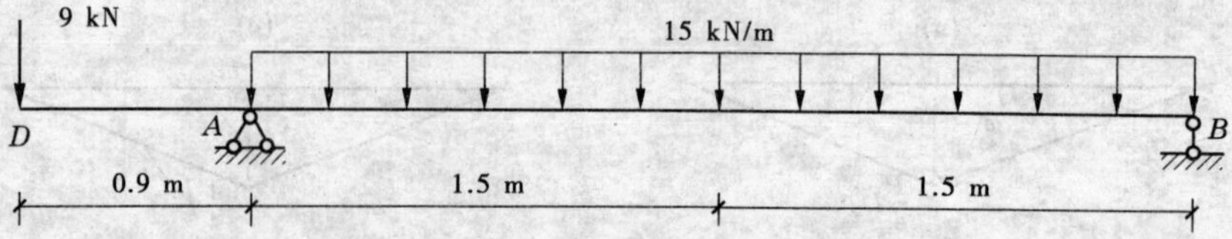

图 5-14　习题 5-3 图

5-4　用图乘法计算图 5-15 所示刚架的位移：

(a) 求 Δ_{CH}、θ_B；

(b) 求 Δ_{EH}、θ_B。

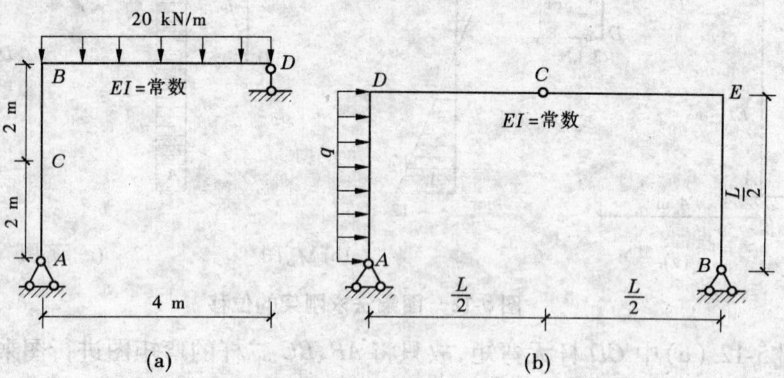

图 5-15　习题 5-4 图

第六章　超静定结构内力计算

第一节　超静定结构概述

一、超静定结构的概念

具有多余约束，仅用静力平衡条件不能求出全部支座反力或内力的结构称为超静定结构。如图6-1(a)所示简支梁是静定的，当跨度增加时，其内力和变形都将迅速增加。为减少梁的内力和变形，在梁的中部增加一个支座，就成为具有一个多余约束的超静定结构，如图6-1(b)所示。由于这个多余联系的存在，只用静力平衡方程就不能求出全部4个约束反力F_{Ax}、F_{Ay}、F_{By}、F_{Cy}和全部内力。

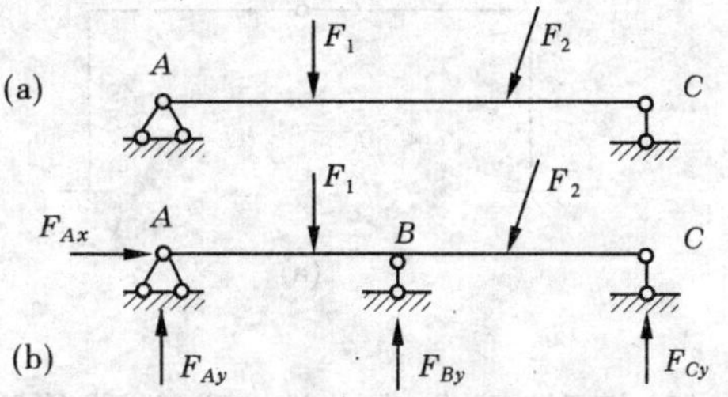

图6-1　静定结构与超静定结构

超静定结构具有以下一些重要特性：

(1)静定结构的内力只用静力平衡条件即可确定，其值与结构的材料性质以及杆件截面尺寸无关。超静定结构的内力与结构的材料性质以及杆件截面尺寸有关，其内力仅由静力平衡条件不能全部确定，还需同时考虑位移条件。

(2)在静定结构中，除荷载作用外，其他因素如支座移动、温度变化、制造误差等，都不会引起内力。而在超静定结构中，任何上述因素作用通常都会引起内力。这是由于上述因素都将引起结构变形，而变形由于受到结构的多余联系限制，往往使结构中产生内力。

(3)静定结构在任一联系遭到破坏后，即丧失几何不变性(在荷载作用下能保持其几何形状和位置不改变的体系)，因而就不能再承受荷载。而超静定结构由于具有多余联系，在多余联系遭到破坏后，仍然维持其几何不变性，因而还具有一定的承载能力。

(4)局部荷载作用对超静定结构比对静定结构影响的范围大，从结构的内力分布情况看，超静定结构比静定结构要均匀些。

二、超静定次数的确定

通常将多余联系的数目或多余未知力的数目称为超静定结构的超静定次数。如果一个超静定结构在去掉n个联系后变成静定结构，那么这个结构就是n次超静定结构。

为了确定超静定结构的超静定次数，一般采用去掉(或切断)约束，把原结构变成静定结构的方法，也就是把超静定结构和我们所熟悉的静定结构(如悬臂式、简支式等)相比较来确定超静定结构的超静定次数。我们把去掉的某个约束用作用力X_i表示。

去掉多余联系的方式，通常有以下几种：

(1)去掉支座处一根链杆或切断一个轴力杆，相当于去掉一个联系。如图 6-2 所示结构均为一次超静定结构。

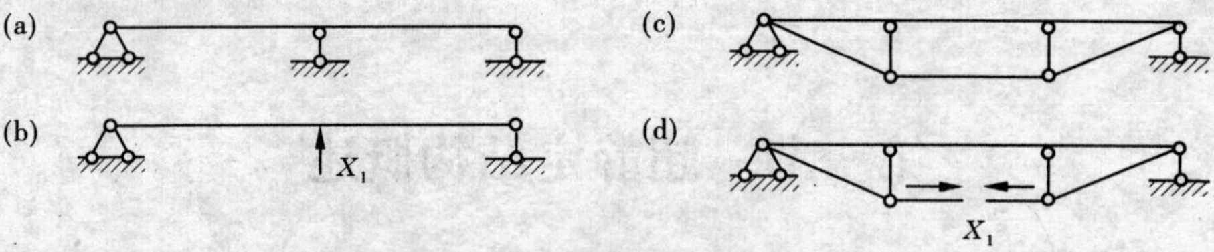

图 6-2

(2)去掉一个单铰，相当于去掉两个联系(见图 6-3)。

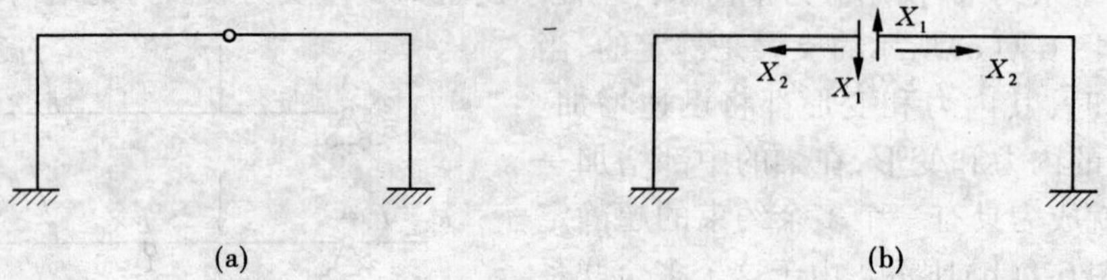

图 6-3

(3)把刚性联结改成单铰联结，或将固定端支座改为固定铰支座，相当于去掉一个联系(见图 6-4)。

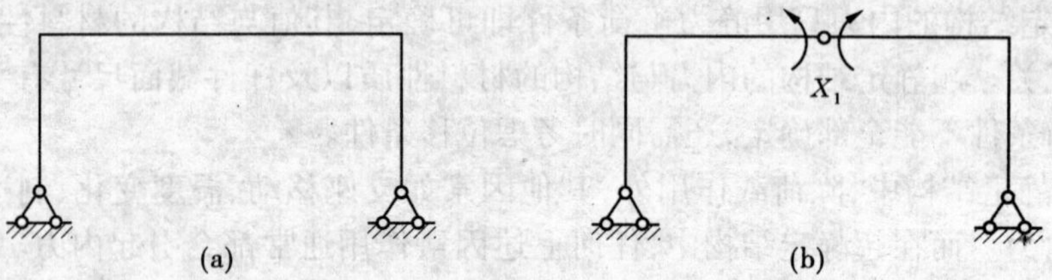

图 6-4

(4)在刚性联结处切断，或去掉一个固定端支座，相当于去掉三个联系(见 6-5(b)、(c))。

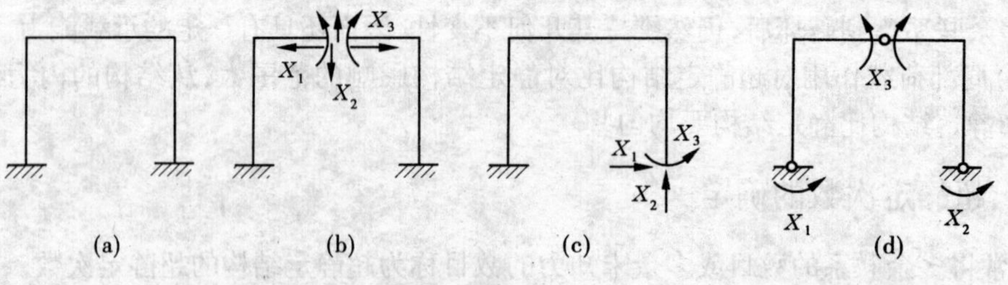

图 6-5

(5)对于无铰封闭形结构，每一封闭框格都是三次超静定。实际工程中的单孔箱形结构、圆管(见图 6-6)都是三次超静定结构。

应用上述去掉多余联系的基本方式，可以确定结构的超静定次数。应该指出：①去掉

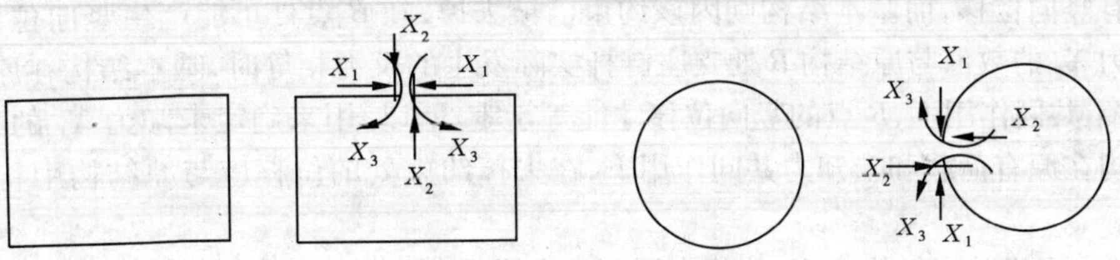

图 6-6

多余联系（或多余约束），是以保证结构是几何不变体系为前提的；②同一个超静定结构，可以采用不同方式去掉多余联系，如图 6-5（b）、（c）、（d）所示，但原结构的超静定次数都是相同的，只是去约束的方式不是唯一的。

第二节　力法计算超静定结构

一、力法的基本结构和基本未知量

如图 6-7（a）所示为一单跨超静定梁，它是具有一个多余联系的超静定结构。如果把多余联系 B 支座去掉，在去掉 B 支座处加上多余未知力 X_1，原结构就变成静定结构，说明它是一次超静定结构。此时梁上（见图 6-7（b））作用有均布荷载 q 和集中力 X_1，这种在去掉多余联系后所得到的静定结构，称为原结构的基本结构，代替多余联系的未知力 X_1 称为多余未知力。如果能设法求出符合实际受力情况的 X_1，也就是支座 B 处的真实反力，那么基本结构在荷载和多余力 X_1 共同作用下的内力和变形就与原结构在荷载作用下的情况完全一样。我们把未知力 X_1 称为力法的基本未知量。

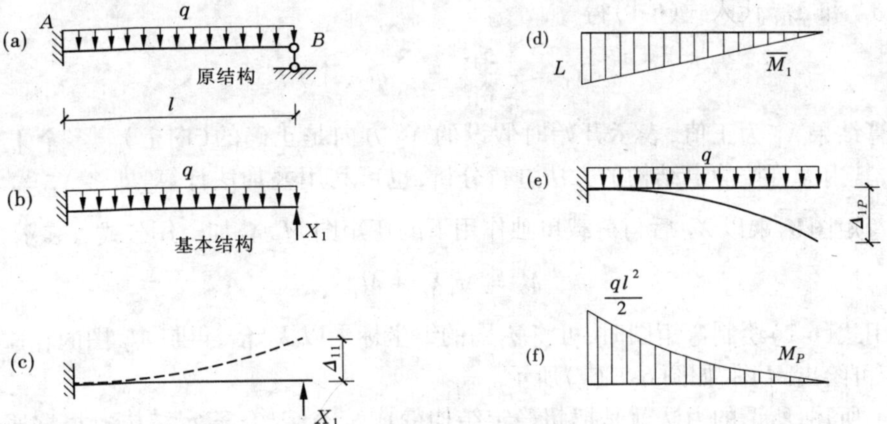

图 6-7　力法的基本原理

二、力法的基本方程

（一）一次超静定结构

对比原结构与基本结构的变形情况可知，原结构在支座 B 处由于有竖向链杆的约束，不可能有竖向位移，而基本结构则因该约束已被去掉，在 B 点处可能产生竖向位移，只有当未知力 X_1 的数值与原结构 B 处支座链杆实际发生的反力相等时，基本结构在原有荷载 P 和力 X_1 共同作用下，B 点的竖向位移才能等于零。所以，用来确定未知力 X_1 的条件是：基本结构在原有荷载和未知力共同作用下，在去掉约束处的位移应与原结构中相应的位移相等。

用 Δ_{11} 表示基本结构在 X_1 单独作用下 B 点沿 X_1 方向的位移（见图 6-7(c)），用 δ_{11} 表示当 $X_1 = 1$ 时 B 点沿 X_1 方向的位移，所以有 $\Delta_{11} = \delta_{11}X_1$。

用 Δ_{1P} 表示基本结构在荷载 q 作用下 B 点沿 X_1 方向的位移（见图 6-7(e)）。

根据叠加原理，B 点的位移可视为基本结构上上述两种位移之和，即

$$\Delta_B = \delta_{11}X_1 + \Delta_{1P} = 0$$

即

$$\delta_{11}X_1 + \Delta_{1P} = 0 \tag{6-1}$$

式(6-1)就是根据一次超静定结构变形条件建立的用以确定未知力 X_1 的变形协调方程，即力法基本方程。

式中，δ_{11} 称做系数，Δ_{1P} 称为自由项，它们都表示静定结构在已知荷载作用下的位移，可用第五章中的位移计算方法（如图乘法）计算。

下面计算系数 δ_{11} 和自由项 Δ_{1P}。分别绘出 $X_1 = 1$ 和 q 单独作用在基本结构上的弯矩图 $\overline{M_1}$ 图（见图 6-7(d)）和 M_P 图（见图 6-7(f)）。求 δ_{11} 可用 $\overline{M_1}$ 图乘 $\overline{M_1}$ 图，叫做 $\overline{M_1}$ 图的"自乘"，求 Δ_{1P} 可用 $\overline{M_1}$ 图与 M_P 图相乘，求得：

$$\delta_{11} = \frac{1}{EI} \times \frac{1}{2} \times l \times l \times \frac{2}{3} \times l = \frac{l^3}{3EI}$$

$$\Delta_{1P} = -\frac{1}{EI} \times \frac{1}{3} \times \frac{ql^2}{2} \times l \times \frac{3}{4} \times l = -\frac{ql^4}{8EI}$$

把 δ_{11} 和 Δ_{1P} 代入式(6-1)得

$$X_1 = -\frac{\Delta_{1P}}{\delta_{11}} = \frac{3}{8}ql\ (\uparrow)$$

计算结果 X_1 为正值，表示开始时假设的 X_1 方向是正确的（向上）。多余未知力 X_1 求出后，其内力可按静定结构的方法进行分析，也可利用叠加法计算，即将 $X_1 = 1$ 单独作用下的弯矩图 $\overline{M_1}$ 乘以 X_1 后与荷载单独作用下的弯矩图 M_P 叠加。用公式可表示为：

$$M = \overline{M_1}X_1 + M_P \tag{6-2}$$

应用式(6-2)绘制弯矩图时，可将 $\overline{M_1}$ 图的纵坐标乘以 X_1 倍，再与 M_P 图的相应纵坐标叠加，即可绘出 M 图，如图 6-7 (g)所示。

综上所述，所谓的力法就是把超静定结构变成基本结构（静定结构），根据原结构去掉约束处的已知位移条件建立基本方程，将去掉约束处的未知力首先求出，而其他计算与静定结构一样。

由于去掉多余联系的方式不同，同一个超静定问题可能选择几个不同的基本结构。不论选用哪种基本结构，力法方程的形式都是不变的，只是力法方程中的系数和自由项的物理意义与数值的大小可能不同，但最终结构的弯矩图是一样的。

（二）多次超静定结构

对于多次超静定结构，其计算原理与一次超静定结构完全相同。下面对多次超静定结构用力法求解的基本原理加以说明。

如图6-8（a）所示的刚架为二次超静定结构。下面以B点支座的水平、竖直方向反力X_1、X_2为多余未知力，确定基本结构，如图6-8（b）所示。

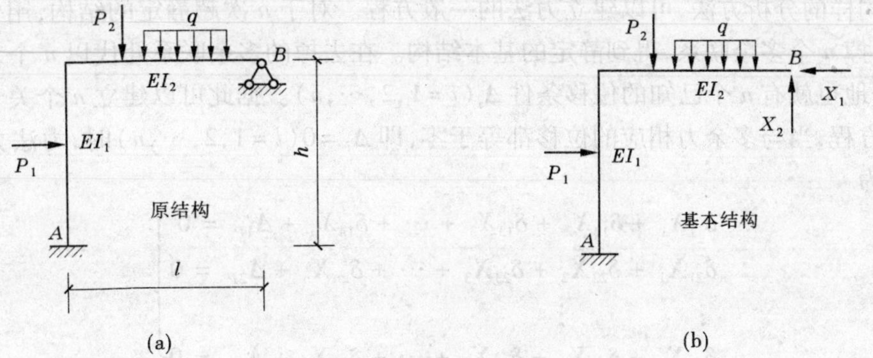

图6-8　力法基本结构

按上述力法原理，基本结构在给定荷载和多余未知力X_1、X_2共同作用下，其内力和变形应等同于原结构的内力和变形。原结构在铰支座B点处沿多余力X_1和X_2方向的位移（或称为基本结构上与X_1和X_2相应的位移）都应为零，即

$$\left.\begin{aligned}\Delta_1 &= 0\\ \Delta_2 &= 0\end{aligned}\right\} \tag{a}$$

如图6-9所示，Δ_{1P}表示基本结构上多余未知力X_1的作用点沿其作用方向，由于荷载单独作用时所产生的位移；Δ_{2P}表示基本结构上多余未知力X_2的作用点沿其作用方向，由于荷载单独作用时所产生的位移；δ_{ij}表示基本结构上X_i的作用点沿其作用方向，由于$X_j=1$单独作用时所产生的位移。

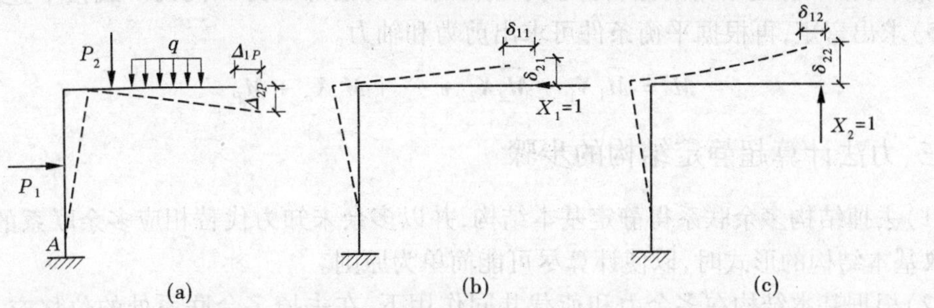

图6-9　系数和自由项的含义

根据叠加原理，式（a）可写成以下形式

$$\left.\begin{aligned}\delta_{11}X_1+\delta_{12}X_2+\Delta_{1P} &= 0\\ \delta_{21}X_1+\delta_{22}X_2+\Delta_{2P} &= 0\end{aligned}\right\} \tag{6-3}$$

式(6-3)就是为求解多余未知力 X_1 和 X_2 所需要建立的力法方程。其物理意义是:在基本结构上,由于全部的多余未知力和已知荷载的共同作用,在去掉多余联系处的位移应与原结构中相应的位移相等。

在计算时,首先要求得式(6-3)中的系数和自由项,然后代入式(6-3),即可求出 X_1 和 X_2,剩下的问题就是静定结构的计算问题。

用同样的分析方法,可以建立力法的一般方程。对于 n 次超静定的结构,用力法计算时,可去掉 n 个多余联系,得到静定的基本结构。在去掉的多余联系处代以 n 个多余未知力,相应地也就有 n 个已知的位移条件 $\Delta_i(i=1,2,\cdots,n)$。据此可以建立 n 个关于多余未知力的方程,当与多余力相应的位移都等于零,即 $\Delta_i=0(i=1,2,\cdots,n)$ 时,力法方程的一般形式为

$$\left.\begin{aligned} \delta_{11}X_1+\delta_{12}X_2+\delta_{13}X_3+\cdots+\delta_{1n}X_n+\Delta_{1P}=0 \\ \delta_{21}X_1+\delta_{22}X_2+\delta_{23}X_3+\cdots+\delta_{2n}X_n+\Delta_{2P}=0 \\ \vdots \qquad\qquad \vdots \qquad\qquad \vdots \qquad\qquad\qquad \\ \delta_{n1}X_1+\delta_{n2}X_2+\delta_{n3}X_3+\cdots+\delta_{nn}X_n+\Delta_{nP}=0 \end{aligned}\right\} \tag{6-4}$$

在以上的方程组中,位于从左上方至右下方的一条主对角线上的系数 δ_{ii} 称为主系数,δ_{ii} 表示当单位力 $\overline{X_i}=1$ 单独作用在基本结构上时,沿其 X_i 自身方向所引起的位移,对于梁和刚架,它可利用($\overline{M_i}$)·($\overline{M_i}$)图自乘求得,其值恒为正,且不会等于零。位于主对角线两侧的其他系数 $\delta_{ij}(i\neq j)$,则称为副系数,它是由于未知力 X_j 为单位力($X_j=1$)单独作用在基本结构上时,沿未知力 X_i 方向上所产生的位移,它可利用($\overline{M_i}$)·($\overline{M_j}$)图图乘求得,$\delta_{ij}=\delta_{ji}$。方程组中最后一项 Δ_{iP} 不含未知力,称为自由项,它是由于荷载单独作用在基本结构上时,沿多余力 X_i 方向上产生的位移,它可通过($\overline{M_i}$)·(M_P)图图乘求得。副系数和自由项可能为正值,可能为负值,也可能为零。

按前面求静定结构位移的方法求得典型方程中的系数和自由项后,即可解得未知力 X_i。然后可按照静定结构的分析方法求得原结构的全部反力和内力。或按下述叠加公式(6-5)求出弯矩,再根据平衡条件可求出剪力和轴力。

$$M=\overline{M}_1X_1+\overline{M}_2X_2+\cdots+\overline{M}_nX_n+M_P \tag{6-5}$$

三、力法计算超静定结构的步骤

(1)去掉结构多余联系得静定基本结构,并以多余未知力代替相应多余联系的作用。在选取基本结构的形式时,以使计算尽可能简单为原则。

(2)根据基本结构在多余力和荷载共同作用下,在去掉多余联系处的位移应与原结构相应的位移相同的条件,建立力法方程。

(3)作出基本结构的单位内力图和荷载内力图,按照求位移的方法计算方程中的系数和自由项。

(4)将计算所得的系数和自由项代入力法方程,求解各多余未知力。

(5)求出多余未知力后,利用已作出的基本结构的单位内力图和荷载内力图按叠加

法求得并绘出原结构的内力图。

【例 6-1】 用力法计算如图 6-10 (a)所示刚架的弯矩图。

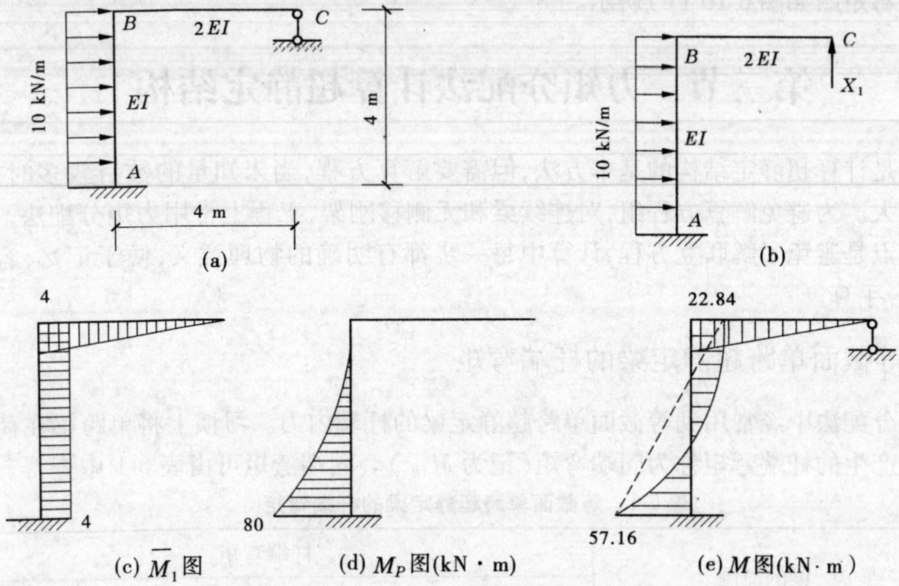

图 6-10 力法计算超静定刚架内力

解:(1)确定超静定次数,选取基本结构。

刚架具有一个多余约束,是一次超静定结构,去掉 C 支座链杆并用 X_1 代替,得到基本结构如图 6-10 (b)所示。

(2)建立力法方程。

根据原结构 C 处位移条件,列力法方程如下:

$$\delta_{11}X_1+\Delta_{1P}=0$$

(3)求系数和自由项。

绘出在 $X_1=1$ 和荷载单独作用于基本结构的弯矩图 $\overline{M}_1$ 和 M_P 图, 如图 6-10 (c)、(d)所示,并用图乘法求得系数和自由项:

$$\delta_{11}=\frac{1}{EI}(4\times4\times4)+\frac{1}{2EI}(4\times4\times\frac{1}{2}\times4\times\frac{2}{3})=\frac{224}{3EI}$$

$$\Delta_{1P}=-\frac{1}{EI}\left(\frac{1}{3}\times80\times4\times4\right)=-\frac{1\ 280}{3EI}$$

(4)求解多余未知力。

将求得的 δ_{11}、Δ_{1P} 代入力法方程,得

$$\frac{224}{3EI}X_1-\frac{1\ 280}{3EI}=0$$

解得 $X_1=5.71\ \text{kN}(\uparrow)$

(5)绘制最后弯矩图。

多余未知力求出后,可在基本结构上按静力平衡条件计算出结构的最后弯矩:

$$M_{BC} = M_{BA} = 5.71 \times 4 = 22.84\ (\text{kN} \cdot \text{m})$$

$$M_{AB} = 5.71 \times 4 - 10 \times 4 \times 2 = -57.16(\text{kN} \cdot \text{m})$$

绘出弯矩图如图 6-10 (e)所示。

第三节　力矩分配法计算超静定结构

力法是计算超静定结构的基本方法,但需要解算方程,当未知量的数目较多时,计算工作量很大。为避免解算方程组,对连续梁和无侧移刚架,工程上常用力矩分配法。这种方法的优点是避免了解联立方程,计算中每一步都有明确的物理意义,便于记忆,容易掌握,且适合手算。

一、等截面单跨超静定梁的杆端弯矩

力矩分配法中经常用到等截面单跨超静定梁的杆端内力。习惯上将单跨梁在荷载或温度变化产生的杆端弯矩称为固端弯矩(记为 M_{AB}^F)。固端弯矩可由表 6-1 中查得。

表 6-1　等截面单跨超静定梁的杆端弯矩

编号	梁的简图	杆端弯矩	
		M_{AB}^F	M_{BC}^F
1	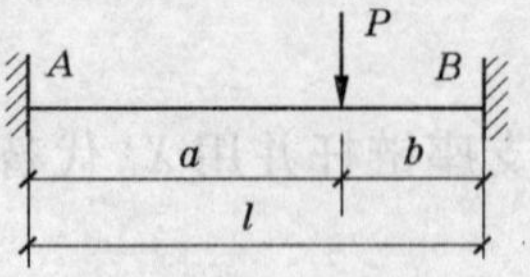	$-\frac{Pab^2}{l^2}$ (当 $a = b$ 时,为 $-\frac{1}{8}Pl$)	$\frac{Pa^2b}{l^2}$ (当 $a = b$ 时 ,为 $\frac{1}{8}Pl$)
2	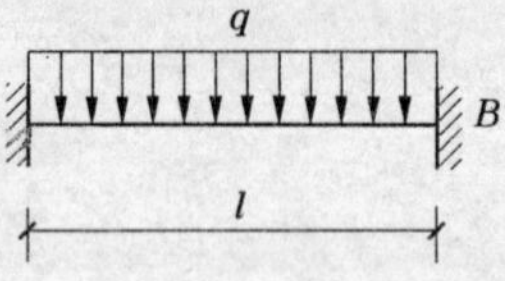	$-\frac{ql^2}{12}$	$\frac{ql^2}{12}$
3	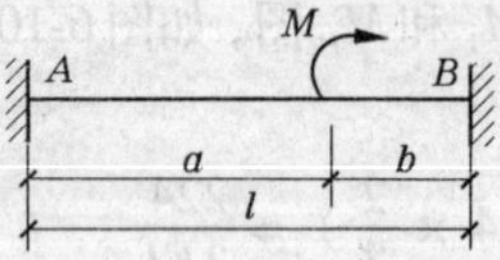	$\frac{Mb(3a-l)}{l^2}$	$\frac{Ma(3b-l)}{l^2}$
4	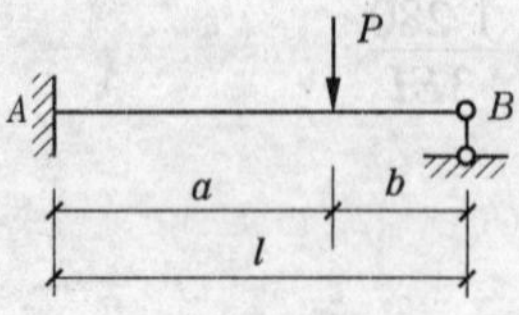	$-\frac{Pab(l+b)}{2l^2}$ (当 $a = b$ 时,为 $-\frac{3Pl}{16}$)	0
5	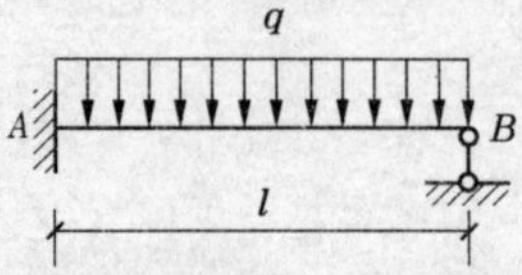	$-\frac{ql^2}{8}$	0

续表 6-1

编号	梁的简图	杆端弯矩	
		M_{AB}^F	M_{BC}^F
6	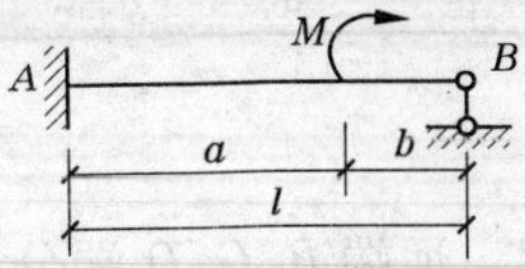	$\dfrac{M(l^2-3b^2)}{2l^2}$	0
7	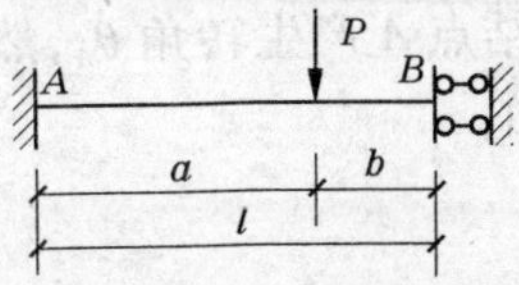	$-\dfrac{Pa(l+b)}{2l}$ (当 $a=b$ 时,为 $-\dfrac{3Fl}{8}$)	$-\dfrac{Pa^2}{2l}$ (当 $a=b$ 时,为 $-\dfrac{Fl}{8}$)
8	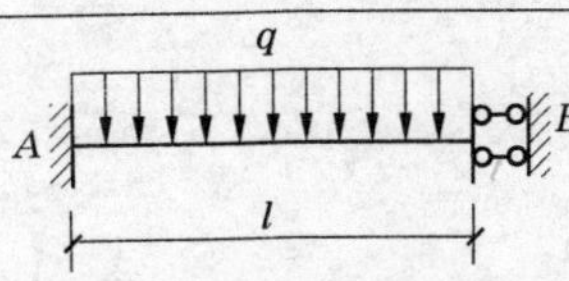	$-\dfrac{ql^3}{3}$	$-\dfrac{ql^2}{6}$

杆端内力的正负号规定如下：

(1)对杆件而言,杆端弯矩以顺时针为正,反之为负;对结点而言,弯矩逆时针为正,反之为负。

(2)对剪力,以使杆件顺时针方向转动为正,反之为负。

(3)对杆端位移,规定杆端转角以顺时针转动为正,反之为负。

(4)作用于结点的外力偶、作用于转动约束的约束力矩,规定对结点或约束顺时针旋转为正。

二、力矩分配法的基本概念

(一)转动刚度 S

转动刚度表示杆端对转动的抵抗能力,在数值上等于使杆端(或称近端)发生单位转角时需在杆端施加的力矩,如图 6-11 所示。转动刚度 S_{AB} 与 AB 杆的线刚度 i 及远端支承有关,而与近端支承无关(见表 6-2),其中 $i=\dfrac{EI}{l}$。

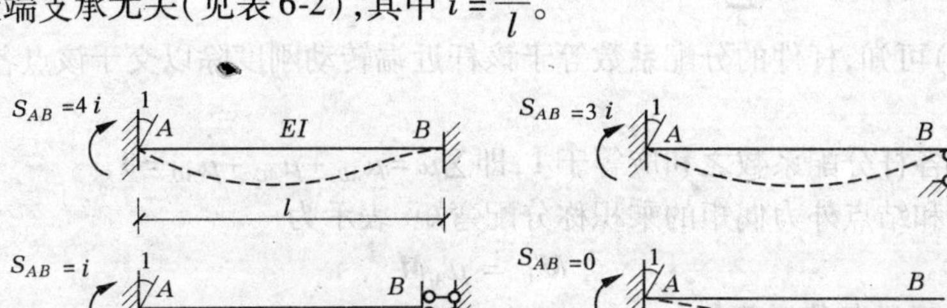

图 6-11 转动刚度

表 6-2　各种等截面直杆的转动刚度和传递系数

远端支承情况	转动刚度 S_{AB}	传递系数 C_{AB}	远端支承情况	转动刚度 S_{AB}	传递系数 C_{AB}
固定	$4i$	0.5	滑动	i	-1
铰支	$3i$	0	自由	0	0

(二)分配系数与分配弯矩

图 6-12 所示三杆 AB、AC、AD 在刚结点 A 连接在一起。远端 B、C、D 端分别为固定端、铰支座和滑动支座。假设有外荷载 M 作用在 A 端，使结点 A 产生转角 θ_A，然后达到平衡。试求杆端弯矩 M_{AB}、M_{AC}、M_{AD}。由转动刚度的定义可知：

$$M_{AB}=S_{AB}\theta_A=4i_{AB}\theta_A$$
$$M_{AC}=S_{AC}\theta_A=3i_{AC}\theta_A$$
$$M_{AD}=S_{AD}\theta_A=i_{AD}\theta_A$$

取结点 A 作为分离体，由平衡方程 $\sum M=0$，得

$$M=S_{AB}\theta_A+S_{AC}\theta_A+S_{AD}\theta_A$$

可得

$$\theta_A=\frac{M}{S_{AB}+S_{AC}+S_{AD}}=\frac{M}{\sum\limits_A S}$$

式中 $\sum\limits_A S$ 表示各杆 A 端转动刚度之和。

将 θ_A 值代入上式，得

$$M_{AB}=\frac{S_{AB}}{\sum\limits_A S}M=\mu_{AB}M$$

$$M_{AC}=\frac{S_{AC}}{\sum\limits_A S}M=\mu_{AC}M$$

$$M_{AD}=\frac{S_{AD}}{\sum\limits_A S}M=\mu_{AD}M$$

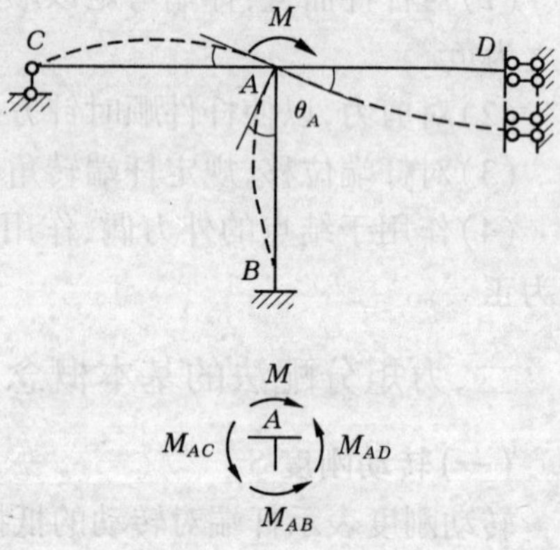

图 6-12　分配力矩

μ_{AB}、μ_{AC}、μ_{AD} 称为分配系数，可表达为

$$\mu_{Aj}=\frac{S_{Aj}}{\sum\limits_A S} \tag{6-6}$$

由式(6-6)可知，杆件的分配系数等于该杆近端转动刚度除以交于该点各杆近端转动刚度之和。

同一结点各杆分配系数之和应等于 1，即 $\sum\mu=\mu_{AB}+\mu_{AC}+\mu_{AD}=1$。

分配系数和结点外力偶矩的乘积称分配弯矩，表示为

$$M_{Aj}^{r}=\mu_{Aj}M \tag{6-7}$$

(三)传递系数与传递弯矩

当杆件 AB 在 A 端产生转角时，由此引起的远端弯矩与近端弯矩的比值称为传递系数，表示为 $C_{AB}=\frac{M_{BA}}{M_{AB}}$。传递系数由远端的支承情况决定，如表 6-2 所示。

传递系数和近端弯矩的乘积称为传递弯矩，可表达为

$$M_{BA} = C_{AB}M_{AB} \tag{6-8}$$

三、力矩分配法基本原理

下面举例说明力矩分配法的基本思路。图 6-13(a)所示为只有一个刚结点的两跨连续梁。设在荷载作用下梁的变形如图 6-13(a)中虚线所示，刚结点 B 转动了一个转角 θ_B。在结点 B 处，AB 杆的 B 端产生弯矩 M_{BA}，BC 杆的 B 端产生弯矩 M_{BC}。取结点 B 为分离体，如图 6-13(b)所示，可知杆端弯矩 M_{BA} 和 M_{BC} 组成平衡力系。

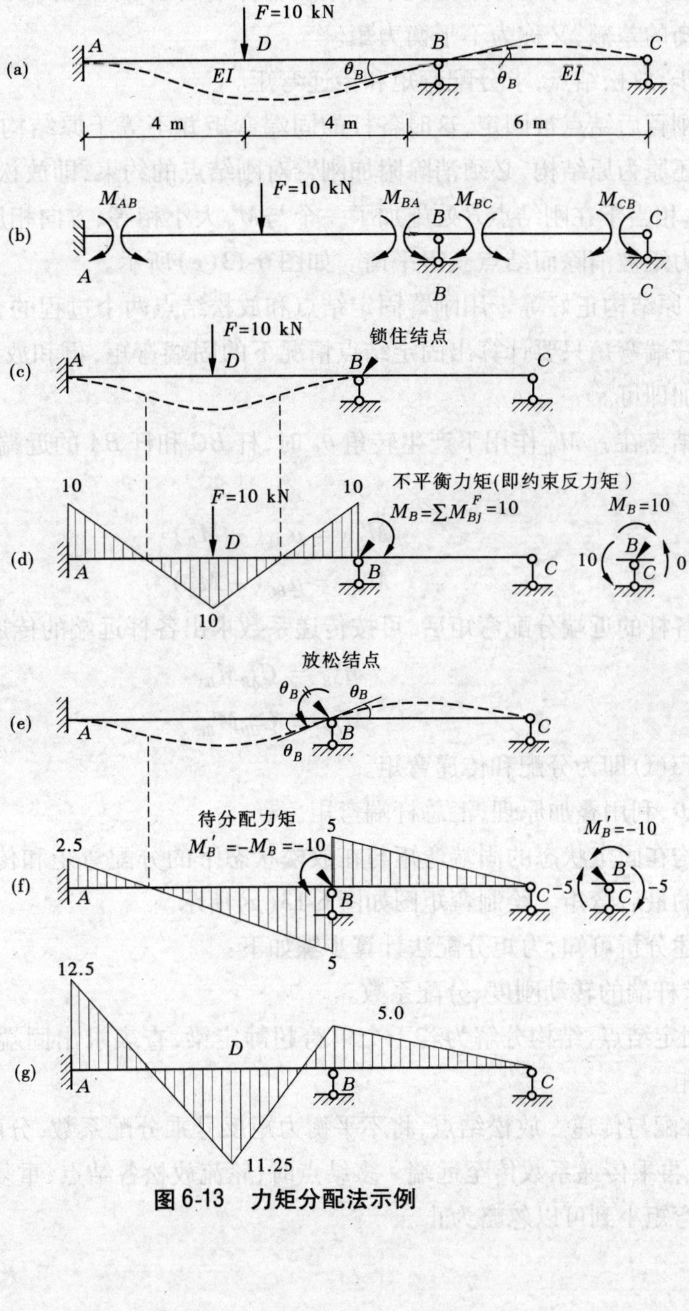

图 6-13　力矩分配法示例

用力矩分配法计算时,可分为以下三步。

第一步:固定结点,求固端弯矩。

在结点 B 附加控制转动的刚臂,将结点 B 固定起来,如图 6-13(c)所示。此时,连续梁变成了两个相互被隔离的单跨超静定梁,在荷载作用下,其固端弯矩 M_{BA}^F 和 M_{BC}^F 可由表 6-1 查得。此时,在刚臂中产生了约束刚结点转动的约束力矩,用 M_B^F 表示,如图 6-13(d)所示。注意,约束力矩顺时针转动为正。取结点 B 为分离体,由 $\sum M_B=0$ 得

$$M_B^F = M_{BA}^F + M_{BC}^F$$

此式表明,约束力矩等于汇交于该结点各杆端固端弯矩的代数和,即等于各固端弯矩所不能平衡的差额,又称为不平衡力矩。

第二步,放松结点,求分配弯矩和传递弯矩。

附加刚臂后结点被固定,这时各杆的固端弯矩并不等于原结构各杆的杆端弯矩。为了使结构还原为原结构,必须消除附加刚臂对刚结点的约束,即放松约束使刚结点 B 转动角度 θ_B,这相当于在刚结点 B 处施加了一个与 M_B^F 大小相等、方向相反的力矩,即 $-M_B^F$,于是不平衡力矩被消除而结点获得平衡。如图 6-13(e)所示。

可见,原结构正好等于用刚臂固定结点和放松结点两个过程的叠加。因此,要计算原连续梁的杆端弯矩只要计算出固定结点情况下的固端弯矩,再和放松结点时候产生的杆端弯矩叠加即可。

当刚结点在 $-M_B^F$ 作用下产生转角 θ_B 时,杆 BC 和杆 BA 的近端弯矩即为前述分配弯矩,即

$$M_{BA}^r = \mu_{BA}(-M_B^F)$$

$$M_{BC}^r = \mu_{BC}(-M_B^F)$$

求得各杆的近端分配弯矩后,可按传递系数求出各杆远端的传递弯矩:

$$M_{AB}^C = C_{AB}M_{BA}^r$$

$$M_{CB}^C = C_{CB}M_{BC}^r$$

图 6-13(f)即为分配和传递弯矩。

第三步,利用叠加原理,汇总杆端弯矩。

将结构在固定状态的固端弯矩与在放松状态下的分配弯矩和传递弯矩进行叠加,就得到杆端的最后弯矩。绘制弯矩图如图 6-13(g)所示。

由上述分析可知,力矩分配法计算步骤如下:

(1)求杆端的转动刚度、分配系数。

(2)固定结点,结构分解为若干个单跨超静定梁,查表求出固端弯矩,得到各结点的不平衡力矩。

(3)分配与传递。放松结点,将不平衡力矩反号乘分配系数,分配给汇交于该结点的各杆近端,再乘传递系数传至远端。多结点时,轮流放松各结点,重复以上步骤,直至各结点的传递弯矩小到可以忽略为止。

(4)叠加各杆端的固端弯矩、分配弯矩和传递弯矩，得出各杆端最后弯矩，表中以双横线表示，然后逐杆绘制弯矩图。

在力矩分配法中，为了使计算过程的表达更紧凑、直观，避免罗列大量计算式，整个计算可直接在图上书写(或列表计算)。

【例 6-2】 用力矩分配法计算图 6-14 所示连续梁，作弯矩图。EI 为常数。

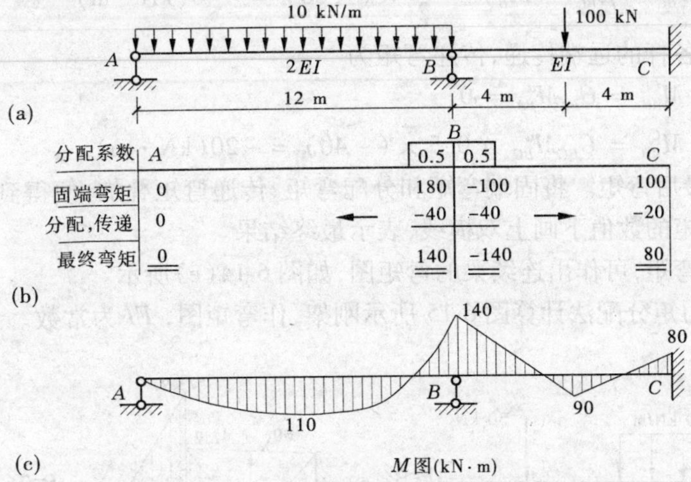

图 6-14 力矩分配法计算连续梁的弯矩

解:(1)计算各杆端分配系数。为了计算方便，令 $i_{BC}=\dfrac{EI}{8}=i$，则 $i_{BA}=\dfrac{2EI}{12}=\dfrac{4}{3}i$。

则

$$\sum S_{Bj}=3i_{BA}+4i_{CA}=3\times\frac{4}{3}i+4\times i=8i$$

各杆端分配系数为

$$\mu_{BA}=\frac{3i_{BA}}{\sum S}=0.5,\quad \mu_{BC}=\frac{4i_{BC}}{\sum S}=0.5$$

(2)查表计算固端弯矩。

$$M_{AB}^{F}=0$$

$$M_{BA}^{F}=\frac{ql^2}{8}=\frac{1}{8}\times 10\times 12^2=180(\text{kN}\cdot\text{m})$$

$$M_{BC}^{F}=-\frac{Pl}{8}=-\frac{1}{8}\times 100\times 8=-100(\text{kN}\cdot\text{m})$$

$$M_{CB}^{F}=\frac{Pl}{8}=\frac{1}{8}\times 100\times 8=100(\text{kN}\cdot\text{m})$$

(3)放松结点，进行力矩的分配和传递。

结点 B 的不平衡力矩为

$$m_B=M_{BA}^{F}+M_{BC}^{F}=180-100=80(\text{kN}\cdot\text{m})$$

将其反号并乘以分配系数即得各近端的分配弯矩，再乘以传递系数即得各远端的传递弯矩。

两杆端的分配弯矩为

$$M_{BA}^{\mu} = \mu_{BA}(-m_B) = \frac{1}{2} \times (-80) = -40(\mathrm{kN \cdot m})$$

$$M_{BC}^{\mu} = \mu_{BC}(-m_B) = \frac{1}{2} \times (-80) = -40(\mathrm{kN \cdot m})$$

分配弯矩应向各杆的远端传递，传递弯矩为

$$M_{AB}^{C} = C_{BA}M_{BA}^{\mu} = 0$$

$$M_{CB}^{C} = C_{BC}M_{BC}^{\mu} = 0.5 \times (-40) = -20(\mathrm{kN \cdot m})$$

(4)计算杆端最后弯矩。将固端弯矩和分配弯矩、传递弯矩叠加，便得到各杆端的最后弯矩。在最后弯矩的数值下画上双横线，表示最终结果。

根据所得杆端弯矩，可作出连续梁的弯矩图，如图 6-14(e)所示。

【例 6-3】 用力矩分配法计算图 6-15 所示刚架，作弯矩图，EI 为常数。

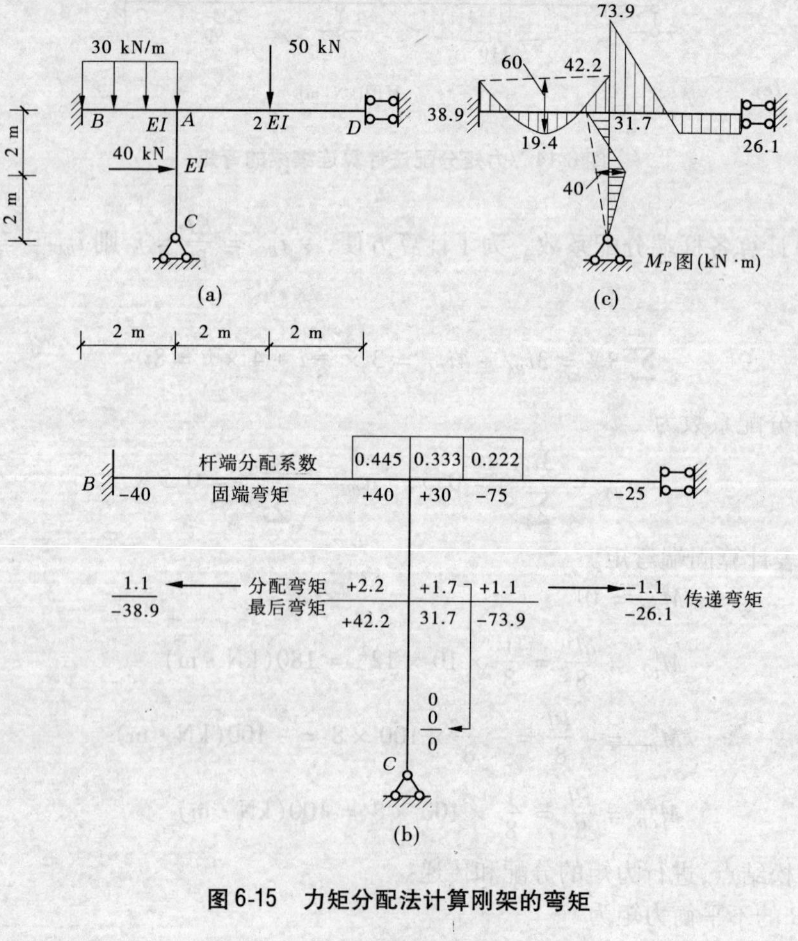

图 6-15　力矩分配法计算刚架的弯矩

解：(1)计算各杆端分配系数。为了计算方便，令 $i_{AB}=i_{AC}=\frac{EI}{4}=1$，则 $i_{AD}=2$。有

$$\sum S_{Aj}=4i_{AB}+3i_{AC}+i_{AD}=4\times1+3\times1+2=9$$

各杆端分配系数为

$$\mu_{AB}=\frac{4\times1}{9}=0.445,\quad \mu_{AC}=\frac{3\times1}{9}=0.333,\quad \mu_{AD}=\frac{2}{9}=0.222$$

(2)计算固端弯矩。

$$M_{AB}^{F}=\frac{30\times4^{2}}{12}=40(\text{kN}\cdot\text{m})$$

$$M_{BA}^{F}=-\frac{30\times4^{2}}{12}=-40(\text{kN}\cdot\text{m})$$

$$M_{AD}^{F}=-\frac{3\times50\times4}{8}=-75(\text{kN}\cdot\text{m})$$

$$M_{DA}^{F}=-\frac{50\times4}{8}=-25(\text{kN}\cdot\text{m})$$

$$M_{AC}^{F}=-\frac{3}{16}\times40\times4=30(\text{kN}\cdot\text{m})$$

(3)进行力矩的分配和传递。结点 A 的不平衡力矩为

$$\sum M_{Aj}^{F}=40+30-75=-5(\text{kN}\cdot\text{m})$$

将其反号并乘以分配系数即得各近端的分配弯矩，再乘以传递系数即得各远端的传递弯矩。

(4)计算杆端最后弯矩。将固端弯矩和分配弯矩、传递弯矩叠加，便得到各杆端的最后弯矩。据此即可绘出刚架的弯矩图，如图 6-15(c)所示。

习　题

6-1　用力法计算图 6-16 所示结构，绘弯矩图。各杆 EI = 常数。

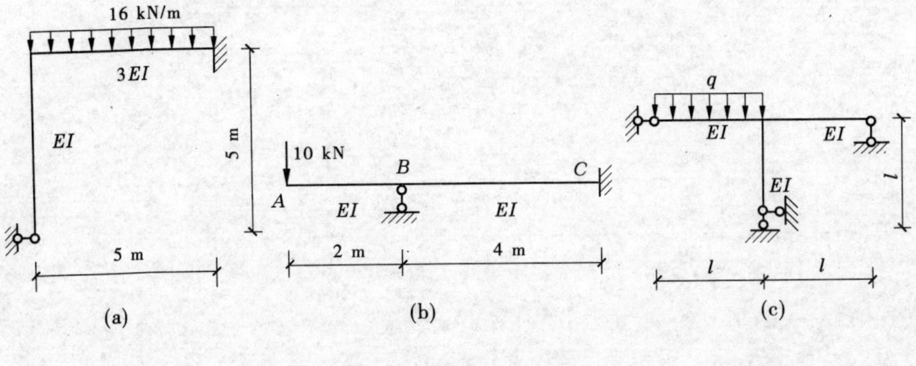

图 6-16　习题 6-1 图

6-2　用力矩分配法计算图6-17所示连续梁和刚架，并绘出弯矩图。EI为常数。

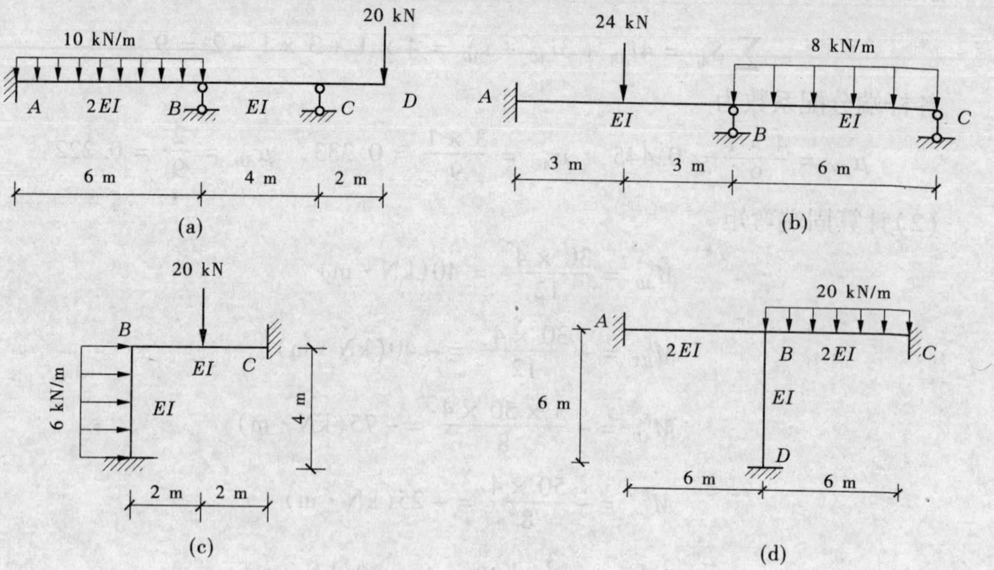

图6-17　习题6-2图

第七章 水工钢筋混凝土结构概论

钢筋混凝土结构是由钢筋和混凝土两种材料组成的共同受力结构。混凝土具有较高的抗压强度和良好的耐久性能，而钢筋具有较高的抗拉强度和良好的塑性。为了充分利用两种材料的性能，把混凝土和钢筋结合在一起，使混凝土主要承受压力、钢筋主要承受拉力以满足工程结构的使用要求。

第一节 混凝土

混凝土是由水泥、砂、石、水按一定配合比组成的人工石材。混凝土的强度与变形性能随水泥强度、水泥用量、水灰比、配合比、施工方法、养护条件、龄期等不同而有所不同。试件的形状尺寸、试验方法对测试结果也有影响。

一、混凝土的强度

混凝土的强度指标主要有立方体抗压强度、轴心抗压强度和轴心抗拉强度。

(一)立方体抗压强度

我国混凝土结构设计规范规定，以边长为 150 mm 的立方体标准试件，在温度为(20 ±3)℃、相对湿度不小于90%的条件下养护28天，用标准试验方法测得的，具有95%保证率的抗压强度作为立方体抗压强度标准值，用$f_{cu,k}$表示，并以此划分混凝土的强度等级。

水利水电工程所采用的混凝土强度等级分10级：C15、C20、C25、C30、C35、C40、C45、C50、C55、C60。其中，C表示混凝土，数字15～60表示立方体抗压强度标准值(N/mm^2，即 MPa)。

(二)轴心抗压强度和轴心抗拉强度

实际工程中的混凝土受压构件大多数不是立方体而是棱柱体，工作条件与立方体试件工作条件有很大差别，因而立方体抗压强度并不能反映实际构件强度。

我国采用150 mm×150 mm×300 mm 的棱柱体试件为标准试件，用标准试验方法测得的混凝土棱柱体抗压强度即为轴心抗压强度标准值，用f_{ck}表示。

常用轴心抗拉试验或劈裂试验来测混凝土轴心抗拉强度标准值，其值远小于混凝土的抗压强度，用f_{tk}表示。

不同强度等级混凝土的轴心抗压强度及轴心抗拉强度标准值见表7-1。

二、混凝土的变形

(一)混凝土在一次短期加载时的应力—应变曲线

用棱柱体试件做一次短期加载受压试验，其应力—应变曲线如图7-1所示。

表 7-1　混凝土轴心抗压强度及轴心抗拉强度标准值　（单位：N/mm^2）

强度种类	符号	混凝土强度等级									
		C15	C20	C25	C30	C35	C40	C45	C50	C55	C60
轴心抗压	f_{ck}	10.0	13.4	16.7	20.1	23.4	26.8	29.6	32.4	35.5	38.5
轴心抗拉	f_{tk}	1.27	1.54	1.78	2.01	2.20	2.39	2.51	2.64	2.74	2.85

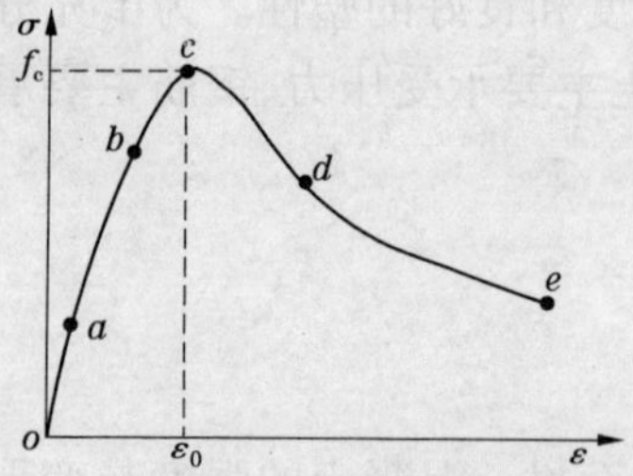

图 7-1　混凝土在一次短期加载时的应力—应变曲线

(1) 当应力 $\sigma < 0.3f_c$ 时，应力—应变曲线 *oa* 段接近于直线。混凝土表现出是弹性变形。

(2) 当 $0.3f_c < \sigma < 0.8f_c$ 时，应力—应变曲线 *ab* 段弯曲，混凝土表现出是塑性变形。

(3) 当应力达到极限强度（*c* 点）时，试件表面出现纵向裂缝并开始破坏。*c* 点对应的应力即轴心抗压强度 f_c，对应的应变 ε_0 约为 0.002。

(4) 当应力达到 f_c 之后，应力逐渐减少而应变继续增加，应力—应变曲线在 *d* 点出现反弯，混凝土达到极限压应变 ε_{cu}。ε_{cu} 值一般为 0.003 ~ 0.004。对于均匀受压的混凝土，由于压应力达到 f_c 时混凝土构件已不能承担更大的荷载，所以不管有无下降段，极限压应变都按 ε_0 考虑。对于非均匀受压的混凝土，《混凝土结构设计规范》（以下简称《规范》）规定，非均匀受压混凝土的极限压应变 ε_{cu} 取 0.003 3。

混凝土受拉时的应力—应变曲线与一次短期受压时应力—应变曲线相似，但应力、应变值小得多。

(二) 混凝土的弹性模量

混凝土应力—应变曲线为一曲线，其弹性模量是一个变量。工程中，采用重复加载卸载，使应力—应变曲线渐渐趋于稳定并接近直线，该直线的斜率即为混凝土的弹性模量，用 E_c 表示。

混凝土受拉弹性模量与受压弹性模量基本相同，计算时取相同的值。混凝土弹性模量见表 7-2。

表 7-2　混凝土弹性模量 E_c　（单位：$\times 10^4\ N/mm^2$）

混凝土强度等级	C15	C20	C25	C30	C35	C40	C45	C50	C55	C60
弹性模量 E_c	2.20	2.55	2.80	3.00	3.15	3.25	3.35	3.45	3.55	3.60

(三) 混凝土在长期荷载作用下的变形

混凝土在长期荷载作用下，应力不变，应变随时间增长而增长，这种现象称为混凝土的徐变。

混凝土构件加载瞬间就产生瞬时应变 ε_0，当荷载持续作用时，混凝土应变会随时间而增长，增长的部分即徐变。最终徐变值为瞬时应变的 2 ~ 3 倍。徐变开始发展较快，逐渐减慢，通常 6 个月可完成最终徐变量的 70% ~ 80%，一年内可完成最终徐变量的 90%

左右,2 年后基本完成,如图 7-2 所示。

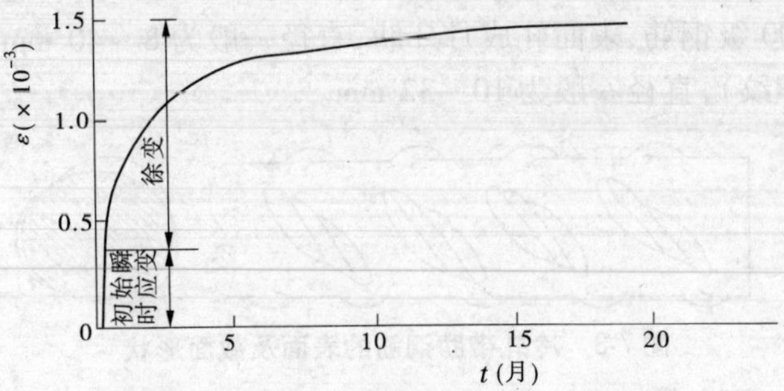

图 7-2 混凝土的徐变值与时间的关系

混凝土的徐变对钢筋混凝土构件受力性能有重要影响。有利方面:结构局部的应力集中因徐变得到缓和,支座沉陷引起的应力及温度应力因徐变得到松弛。不利方面:徐变会使结构的变形增大,在预应力混凝土结构中,会造成较大的预应力损失。

(四)混凝土的温度变形和干缩变形

混凝土具有热胀冷缩的性质,水工大体积混凝土因温度变化引起体积变化,称温度变形。当温度变形受到约束时,会产生温度应力。当温度应力超过混凝土抗拉强度时,混凝土产生裂缝,且会引起钢筋锈蚀,结构容易产生渗漏。

混凝土在空气中硬化时体积缩小的现象,称干缩变形。混凝土干缩应变一般为 $(2\sim6)\times10^{-4}$。干缩变形会引起混凝土产生表面裂缝。混凝土的干缩变形与养护条件密切相关,还与水泥用量、水灰比等因素有关,水泥用量越多,水灰比越大,干缩变形越大。

对于遭受剧烈气温或湿度变化作用的水工混凝土结构,面层常配置钢筋网,使裂缝分散,从而达到限制裂缝的宽度,减轻危害的目的。为了减轻温度变形、干缩变形的危害,有效措施之一是建筑物间隔一定距离设置伸缩缝。

第二节 钢 筋

对于混凝土结构中的钢筋,要求具有一定的强度、足够的塑性和良好的可焊性,并能很好地与混凝土黏结在一起。

一、钢筋的分类

(一)按用途分类

1. 普通钢筋

普通钢筋是指用于钢筋混凝土结构构件中的钢筋和预应力混凝土结构构件中的非预应力钢筋。主要是高温状态下轧制而成的热轧钢筋,按其强度由低到高分为 HPB235、HRB335、HRB400 以及 RRB400。

HPB235 级钢筋,表面光圆,直径为 8 ~ 20 mm。塑性好,可焊性好,但强度稍低,而且与混凝土的黏结稍差,主要用于板的受力钢筋,梁、柱的箍筋和构造钢筋;HRB335 级钢筋，表面轧成月牙肋，如图 7-3 所示，直径一般为 8 ~ 40 mm，强度比较高，塑性、可焊性都比较好，主要用做构件的受力钢筋，特别适用于承受多次重复荷载、地震作用和冲击荷载的结构构件；HRB400 级钢筋，表面轧成月牙肋，直径一般为 8 ~ 40 mm；RRB400 级钢筋由表面轧成等高肋（螺纹），直径一般为 10 ~ 32 mm。

图 7-3　冷轧带肋钢筋的表面及截面形状

2. 预应力钢筋

预应力钢筋是指用于预应力钢筋混凝土结构构件中的钢筋。宜采用钢绞线、钢丝，也可采用螺纹钢筋或钢棒。其强度标准值和设计值可参考《水工规范》。

钢丝分碳素钢丝和刻痕钢丝。钢绞线是由多股平行的碳素钢丝按一个方向绞制而成。钢丝及钢绞线都具有很高的抗拉强度，用于预应力混凝土结构。钢丝直径一般小于 6 mm，且直径越细，强度越高。螺纹钢筋是指《预应力混凝土用螺纹钢筋》中的 PSB785 级、PSB830 级、PSB930 级、PSB1080 级钢筋。钢棒是指《预应力混凝土钢棒》中的螺旋槽、螺旋肋钢棒。

（二）按化学成分不同分类

按化学成分不同碳素钢分为三种：低碳钢（含碳量低于 0.25%）、中碳钢（含碳量为 0.25% ~0.6%）、高碳钢（含碳量为 0.6% ~1.4%）。含碳量增加，能使钢材强度提高，性质变硬，但塑性和韧性降低，焊接性能也会变差。生产制作钢筋的碳素钢主要是低碳钢和中碳钢。

炼钢过程中，在碳素钢中加入少量硅、锰、钒、钛等合金元素，就形成普通低合金钢。普通低合金钢强度高、塑性好、可焊性好，因而应用较为广泛。

二、钢筋的力学性能

受力后有明显的流幅的钢筋，称为软钢。冷轧高强钢丝、钢绞线受力后无明显的流幅，称之为硬钢。软钢与硬钢力学性能有明显差异。

（一）软钢的力学性能

取 HPB235 级钢筋标准试件做拉伸试验，应力—应变曲线如图 7-4 所示。从开始加载到钢筋被拉断划分为四个阶段：弹性阶段、屈服阶段、强化阶段和破坏阶段。

自开始加载到应力达到 a 点，应力—应变曲线是直线，oa 段为直线，材料呈弹性，称为弹性阶段，a 点对应的应力称为比例极限。bc 段为屈服阶段，应力—应变曲线近似水平线段，应力不增长，应变继续增长，产生很大的塑性变形，bc 段应力最低点称屈服极限。cd 段应力—应变曲线重新表现为上升的曲线，称强化阶段，曲线最高点 d 对应的应力称为极限抗拉强度。de 段应力—应变曲线为下降曲线，试件产生颈缩现象，到 e 点钢筋被拉断，de 段称为破坏阶段。

钢筋应力有三个特征值：比例极限、屈服极限、极限抗拉强度。屈服极限是软钢的主

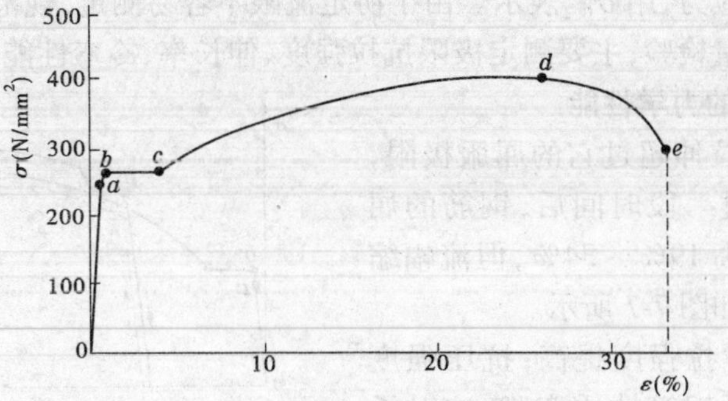

图 7-4　HPB235 级钢筋的应力—应变曲线

要强度指标。在钢筋混凝土中，钢筋应力达到屈服极限后，作用在构件上的荷载不增加，钢筋的应变会继续增大，使混凝土裂缝开展过宽，构件变形过大，结构不能正常使用。因此，软钢以屈服极限作为钢筋强度限值。

钢筋屈服强度与极限抗拉强度的比值称为屈强比，它反映结构可靠性能的潜力大小。屈强比越小，结构的可靠储备越大。e 点对应的应变反映了伸长率的大小，伸长率大小反映钢筋的塑性，伸长率越大，钢筋塑性越好。钢筋的塑性还可以用冷弯试验检验。

对软钢进行质量检验，主要测定钢筋的屈服极限、极限抗拉强度、伸长率和冷弯性能。不同级别的软钢分别做拉伸试验，其应力—应变曲线如图 7-5 所示。钢筋级别越高，屈服极限、抗拉强度越高，伸长率越小，流幅也相应缩短，塑性越差。

钢筋的受压应力—应变规律在达到屈服强度之前与受拉时相同，屈服强度也基本一样。但达到屈服强度之后，由于试件发生明显的塑性压缩，截面面积增大，因而难以测出明确的极限抗压强度。

(二) 硬钢的力学性能

硬钢强度高，但塑性差，脆性大，没有屈服阶段（流幅）。从加载到突然拉断，硬钢在破坏前没有明显预兆，应力—应变曲线如图 7-6 所示。

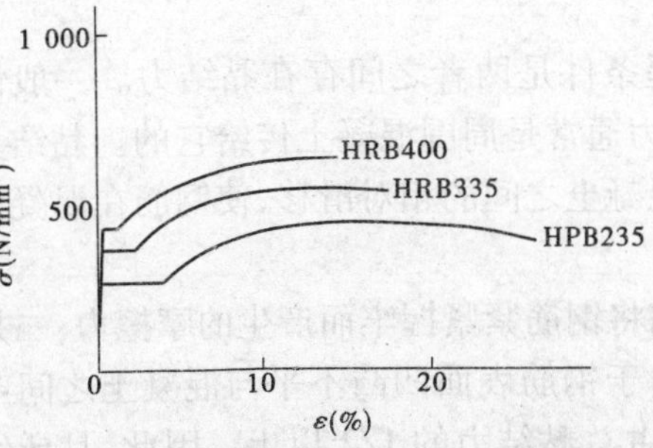

图 7-5　不同级别钢筋的应力—应变曲线

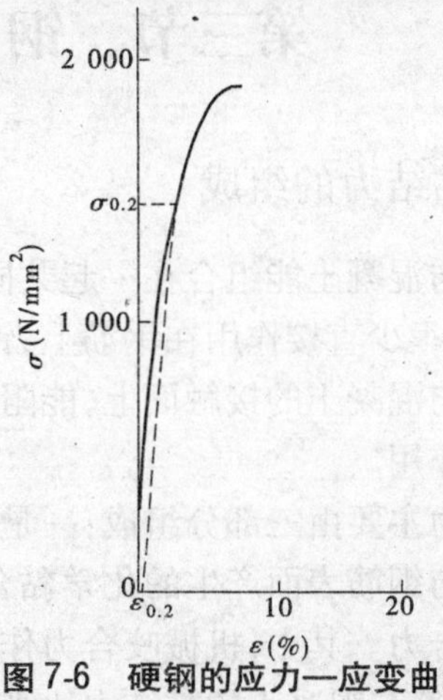

图 7-6　硬钢的应力—应变曲线

结构计算以“协定流限”作为强度标准，协定流限指经过加载及卸载后尚存有 0.2%

永久残余变形时的应力，用 $\sigma_{0.2}$ 表示。由于协定流限不容易测定，规范取 $\sigma_{0.2}=0.8\sigma_b$。

对硬钢进行质量检验，主要测定极限抗拉强度、伸长率、冷弯性能。

(三)冷拉钢筋的力学性能

冷拉是将钢筋拉伸超过它的屈服极限，然后卸掉荷载，经过一段时间后，钢筋的屈服极限比冷拉前提高 19% ~34%，但流幅缩短，伸长率也减小，如图 7-7 所示。

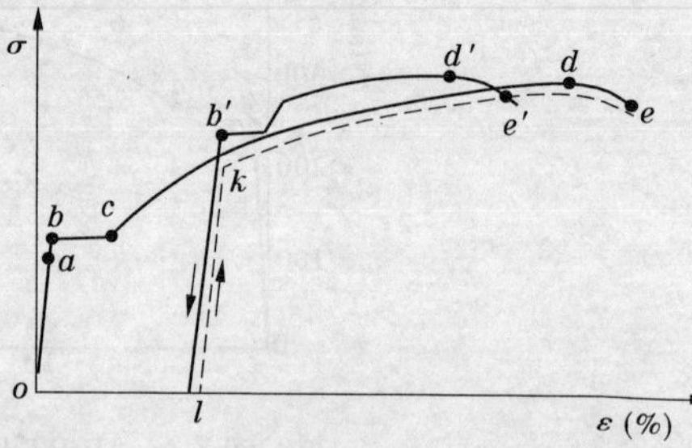

图 7-7　钢筋冷拉后的应力—应变曲线

钢筋冷拉后，抗拉强度提高，抗压强度并没有提高；冷拉后钢筋性质变脆，这对承受冲击荷载与重复荷载不利；受到高温时强度会降低；在很高的焊接温度下，钢筋冷拉强化效应会完全消失，故《规范》建议尽量少用。

(四)钢筋弹性模量

钢筋在弹性阶段应力与应变的比值，称为弹性模量，用符号 E_s 表示，钢筋弹性模量大小根据拉伸试验测定，同一种钢筋受压弹性模量与受拉弹性模量相同，其数值见表 7-3。

表 7-3　钢筋弹性模量 E_s　(单位：$\times 10^5 N/mm^2$)

种类	E_s
HPB235 级钢筋	2.1
HRB335 级钢筋、HRB400 级钢筋、RRB400 级钢筋	2.0
消除应力钢丝(光圆钢丝、螺旋肋钢丝、刻痕钢丝)	2.05
钢绞线	1.95
螺纹钢筋、钢棒(螺旋槽钢棒、螺旋肋钢棒)	2.0

第三节　钢筋与混凝土之间的黏结

一、黏结力的组成

钢筋与混凝土能组合在一起共同受力，前提条件是两者之间存在黏结力。一般情况下，外荷载很少直接作用在钢筋上，钢筋受到的力通常是周围混凝土传给它的。黏结力分布在钢筋与混凝土的接触面上，能阻止钢筋与混凝土之间的相对滑移，使钢筋在混凝土中充分发挥作用。

黏结力主要由三部分组成：一是混凝土收缩将钢筋紧紧握牢而产生的摩擦力；二是混凝土颗粒与钢筋表面产生的化学黏合力；三是由于钢筋表面凹凸不平与混凝土之间产生的机械咬合力。其中，机械咬合力作用最大，约占总黏结力的 1/2 以上。因此，月牙纹钢筋、螺纹钢筋与混凝土的黏结力比光面钢筋与混凝土的黏结力大。

一般混凝土强度越高，黏结力越高；钢筋埋入长度越长，需要的拔出力越大，钢筋表面越粗糙，黏结力也越大。

二、钢筋的锚固与绑扎搭接

为了保证钢筋在混凝土中锚固可靠，设计时应使钢筋在混凝土中有足够的锚固长度。《规范》规定了纵向受拉钢筋最小锚固长度 l_a，见表 7-4，钢筋强度越高，直径越粗，混凝土强度越低，钢筋锚固长度要求越长。

表 7-4　受拉钢筋的最小锚固长度 l_a

钢筋类型	混凝土强度等级					
	C15	C20	C25	C30	C35	≥C40
HPB235 级	40*d*	35*d*	30*d*	25*d*	20*d*	20*d*
HRB335 级		40*d*	35*d*	30*d*	30*d*	25*d*
HRB400 级、RRB400 级		50*d*	40*d*	35*d*	35*d*	30*d*

注：①*d* 为钢筋直径；
②HPB235 级钢筋的最小锚固长度 l_a 值不包括弯钩长度。

当符合下列条件时，最小锚固长度应进行修正：

(1)当 HRB335 级、HRB400 级和 RRB400 级钢筋的直径大于 25 mm 时，其最小锚固长度应乘以修正系数 1.1。

(2)HRB335 级、HRB400 级和 RRB400 级的环氧树脂涂层钢筋，其最小锚固长度应乘以修正系数 1.25。

(3)当钢筋在混凝土施工过程中易受扰动(如滑模施工)时，其最小锚固长度应乘以修正系数 1.1。

(4)当 HRB335 级、HRB400 级和 RRB400 级钢筋在锚固区的间距大于 180 mm，混凝土保护层厚度大于钢筋直径 3 倍或大于 80 mm 且配有箍筋时，其最小锚固长度应乘以修正系数 0.8。

(5)除构造需要的锚固长度外，当受力钢筋的实际配筋截面面积大于其设计计算截面面积时，如有充分依据和可靠措施，其最小锚固长度可乘以设计计算截面面积与实际配筋截面面积的比值。但对有抗震设防要求及直接承受动力荷载的结构构件，不应采用此项修正。

(6)构件顶层水平钢筋(其下浇筑的新混凝土厚度大于 1 m 时)最小锚固长度宜乘以修正系数 1.2。

经上述修正后的最小锚固长度不应小于表 7-4 中所列数值的 0.7 倍，且不小于 250 mm。

对于受压钢筋，由于钢筋受压产生鼓胀，黏结力增大，受压钢筋锚固长度取受拉钢筋锚固长度 l_a 的 70%。

为了保证光面钢筋锚固可靠，《规范》规定受力的光面钢筋两端必须做成半圆形弯钩，如图 7-8 所示。HRB335 级、HRB400 级钢筋、冷轧带肋钢筋以及焊接骨架中的光面钢筋可不做端弯钩。

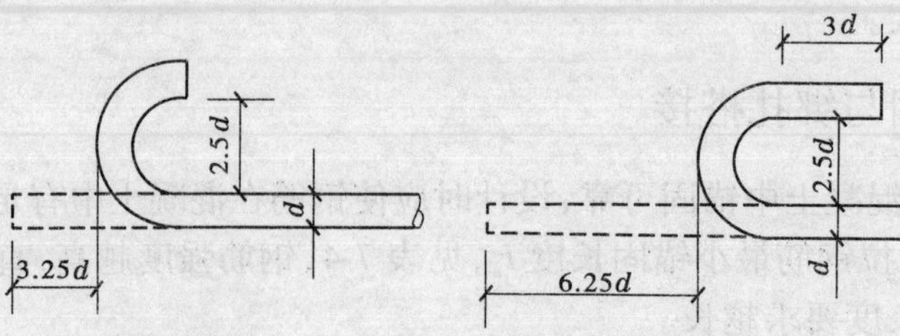

(a)机器弯钩　　(b)人工弯钩

图 7-8　光面钢筋的弯钩

为了便于运输，除细钢筋绕成圆盘，出厂的粗钢筋长度多为 6 ~ 12 m。工程中，当钢筋长度不够时需要接长。接长的方法有焊接、绑扎搭接、机械连接，均要求按施工规范施工。

绑扎搭接是通过钢筋与混凝土之间的黏结力传递钢筋与钢筋间的内力，要求绑扎接头必须有足够的搭接长度，如图 7-9 所示。

《规范》规定：受拉钢筋的搭接长度不小于 $1.2l_a$，且不小于 300 mm；受压钢筋的搭接长度不小于 $0.85l_a$，且不小于 200 mm。

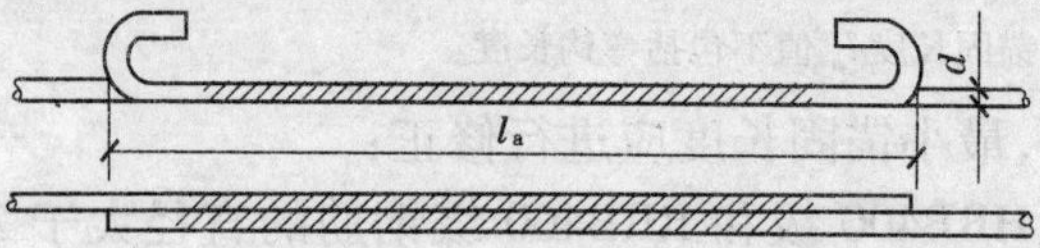

图 7-9　钢筋绑扎搭接接头

轴心受拉或小偏心受拉以及承受振动的构件中的钢筋接头不得采用绑扎搭接。当钢筋直径较粗时，要求的搭接长度较长，很不经济，因此直径 $d>22$ mm 的受拉钢筋或 $d>32$ mm 的受压钢筋，也不宜采用绑扎接头。

第四节　水工混凝土结构极限状态设计表达式

在结构设计中，首先就会遇到一些基础性问题，如荷载如何确定，材料强度如何取值，对结构有何要求，结构安全适用的标准是什么等，这些都是结构设计的基础。工程结构设计应贯彻执行国家的技术经济政策，做到安全适用、技术先进、经济合理。《水工混凝土结构设计规范》(SL 191—2008)(以下简称《水工规范》)采用概率极限状态设计法，以可靠指标来度量结构构件的可靠度，并采用极限状态设计表达式进行设计。

一、结构的功能要求

《水利水电工程结构可靠度设计统一标准》(GB 50199—94)规定：1 级水工建筑物结构的设计基准期为 100 年，其他永久性建筑物结构的设计基准期为 50 年。

结构设计的目的是在现有的技术基础上，以最经济的手段，使结构在预定的设计基准期内能够满足下列三个方面的功能要求：

(1)安全性。要求结构在正常施工和正常使用时，能承受可能出现的各种直接作用和间接作用；在出现预定的偶然作用时，主体结构仍然保持稳定性。

(2)适用性。要求结构在正常使用时具有良好的工作性能，不出现过大的变形和过宽的裂缝。

(3)耐久性。要求结构在正常维护下具有足够的耐久性。水工混凝土结构应根据所处的环境条件(见表7-5)来满足相应的耐久性要求。

表7-5　水工混凝土结构所处的环境类别

环境类别	环境条件
一	室内正常环境
二	室内潮湿环境；露天环境；长期处于水下或地下的环境
三	淡水水位变化区；有轻度化学侵蚀性地下水的地下环境；海水水下区
四	海上大气区；轻度盐雾作用区；海水水位变化区；中度化学侵蚀性环境
五	使用除冰盐的环境；海水浪溅区；重度盐雾作用区；严重化学侵蚀性环境

注：①海上大气区与浪溅区的分界线为设计最高水位加1.5 m；浪溅区与水位变化区的分界线为最高水位减1.0 m；重度盐雾作用区为高涨潮岸线50 m内的陆上室外环境；轻度盐雾作用区为离涨潮岸线50～500 m内的陆上室外环境。

②冻融比较严重的二类、三类环境条件的建筑物，可将其环境类别分别提高为三类、四类。

安全性、适用性、耐久性统称结构的可靠性，也称为结构的基本功能要求。

结构的可靠性和结构的经济性常常是相互矛盾的。比如在相同荷载作用下，要提高混凝土结构的可靠性，一般可以采用加大截面尺寸、增加钢筋的用量或提高材料强度等措施，但这些将使建筑物的造价提高，导致经济效益下降。

科学的设计方法就是能在结构的可靠和经济之间选择一种最佳的方案，使其既经济合理，又具有适当的可靠性。

二、结构的极限状态

结构的极限状态是指结构或结构的一部分超过某一特定状态就不能满足设计规定的某一功能要求，此特定状态称为该功能的极限状态。一旦超过这种状态，结构就将丧失某一功能，即结构失效。

结构极限状态分承载能力极限状态和正常使用极限状态两大类。

(一)承载能力极限状态

当结构或构件达到最大承载力，或者达到不适于继续承受荷载的变形状态时，称该结构或构件达到承载能力极限状态。当结构或构件出现下列状态之一时，即认为超过了承载能力极限状态：

(1)结构或结构的一部分丧失稳定(如压屈等)。

(2)结构或结构的一部分形成机动体系。

(3)结构发生滑移、倾覆等不稳定情况。

(4)结构构件因强度不足而破坏。

(5)结构或构件产生过大的塑性变形，不再适于继续承受荷载。

(二)正常使用极限状态

结构或构件达到正常使用或耐久性能的某项规定限值,称为正常使用极限状态。当结构或构件出现下列状态之一时,即认为超过了正常使用极限状态:

(1)产生过宽的裂缝。

(2)产生过大的变形。

(3)产生过大的振动。

结构设计时,先进行承载能力计算,然后根据使用上的要求进行抗裂验算、裂缝宽度验算和变形验算。

三、荷载效应

结构在使用过程中,除承受自重外,还承受人群荷载、设备重量、风荷载、雪荷载、水压力、浪压力等荷载作用。这些直接施加在结构上并使结构变形的作用,称为荷载。

荷载按随时间的变异性和出现的可能性分为以下三类:

(1)永久荷载(恒荷载)。指在设计基准期内其值不随时间变化,或其变化与平均值相比可以忽略不计的荷载,例如结构自重、土压力等,为分布荷载时用 g 表示,为集中荷载时用 G 表示。

(2)可变荷载(活荷载)。指在设计基准期内其值随时间变化,且变化与平均值相比不能忽略的荷载,例如楼面活荷载、风荷载、吊车荷载等,为分布荷载时用 q 表示,为集中荷载时用 Q 表示。

(3)偶然荷载。指在设计基准期内不一定出现,一旦出现,其量值很大,且持续时间很短的荷载。例如校核洪水作用、地震作用等,用 A 表示。

作用在结构上的各种荷载会使结构产生内力、变形和裂缝等,统称为荷载效应,用 S 表示。荷载效应根据结构上所受的荷载作用由结构计算求得。

四、结构的抗力

结构或构件抵抗荷载效应的能力,称为结构抗力,用 R 表示。抗力包括承载能力和抗变形能力,如强度、刚度、抗裂度等。结构的抗力取决于材料的性能、结构的几何参数、施工质量等因素。

五、极限状态设计表达式

在水利水电工程中,由于各种不定性因素对结构的设计、施工、使用存在着影响。用概率论的观点来看,即使按正常的方法来设计、建造和使用结构,也不能认为它绝对安全可靠,结构仍存在抗力 R 小于作用效应 S 的可能性。当这种可能性极小时,我们就可以认为这个结构是可靠的。

《水工规范》在概率论的基础上,采用了承载力安全系数和材料强度采用设计值等来保证结构的可靠度。

(一)承载力安全系数

水工混凝土结构设计时,应根据水工建筑物级别和荷载效应组合情况来确定承载力

安全系数 K,见表 7-6。

表 7-6　混凝土结构构件的承载力安全系数 K

水工建筑物级别	1		2、3		4、5	
荷载效应组合	基本组合	偶然组合	基本组合	偶然组合	基本组合	偶然组合
钢筋混凝土、预应力混凝土	1.35	1.15	1.20	1.00	1.15	1.00

注:①水工建筑物的级别应根据《水利水电工程等级划分及洪水标准》(SL 252—2000)确定。

②结构在使用、施工、检修期的承载力计算,安全系数 K 应按表中基本组合取值;对地震及校核洪水位的承载力计算,安全系数 K 应按表中偶然组合取值。

③当荷载效应组合由永久荷载控制时,表列安全系数 K 应增加 0.05。

④当结构的受力情况较为复杂、施工特别困难、荷载不能准确计算、缺乏成熟的设计方法或结构有特殊要求时,承载力安全系数 K 宜适当提高。

(二)混凝土和钢筋设计强度

由于材料的离散性和不可避免的施工偏差等因素,会造成材料实际强度可能低于其强度标准值。《水工规范》在承载能力极限状态计算中引入了混凝土强度分项系数 γ_c 和钢筋强度分项系数 γ_s。为方便应用,《规范》直接给出了已隐含了材料分项系数的材料强度设计值。混凝土强度设计值和钢筋强度设计值见表 7-7 和表 7-8。

表 7-7　混凝土轴心抗压强度及轴心抗拉强度设计值　(单位:N/mm^2)

强度种类	符号	混凝土强度等级									
		C15	C20	C25	C30	C35	C40	C45	C50	C55	C60
轴心抗压	f_c	7.2	9.6	11.9	14.3	16.7	19.1	21.1	23.1	25.3	27.5
轴心抗拉	f_t	0.91	1.10	1.27	1.43	1.57	1.71	1.80	1.89	1.96	2.04

注:计算现浇钢筋混凝土轴心受压和偏心受压构件时,如截面长边或直径小于 300 mm,则表中的混凝土强度设计值应乘以系数 0.8。

表 7-8　钢筋强度设计值　(单位:N/mm^2)

种类		f_y 或 f_{py}	f_y' 或 f_{py}'
热轧钢筋	HPB235	210	210
	HRB335	300	300
	HRB400、RRB400	360	360

(三)承载力极限状态设计表达式

《水工规范》规定,承载力极限状态设计应考虑荷载效应的基本组合和偶然组合两种情况。

1. 基本组合

基本组合是持久状况或短暂状况下永久荷载与可变荷载效应的组合。对于基本组合,承载能力极限状态设计表达式为

$$KS \leqslant R \tag{7-1}$$

式中 K——承载力安全系数，按表7-6的规定采用；

S——荷载效应组合设计值；

R——结构抗力，按结构构件的类别、材料强度设计值及截面尺寸等因素计算得出。

计算荷载应组合设计值时，要考虑永久荷载对结构是否起到有利作用这两种情况。

(1)当永久荷载对结构起不利作用时的情况：

$$S = 1.05S_{G1K} + 1.20S_{G2K} + 1.20S_{Q1K} + 1.10S_{Q2K} \tag{7-2}$$

式中 S_{G1K}——自重、设备等永久荷载标准值产生的荷载效应；

S_{G2K}——土压力、淤沙压力及围岩压力等永久荷载标准值产生的荷载效应；

S_{Q1K}——一般可变荷载标准值产生的荷载效应；

S_{Q2K}——可控制其不超出规定限值的可变荷载标准值产生的荷载效应。

(2)当永久荷载对结构起有利作用时的情况：

$$S = 0.95S_{G1K} + 0.95S_{G2K} + 1.20S_{Q1K} + 1.10S_{Q2K} \tag{7-3}$$

2. 偶然组合

偶然组合是偶然状况下，永久荷载、可变荷载与一种偶然荷载效应的组合。对于偶然组合，承载能力极限状态设计表达式按式(7-4)确定：

$$S = 1.05S_{G1K} + 1.20S_{G2K} + 1.20S_{Q1K} + 1.10S_{Q2K} + 1.0S_{AK} \tag{7-4}$$

式中 S_{AK}——偶然荷载标准值产生的荷载效应；

其余符号意义同前。

(四)正常使用极限状态设计表达式

正常使用极限状态验算的目的是保证结构构件在正常使用条件下，裂缝宽度和挠度不超过相应的允许值。对于有不允许裂缝出现要求的构件，在正常使用条件下应满足抗裂要求。

正常使用极限状态验算是在承载力满足要求的前提下进行的，其可靠度要求较低。材料强度采用标准值而不用设计值，荷载采用标准值而不用设计值：

$$S_K(G_K, Q_K, f_K, a_K) \leqslant C \tag{7-5}$$

式中 S_K——正常使用极限状态的荷载效应标准组合值函数；

C——结构构件达到正常使用要求所规定的变形、裂缝宽度等限值；

G_K、Q_K——永久荷载、可变荷载标准值；

f_K——材料强度标准值；

a_K——结构构件几何参数标准值。

承载能力及正常使用极限状态设计表达式是极限状态设计的一般表达式，对各种结构构件而言有各自具体的计算公式，将在以后章节中分别讨论。

【例7-1】 某4级水工建筑物有一钢筋混凝土简支梁，$b \times h = 250\ \text{mm} \times 450\ \text{mm}$，净跨 $l_n = 5.7\ \text{m}$，计算跨度 $l_0 = 6.0\ \text{m}$。永久荷载(包括梁自重)标准值 $g_k = 10\ \text{kN/m}$，可变荷载标准值 $q_k = 12\ \text{kN/m}$。求持久状况下梁跨中截面弯矩设计值 M，支座边缘截面剪力设计值 V。

解：永久荷载设计值 $g = 1.05 \times 10 = 10.5(\text{kN/m})$

可变荷载设计值 $q=1.2\times12=14.4(\text{kN/m})$

由工程力学内容可知,简支梁在均布荷载作用下:

跨中截面弯矩设计值 $M=(g+q)l_0^2/8$

$=(10.5+14.4)\times6^2/8$

$=112.05(\text{kN}\cdot\text{m})$

支座边缘截面剪力设计值 $V=(g+q)l_n/2$

$=(10.5+14.4)\times5.7/2$

$=70.97(\text{kN})$

习 题

7-1 什么是钢筋的锚固长度?锚固长度和搭接长度如何确定?

7-2 对于基本组合,试写出承载能力极限状态设计表示式,并写出各符号分别代表的含义。

7-3 某1级水工建筑物有一钢筋混凝土简支梁,其净跨 $l_n=6.7$ m,计算跨度 $l_0=7.0$ m。在正常工作期间,永久荷载(包括梁自重)标准值为 $g_k=10$ kN/m,可变荷载标准值 $q_k=12$ kN/m,求梁跨中截面弯矩设计值、支座边缘截面的剪力设计值。

第八章　钢筋混凝土受弯构件正截面承载力计算

受弯构件是指截面上承受弯矩和剪力作用的构件,梁、板构件就是典型的受弯构件。在实际工程中,如水闸的底板、挡土墙的立板与底板、水电站厂房屋面梁及吊车梁等都是受弯构件。

受弯构件的破坏有两种可能:一是由弯矩引起的破坏,破坏截面垂直于梁纵轴线,称为正截面受弯破坏,如图 8-1(a)所示;二是由弯矩和剪力共同作用而引起的破坏,破坏截面是倾斜的,称为斜截面破坏,如图 8-1(b)所示。本章主要进行钢筋混凝土受弯构件的正截面承载力计算。

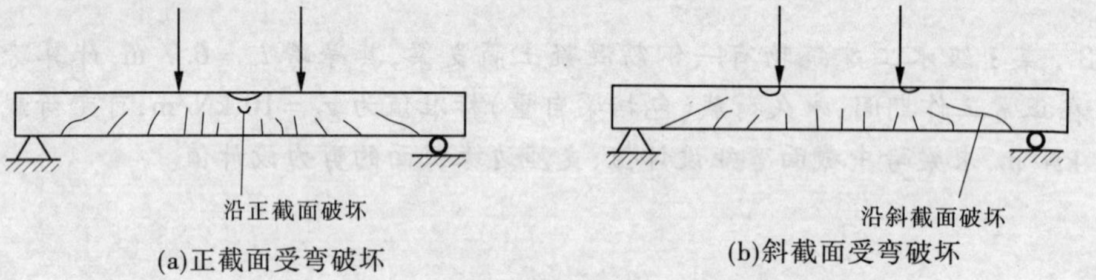

图 8-1　钢筋混凝土受弯构件的破坏形式

第一节　受弯构件正截面的一般构造规定

一、梁的构造要求

(一)截面形状及尺寸

常见梁的截面形式有矩形和 T 形截面。在装配式构件中,为了减轻自重及增大截面惯性矩,也采用工字形、箱形和槽形等截面,如图 8-2 所示。

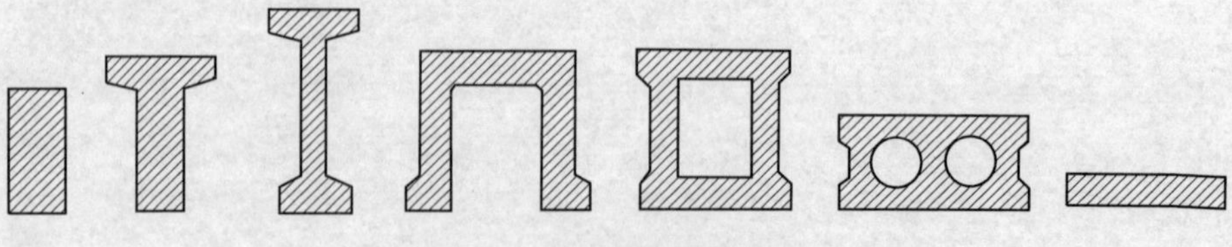

图 8-2　梁、板的截面形式

梁的截面尺寸除满足承载力要求外,还应满足刚度要求和施工上的便利,尺寸应有统一标准,以便模板重复利用。通常应考虑以下规定:

(1)梁的高度 h 通常取梁的跨度 l_0 的 1/8 ~ 1/12,矩形截面梁的宽度 b 按高宽比 h/b = 2 ~ 3 选择,T 形截面梁的肋宽 b 按高宽比 h/b = 2.5 ~ 4 选择。

(2)截面尺寸还应满足模数要求。梁高 h 常取为 300、350、400、…、800 mm，以 50 mm 为模数递增；800 mm 以上取 100 mm 为模数递增。矩形梁梁宽及 T 形梁梁肋宽常取为 120、150、180、200、220、…、250 mm，250 mm 以上以 50 mm 为模数递增。

(二)混凝土保护层 c

纵向受力钢筋外边缘到混凝土近表面的距离，称为混凝土保护层，见图 8-3。其作用是防止钢筋在空气中的氧化和其他侵蚀性介质的侵蚀，并保证钢筋与混凝土间有足够的黏结力。受弯构件纵向受力钢筋的混凝土保护层最小厚度一般不小于最大钢筋直径和粗骨料最大粒径的 1.25 倍，并符合表 8-1 的规定。

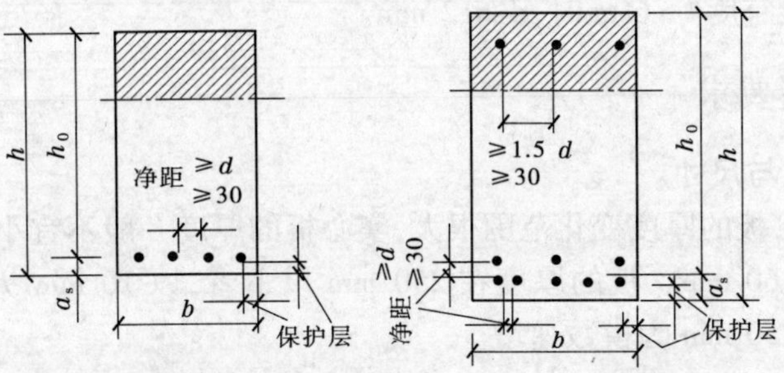

(a)单排　　(b)双排

图 8-3　梁内钢筋净距　(单位：mm)

表 8-1　混凝土保护层最小厚度　(单位：mm)

项次	构件类别	环境条件类别				
		一	二	三	四	五
1	板、墙	20	25	30	45	50
2	梁、柱、墩	30	35	45	55	60
3	截面厚度≥2.5 m 的底板与墩墙		40	50	60	65

注：①直接与地基接触的结构底层钢筋或无检修条件的结构，保护层厚度应适当增大。
②有抗冲耐磨要求的结构面层钢筋，保护层厚度应适当增大。
③混凝土强度等级不低于 C30 且浇筑质量有保证的预制构件或薄板，保护层厚度可按表中数值减小 5 mm。
④钢筋表面涂塑或结构外表面敷设永久性涂料或面层时，保护层厚度可适当减小。
⑤严寒和寒冷地区受冰冻的部位，保护层厚度还应符合《水工建筑物抗冰冻设计规范》(SL 211—2006)的规定。

(三)纵向受力钢筋的构造

纵向受力钢筋的作用是承受由弯矩在梁内引起的拉力，至少需要两根，配置在梁的受拉一侧。梁内纵筋应尽可能布置为一层，当纵筋根数较多时，若布置为一层不能满足钢筋的间距、混凝土保护层厚度的构造规定时，则应布置为两层甚至三层。其中，靠外侧钢筋的根数宜多一些，直径宜粗一些，如图 8-3 所示。梁中钢筋的标注方式：根数 + 钢筋级别符号 + 直径，如 6Φ22。

(1)直径 d。为保证钢筋骨架的刚度，便于施工，纵向受力钢筋的直径不能太细，同时为了避免受拉区混凝土产生的裂缝过宽，直径也不宜太粗。通常直径采用 12 ~ 25 mm。梁内同侧(受拉或受压)钢筋直径宜尽可能相同。当采用两种不同直径的钢筋时，其直径相差应在 2 mm 以上，以便识别，且不宜超过 6 mm。

(2)净距 e。为了方便混凝土浇捣,保证钢筋在混凝土内得到有效锚固,梁内下部纵向钢筋净距不应小于钢筋直径 d,上部纵向钢筋净距不应小于 $1.5d$,同时均不小于 30 mm 及不小于最大骨料粒径的 1.5 倍。当梁下部纵筋配置多于两层时,两层以上纵筋之间的净距应比下面两层的净距增大一倍。上、下两层钢筋应对齐布置,以免影响混凝土浇筑。

(四)架立钢筋的构造

为了使纵向受力筋和箍筋绑扎成刚性较好的骨架,箍筋的四角在没有纵向受力筋的地方,应设置架立筋。

架立筋规定:当梁的跨度 $l<4$ m 时,架立筋直径 $d\geqslant 8$ mm;当 4 m$\leqslant$梁的跨度 $l\leqslant 6$ m 时,$d\geqslant 10$ mm;当梁跨度 $l>6$ m 时,$d\geqslant 12$ mm。

二、板的构造要求

(一)截面形式与尺寸

在水工建筑中,板的厚度变化范围很大,实心板的厚度一般不宜小于 100 mm,但有些屋面板厚度也可为 60 mm。板的厚度在 250 mm 以下者,以 10 mm 为模数递增;板厚在 250 mm 以上者,以 50 mm 为模数递增。

板的厚度要满足承载力、刚度和抗裂(或裂缝宽度)的要求。一般厚度的板,板厚为板跨的 1/12 ~ 1/20。

(二)板内钢筋

板内钢筋有两种:受力钢筋和分布钢筋,如图 8-4 所示。

图 8-4　板的配筋

1. 受力钢筋

受力钢筋沿板的跨度方向在受拉区配置,承受荷载作用下所产生的拉力。一般厚度板,其受力钢筋直径常用 6、8、10、12 mm;厚板(如闸底板)中常用 12 ~ 25 mm,也有用到 32、36 mm 的。同一板中受力筋可采用两种不同直径,但直径相差应在 2 mm 以上,以便识别。

为传力均匀及避免混凝土局部破坏,板中受力钢筋的间距不能太稀,但为了便于施工,也不宜太密。板中受力钢筋的最小间距为 70 mm,即每米板宽内最多放 14 根钢筋。板中受力筋的最大间距可取为:

当 $h\leqslant 200$ mm 时,200 mm;200 mm $<h\leqslant 1\ 500$ mm 时,250 mm;$h>1\ 500$ mm 时,300 mm。

板中受力钢筋宜采用每米 6 ~ 10 根。钢筋的标注方式:直径 + 间距,如Φ6@250。

2. 分布钢筋

板内的分布钢筋是构造钢筋,分布钢筋垂直于受力钢筋并均匀布置在受力钢筋内侧,与受力钢筋绑扎或焊接形成钢筋网。分布钢筋的作用是将板面上荷载均匀地传给受力钢筋,同时用以固定受力钢筋,并抵抗混凝土收缩和温度应力的作用。《水工规范》规定,每米板宽中分布筋的截面面积不少于受力钢筋截面面积的15%(集中荷载时为25%);分布钢筋的直径在一般厚度板中多用6~8 mm,每米板宽内不少于4根。对于承受分布荷载的厚板,分布钢筋的直径可采用10~16 mm,间距为200~400 mm。一般采用光面钢筋。

第二节　受弯构件正截面的破坏形态

钢筋混凝土构件的计算理论是建立在试验基础上的。大量试验表明,受弯构件的破坏特征取决于配筋率、混凝土的强度等级、截面尺寸等因素。但以配筋率对构件破坏特征的影响最为明显。对同截面、同跨度和同样材料的梁,由于配筋率的不同,其破坏形态将会发生本质的变化。受弯构件的截面配筋率是指受拉钢筋面积与正截面有效面积的百分比,用ρ表示。

$$\rho = \frac{A_s}{bh_0} \tag{8-1}$$

式中　A_s——纵向受拉钢筋的截面面积;

b——梁的截面宽度;

h_0——梁的截面有效高度,即从纵向受拉钢筋的合力点到截面受压边缘的距离。

根据配筋率ρ的不同,一般受弯构件正截面会出现超筋、适筋、少筋三种破坏形态。

一、超筋破坏

当构件配筋太多,即ρ太大时,构件可能发生超筋破坏。其特征是受拉钢筋尚未达到屈服强度,受压区混凝土压应变达到极限压应变而被压碎,构件破坏。破坏前裂缝开展不宽,梁挠度不大,如图8-5(b)所示,破坏突然,无明显预兆,属脆性破坏。

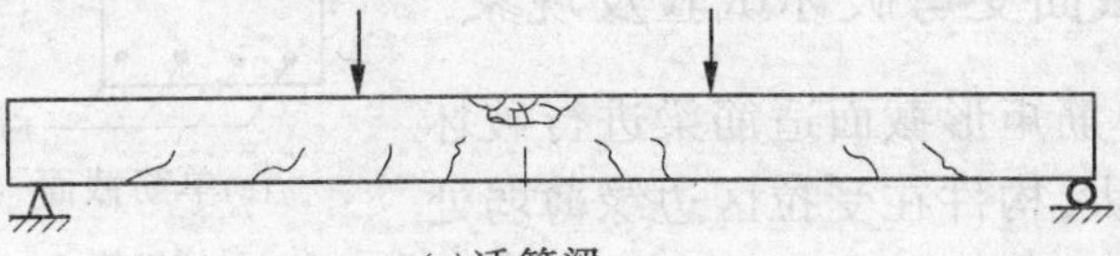

(a)适筋梁

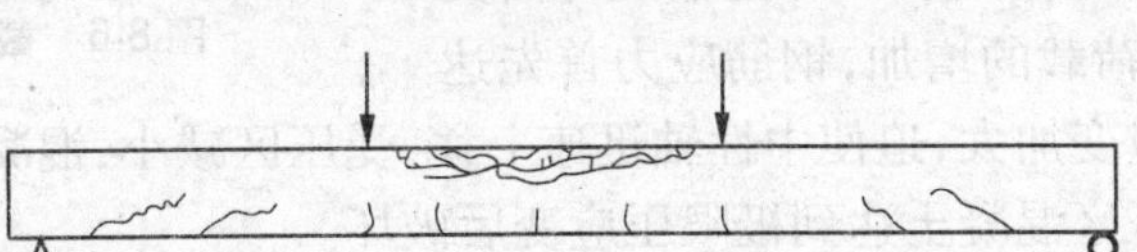

(b)超筋梁

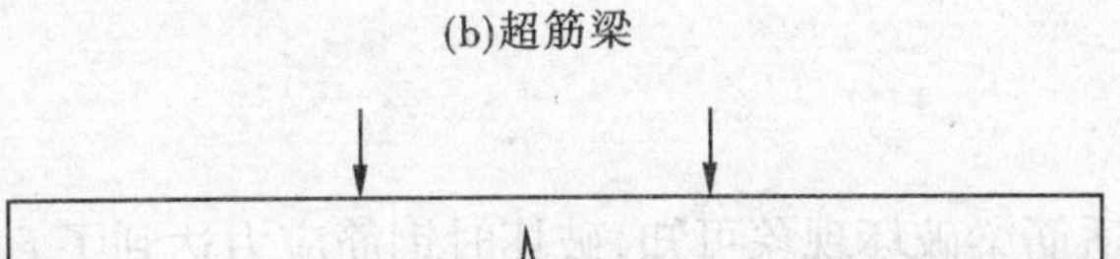

(c)少筋梁

图8-5　梁正截面破坏形态

超筋构件的承载力受控于受压混凝土的抗压能力,过多的配筋量并不能增加截面承载力,反而使受拉钢筋的强度得不到充分发挥,既不安全也不经济,实际工程设计中不允许采用超筋梁。

二、适筋破坏

当构件配筋量 ρ 适中时,梁的受力从加载到破坏,正截面的应力—应变完整地经历了三个阶段(未裂阶段、裂缝阶段和破坏阶段)。受拉钢筋先达到屈服强度,发生很大的塑性变形,裂缝和挠度都有显著的开展,最后受压区混凝土被压碎,构件破坏,如图 8-5(a)所示,破坏有明显预兆,属于塑性破坏。

三、少筋破坏

当梁内配筋过少(ρ 很小)时,则可能发生少筋破坏。其特征是破坏时的极限弯矩等于开裂弯矩,一裂即断。构件一旦开裂,裂缝截面混凝土退出工作,拉力由钢筋承担而使钢筋应力突增,并很快达到甚至超过屈服强度而进入强化阶段。如果钢筋数量极少,也可能被拉断,导致较宽的裂缝和较大的变形而使构件破坏,如图 8-5(c)所示。因少筋梁破坏是突然的,属脆性破坏,其承载力很低,工程设计中应避免设计成少筋梁。

第三节　单筋矩形截面受弯构件正截面承载力计算

矩形截面通常分为单筋矩形截面和双筋矩形截面两种形式。仅在受拉区配置纵向受力钢筋的截面称为单筋矩形截面,如图 8-6(a)所示;受拉区和受压区都配置纵向受力钢筋的截面称为双筋矩形截面,如图 8-6(b)所示。

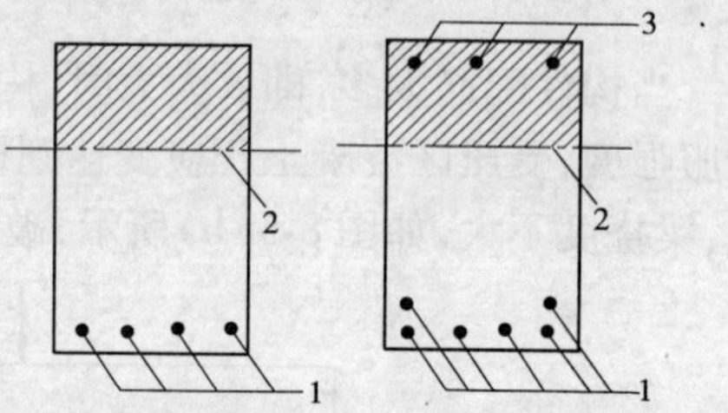

(a)单筋截面　(b)双筋截面

1—受拉钢筋;2—中性轴;3—受压钢筋

图 8-6　截面配筋形式

一、单筋矩形截面受弯破坏试验及现象

对钢筋混凝土单筋矩形截面适筋梁进行破坏试验,随着荷载的增大,构件在受拉区边缘薄弱处首先开裂。由于混凝土的开裂,拉力基本上都由受拉区钢筋承担。随着荷载的增加,钢筋应力首先达到屈服强度 f_y,钢筋应变加大,迫使中性轴迅速上移,受压区减小,混凝土的应力达到轴心抗压强度 f_c,直到受压区混凝土达到极限压应变后破坏。

二、基本公式

(一)计算简图

根据钢筋混凝土适筋梁破坏现象可知,破坏时钢筋应力达到了 f_y,混凝土的应力达到了 f_c,混凝土受压区高度设为 x,承载力计算简图如图 8-7 所示。

(二)基本公式

根据计算简图,由平衡条件可得

$$KM \leqslant M_u = f_c bx(h_0 - 0.5x) \tag{8-2}$$

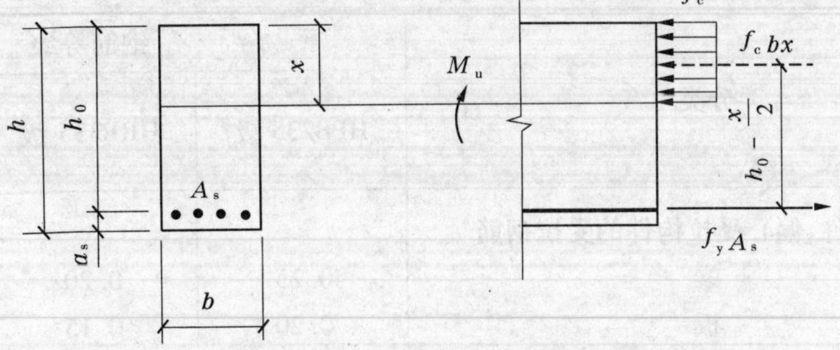

图 8-7 单筋矩形截面受弯构件正截面承载力计算简图

$$f_c bx = f_y A_s \tag{8-3}$$

式中 M——弯矩设计值；

M_u——构件的正截面受弯承载力极限弯矩值；

K——承载力安全系数；

f_c——混凝土轴心抗压强度设计值；

b——矩形截面宽度；

x——混凝土受压区计算高度；

h_0——截面有效高度，$h_0=h-a_s$，a_s 值可由混凝土保护层最小厚度 c 和钢筋直径 d 计算得出，钢筋单排布置时，$a_s=c+d/2$，钢筋双排布置时，$a_s=c+d+e/2$，其中 e 为两排钢筋的净距；

f_y——普通钢筋的抗拉强度设计值；

A_s——受拉区纵向钢筋的全部截面面积。

利用基本公式进行截面设计时，必须求解方程组，较为麻烦。为了简化计算，引入两个参数，一是相对受压区计算高度 ξ，$\xi=x/h_0$；二是截面抵抗矩系数参数 α_s，$\alpha_s=\xi(1-0.5\xi)$。则基本公式可改写为

$$KM \leqslant M_u = \alpha_s f_c b h_0^2 \tag{8-4}$$

$$\rho = \xi \frac{f_c}{f_y} \tag{8-5}$$

(三)适用条件

式(8-4)、式(8-5)仅适用于适筋构件，不适用于超筋构件和少筋构件。因此，为保证构件是适筋破坏，应满足下列条件：

$\xi \leqslant 0.85\xi_b$，防止超筋破坏；

$\rho \geqslant \rho_{min}$，防止少筋破坏。

ξ_b 值与钢筋级别有关，见表 8-2；最小配筋率 ρ_{min} 具体见表 8-3。

表 8-2 钢筋混凝土构件常用钢筋 ξ_b 值

钢筋级别	HPB235 级	HRB335 级	HRB400 级、RRB400 级
ξ_b	0.614	0.55	0.518
$0.85\xi_b$	0.522	0.468	0.440

表 8-3　钢筋混凝土构件纵向受力钢筋基本最小配筋率 ρ_{min}　（%）

项次	分类	钢筋等级		
		HPB235 级	HRB335 级	HRB400 级、RRB400 级
1	受弯构件、偏心受拉构件的受拉钢筋			
	梁	0.25	0.20	0.20
	板	0.20	0.15	0.15
2	轴向受压柱的全部纵向钢筋	0.60	0.60	0.55
3	偏心受压构件的受拉或受压钢筋			
	柱、拱	0.25	0.20	0.20
	墩墙	0.20	0.15	0.15

注：1. 项次 1、3 中相应的配筋率是指钢筋截面面积与构件肋宽乘以有效高度的混凝土面积的比值，即 $\rho=\frac{A_s}{bh_0}$ 或 $\rho=\frac{A'_s}{bh_0}$；项次 2 中相应的配筋率是指全部纵向钢筋截面面积与柱截面面积的比值。

2. 温度、收缩等因素对结构产生的影响较大时，最小配筋率应适当增大。

（四）实用设计计算

受弯构件正截面承载力计算，按已知条件分为截面设计和承载力校核两类。

1. 截面设计

在截面设计中，通常是根据受弯构件的使用要求、外荷载大小和所用材料的强度等级，确定截面尺寸以及钢筋数量（又称为配筋计算）。

1）材料选择

普通钢筋混凝土构件，在正常配筋的受弯构件中，对正截面受弯承载力起主要作用的是钢筋强度，混凝土强度的影响并不明显，所以混凝土等级不宜太高，但不宜低于 C15。钢筋宜采用热轧钢筋的 HPB235、HRB335 级。

2）截面尺寸选定

截面尺寸可凭设计经验或参考类似的结构而定，但应满足构造要求。在设计中，截面尺寸的选择可能有多种，截面尺寸选得大，配筋率 ρ 就小；截面尺寸选得小，ρ 就大。从经济方面考虑，截面尺寸的选择应使求得的配筋率 ρ 处在常用配筋率范围之内。梁和板常用配筋率范围为：

板　　　　　0.4% ~0.8%；

矩形截面梁　0.6% ~1.5%；

T 形截面梁　0.9% ~1.8%（相对于梁肋来讲）。

3）内力计算

根据实际结构确定合理的板或梁的计算简图，包括计算跨度、支座条件、荷载形式等的确定，按所学力学知识计算内力。计算时应考虑永久荷载和可变荷载按承载力极限状态的基本组合问题。

4）配筋计算

受弯构件正截面配筋设计计算步骤如下：

（1）计算 α_s。由公式（8-4）求得 $\alpha_s = \dfrac{KM}{f_c b h_0^2}$。

（2）计算并验算 ξ。由式 $\alpha_s = \xi(1-0.5\xi)$ 求得 $\xi = 1-\sqrt{1-2\alpha_s}$；当 ξ 满足公式 $\xi \leqslant 0.85\xi_b$，进行步骤（3）；如不满足，属超筋，则应加大截面尺寸，或提高混凝土的强度等级，或改用双筋矩形截面。

（3）计算并检验 ρ。$\rho = \xi f_c / f_y$。当 $\rho \geqslant \rho_{min}$ 时，进行步骤（4）；如不满足，取 $A_s = \rho_{min} b h_0$。

（4）计算 A_s。$A_s = \rho b h_0$。按表 8-4、表 8-5 选用钢筋并画截面配筋图。

注意：按表 8-4、表 8-5 选择钢筋直径、根数时，要求实际配的钢筋截面面积 $A_{s实}$ 一般应等于或略大于计算所需的钢筋截面面积 $A_{s计}$；若小于计算截面面积，则相对差值应不超过 5%，即符合 $|(A_{s实} - A_{s计})/A_{s计}| \leqslant 5\%$。梁、板的设计除按上述公式计算外，还要考虑诸如梁、板的尺寸，材料，配筋等构造要求。

表 8-4　钢筋的计算截面面积及公称质量

直径（mm）	钢筋的计算截面 A_s 及钢筋排成一行时的最小宽度 b（mm）													单根钢筋公称质量（kg/m）
	一根	二根	三根		四根		五根		六根		七根	八根	九根	
	A_s	A_s	A_s	b	A_s	b	A_s	b	A_s	b	A_s	A_s	A_s	
3	7.1	14.1	21.2		28.3		35.3		42.4		49.5	56.5	63.6	0.055
4	12.6	25.1	37.7		50.3		62.8		75.4		88.0	100.5	113.1	0.099
5	19.6	39	59		79		98		118		137	157	177	0.154
6	28.3	57	85		113		141		170		198	226	254	0.222
6.5	33.2	66	100		133		166		199		232	265	299	0.260
8	50.3	101	151		201		251		302		352	402	452	0.395
8.2	52.8	106	158		211		264		317		370	422	475	0.432
10	78.5	157	236		314		393		471		550	628	707	0.617
12	113.1	226	339	150	452	200	565	250	679		792	904	1 018	0.888
14	153.9	308	462	180	616	200	770	250	924	300	1 078	1 232	1 385	1.210
16	201.1	402	603	180	804	220	1 005	250	1 206	300	1 407	1 608	1 810	1.580
18	254.5	509	763	180	1 018	220	1 272	300	1 527	350	1 781	2 036	2 290	2.000
20	314.2	628	942	180	1 257	220	1 571	300	1 885	350	2 199	2 513	2 827	2.470
22	380.1	760	1 140	200/180	1 521	250	1 901	300	2 281	350	2 661	3 041	3 421	2.980
25	490.9	982	1 473	200	1 964	300/250	2 454	350/300	2 945	400/350	3 436	3 927	4 418	3.850
28	615.8	1 232	1 847	220/200	2 463	300	3 079	400/350	3 695	450/400	4 310	4 926	5 542	4.830
32	804.2	1 608	2 413	250/220	3 217	350/300	4 021	450/350	4 826	500/450	5 630	6 434	7 238	6.310
36	1 017.9	2 036	3 054		4 072		5 089		6 107		7 125	8 143	9 161	7.990
40	1 256.6	2 513	3 770		5 027		6 283		7 540		8 796	10 053	11 310	9.870

注：表中 b 列中斜线上为梁上面钢筋排成一行时的最小梁宽；斜线下为梁下面钢筋排成一行时的最小梁宽。

表 8-5　钢筋不同间距时每米板宽中的钢筋截面面积　（单位：mm^2）

钢筋间距（mm）	钢筋直径（mm）为下列数值时的钢筋截面面积															
	6	6/8	8	8/10	10	10/12	12	12/14	14	14/16	16	16/18	18	20	22	25
70	404	561	718	920	1 122	1 369	1 616	1 907	2 199	2 536	2 872	3 254	3 635	4 488	5 430	7 012
75	377	524	670	859	1 047	1 278	1 508	1 780	2 053	2 367	2 681	3 037	3 393	4 189	5 068	6 545
80	353	491	628	805	982	1 198	1 414	1 669	1 924	2 218	2 513	2 847	3 181	3 927	4 752	6 136
85	333	462	591	758	924	1 127	1 331	1 571	1 811	2 088	2 365	2 680	2 994	3 696	4 472	5 775
90	314	436	559	716	873	1 065	1 257	1 484	1 710	1 972	2 234	2 531	2 827	3 491	4 224	5 454
95	298	413	529	678	827	1 009	1 190	1 405	1 620	1 868	2 116	2 398	2 679	3 307	4 001	5 167
100	283	393	503	644	785	958	1 131	1 335	1 539	1 775	2 011	2 278	2 545	3 142	3 801	4 909
110	257	357	457	585	714	871	1 028	1 214	1 399	1 614	1 828	2 071	2 313	2 856	3 456	4 462
120	236	327	419	537	654	798	942	1 113	1 283	1 480	1 676	1 899	2 121	2 618	3 168	4 091
125	226	314	402	515	628	767	905	1 068	1 232	1 420	1 608	1 822	2 036	2 513	3 041	3 927
130	217	302	387	495	604	737	870	1 027	1 184	1 366	1 547	1 752	1 957	2 417	2 924	3 776
140	202	280	359	460	561	684	808	954	1 100	1 268	1 436	1 627	1 818	2 244	2 715	3 506
150	188	262	335	429	524	639	754	890	1 026	1 183	1 340	1 518	1 696	2 094	2 534	3 272
160	177	245	314	403	491	599	707	834	962	1 110	1 257	1 424	1 590	1 963	2 376	3 068
170	166	231	296	379	462	564	665	785	906	1 044	1 183	1 340	1 497	1 848	2 236	2 887
180	157	218	279	358	436	532	628	742	855	985	1 117	1 266	1 414	1 745	2 112	2 727
190	149	207	265	339	413	504	595	703	810	934	1 058	1 199	1 339	1 653	2 001	2 584
200	141	196	251	322	393	479	565	668	770	888	1 005	1 139	1 272	1 571	1 901	2 454
220	129	178	228	293	357	436	514	607	700	807	914	1 036	1 157	1 428	1 728	2 231
240	118	164	209	268	327	399	471	556	641	740	838	949	1 060	1 309	1 584	2 045
250	113	157	201	258	314	383	452	534	616	710	804	911	1 018	1 257	1 521	1 963
260	109	151	193	248	302	369	435	514	592	682	773	858	979	1 208	1 462	1 888
280	101	140	180	230	280	342	404	477	550	634	718	814	909	1 122	1 358	1 753
300	94	131	168	215	262	319	377	445	513	592	670	759	848	1 047	1 267	1 636
320	88	123	157	201	245	299	353	417	481	554	630	713	795	982	1 188	1 534
330	86	119	152	195	238	290	343	405	466	538	609	690	771	952	1 152	1 487

注：表中钢筋直径有写成分式如 6/8，系指Φ6、Φ8 钢筋间隔配置。

2. 承载力复核

已知构件截面尺寸（b、h），受拉钢筋截面面积 A_s，材料设计强度 f_c、f_y，要求复核构件正截面承载力。复核步骤如下：

（1）计算 ρ，$\rho = \dfrac{A_s}{bh_0}$。

（2）当 $\rho \geqslant \rho_{min}$，计算 $\xi = \rho f_y / f_c$；当 $\rho < \rho_{min}$ 时，属少筋破坏，不满足设计要求。

（3）当 $\xi \leqslant 0.85\xi_b$ 时，$M_u = f_c b h_0^2 \xi(1 - 0.5\xi)$；当 $\xi > 0.85\xi_b$ 时，属超筋破坏，取 $\xi = 0.85\xi_b$ 来计算 M_u。

（4）承载力复核：

当 $KM \leqslant M_u$，满足承载力要求；当 $KM > M_u$，不满足承载力要求。

【例 8-1】　某 3 级水电站的矩形截面简支梁，处于二类环境下，$b \times h = 300\ mm \times 600\ mm$，结构承受弯矩设计值 $M = 220\ kN \cdot m$，混凝土强度等级为 C20（$f_c = 9.6\ N/mm^2$），

HRB335 级钢筋($f_y=300\ \text{N/mm}^2$),试确定所需纵向受拉钢筋截面面积 A_s。

解:二类环境下一般取 $a_s=45\ \text{mm}$,$h_0=600-45=555\ \text{mm}$,则

$$\alpha_s=\frac{KM}{f_c b h_0^{\,2}}=\frac{1.2\times220\times10^6}{9.6\times300\times555^2}=0.298$$

$$\xi=1-\sqrt{1-2\alpha_s}=1-\sqrt{1-2\times0.298}=0.364<0.85\xi_b=0.468$$

$$\rho=\xi\frac{f_c}{f_y}=0.364\times\frac{9.6}{300}=1.16\%>\rho_{min}=0.20\%$$

$$A_s=\rho b h_0=1.16\%\times300\times555=1\ 931(\text{mm}^2)$$

选受拉钢筋为 4 Φ 25,$A_s=1\ 964\ \text{mm}^2$。

【例 8-2】 某矩形截面梁,$b\times h=250\ \text{mm}\times600\ \text{mm}$,处于一类环境,承受弯矩设计值 $M=90\ \text{kN}\cdot\text{m}$,混凝土强度等级为 C20($f_c=9.6\ \text{N/mm}^2$),HRB335 级钢筋($f_y=300\ \text{N/mm}^2$),配置受拉钢筋 3 Φ 18($A_s=763\ \text{mm}^2$),试复核该梁正截面是否安全。

解:(1)计算相对受压区计算高度:

一类环境下 $c=25\ \text{mm}$,则

$$a_s=c+d/2=25+18/2=34(\text{mm}),h_0=600-34=566(\text{mm})$$

$$\xi=\frac{f_yA_s}{f_cbh_0}=\frac{300\times763}{9.6\times250\times566}=0.169<0.85\xi_b=0.468$$

说明不会发生超筋破坏。

(2)计算正截面受弯承载力 M_u。

$$M_u=f_cbh_0^2\xi(1-0.5\xi)=9.6\times250\times566^2\times0.169\times(1-0.5\times0.169)=118.96(\text{kN}\cdot\text{m})$$

(3)复核截面是否安全。

$$\frac{M_u}{K}=\frac{118.96}{1.2}=99.13>M=90\ \text{kN}\cdot\text{m}$$

所以,该梁正截面承载力满足要求。

第四节　双筋矩形截面受弯构件正截面承载力计算

一、双筋矩形截面的应用条件

双筋截面一般在下面几种情况下采用:

(1)当梁承受弯矩较大,即 $M>M_u$,且截面尺寸及混凝土强度等级受到限制不宜改变时。

(2)在不同的荷载组合下,构件可能承受异号弯矩的作用。

(3)结构或构件因构造需要,在截面受压区已预先配置了一定数量的钢筋。在抗震地区(抗震设防烈度为 6 度以上地区)一般宜配置受压钢筋。

二、基本公式

(一)计算应力图形

双筋矩形截面正截面承载力计算应力图形见图 8-8。

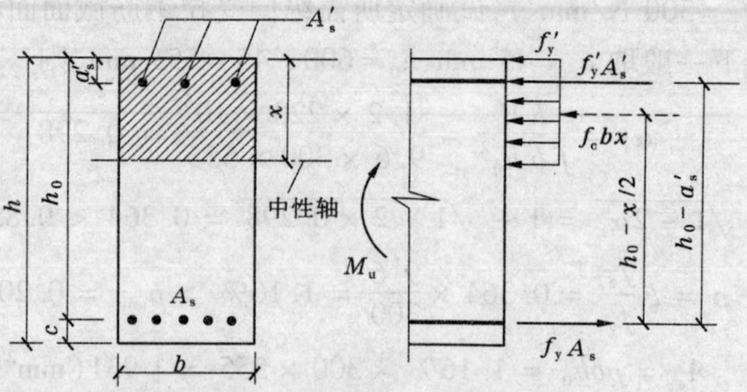

图 8-8　双筋矩形截面计算应力图形

为保证受压钢筋达到设计强度，受压区高度应满足 $x \geqslant 2a'_s$，此时钢筋抗压强度设计值取 $f'_y = f_y$；对于高强度钢筋（$f_y > 400\ \text{N/mm}^2$），则取 $f'_y = 400\ \text{N/mm}^2$。因此，受压钢筋不宜用高强度钢筋。

（二）基本公式

由平衡条件得

$$KM \leqslant M_u = f_c bx(h_0 - x/2) + A'_s f'_y(h_0 - a_s) \tag{8-6}$$

$$f_y A_s = f_c b\xi h_0 + f'_y A'_s \tag{8-7}$$

（三）适用条件

（1）应避免发生超筋破坏：$\xi \leqslant 0.85\xi_b$ 或 $x \leqslant 0.85\xi_b h_0$。

（2）应保证受压钢筋应力达到抗压强度：$x \geqslant 2a'_s$。

当 $x < 2a'_s$ 时，构件破坏时受压钢筋的应力达不到 f'_y，《规范》规定取 $x = 2a'_s$，即假定受压钢筋合力点与混凝土压应力的合力点重合，按下式计算：

$$KM \leqslant M_u = A_s f_y(h_0 - a'_s) \tag{8-8}$$

双筋截面受拉钢筋一般能满足最小配筋率的要求，可不进行验算。

三、实用设计计算

（一）截面设计

双筋截面的设计一般有两种情况。

1. 第一种情况

第一种情况是 A_s、A'_s 均未知，计算步骤如下。

（1）先验算是否需配置受压钢筋。计算 $\alpha_s = \dfrac{KM}{f_c bh_0^2}$ 及 $\xi = 1 - \sqrt{1 - 2\alpha_s}$。满足公式 $\xi \leqslant 0.85\xi_b$，按单筋矩形截面进行配筋计算；当 $\xi > 0.85\xi_b$ 时，按双筋矩形截面进行配筋计算。

（2）$\xi > 0.85\xi_b$，按双筋截面设计计算。此时，根据充分利用受压区混凝土抗压，使总用钢量（$A_s + A'_s$）最小的原则，取 $\xi = 0.85\xi_b$。

（3）按式（8-6）和式（8-7）求钢筋面积 A_s、A'_s：

$$A'_s = \frac{KM - f_c bx(h_0 - x/2)}{f'_y(h_0 - a'_s)}$$

$$A_s = \frac{1}{f_y}(f_c \xi b h_0 + f'_y A'_s)$$

2. 第二种情况

第二种情况是 A'_s 已知，A_s 未知，计算步骤如下。

(1)由式(8-6)计算 α_s、ξ

$$\alpha_s = \frac{KM - f'_y A'_s (h_0 - a'_s)}{f_c b h_0^2}$$

$$\xi = 1 - \sqrt{1 - 2\alpha_s}$$

(2)验算 ξ，并计算 x。

若 $\xi > 0.85\xi_b$，说明已配置的受压钢筋 A'_s 数量不足，应增加其数量，此时按第一种情况重新计算 A'_s，若 $\xi \leqslant 0.85\xi_b$，则计算 x。

(3)验算 $x \geqslant 2a'_s$ 并计算 A_s。

若 $x \geqslant 2a'_s$，则 $A_s = \frac{1}{f_y}(f_c bx + f'_y A'_s)$；

若 $x < 2a'_s$，取 $x = 2a'_s$，则 $A_s = \frac{KM}{f_y(h_0 - a'_s)}$。

(二)承载力复核

已知截面尺寸 $b \times h$、混凝土和钢筋的强度等级、受压钢筋和受拉钢筋截面面积 A'_s、A_s，复核正截面受弯承载力。计算步骤如下。

(1)计算受压区高度 x：

$$x = \frac{A_s f_y - A'_s f'_y}{f_c b}$$

(2)判别后求 M_u：

若 $x > 0.85\xi_b h_0$，发生超筋破坏。取 $\xi = 0.85\xi_b$，此时

$$M_u = f_c bx(h_0 - x/2) + A'_s f'_y (h_0 - a'_s)$$

若 $x \leqslant 0.85\xi_b h_0$，此时

若 $x \geqslant 2a'_s$ 则 $M_u = f_c bx(h_0 - x/2) + A'_s f'_y (h_0 - a'_s)$；

若 $x < 2a'_s$，取 $x = 2a'_s$，则 $M_u = A_s f_y (h_0 - a'_s)$。

(3)复核条件：若 $KM \leqslant M_u$，满足要求；若 $KM > M_u$，则不满足要求。

【例 8-3】 已知某 1 级水工建筑物的矩形截面简支梁，处于一类环境条件下，截面 $b \times h = 200\ \text{mm} \times 500\ \text{mm}$。使用期间持久承受弯矩设计值 $M = 150\ \text{kN} \cdot \text{m}$，采用 C25 混凝土，HRB335 级钢筋，试配置钢筋。

解：(1)资料：由 C25 混凝土，HRB335 级钢筋，查得 $f_c = 11.9\ \text{N/mm}^2$，$f_y = 300\ \text{N/mm}^2$；承载力安全系数 $K = 1.35$，由一类环境条件，查得保护层 $c = 30\ \text{mm}$，因弯矩较大，估计受拉钢筋要排成两排，取 $a_s = 65\ \text{mm}$，则截面的有效高度 $h_0 = 500 - 65 = 435(\text{mm})$。

(2)验算是否需要配双筋：

$$\alpha_s = \frac{KM}{f_c b h_0^2} = \frac{1.35 \times 150 \times 10^6}{11.9 \times 200 \times 435^2} = 0.45$$

$$\xi = 1 - \sqrt{1 - 2\alpha_s} = 0.68 > 0.85\xi_b = 0.468$$

故须按双筋截面进行配筋计算。

(3)计算受压钢筋截面面积 A'_s。

受压钢筋取 HRB335 级钢筋，$f'_y = 300\ N/mm^2$，取 $a'_s = 40$ mm。

为了充分利用混凝土的抗压强度，取 $x = 0.85\xi_b h_0$，$x = 0.468 \times 435 = 203.58$(mm)

$$A'_s = \frac{KM - f_c bx(h_0 - 0.5x)}{f'_y(h_0 - a'_s)}$$

$$= \frac{1.35 \times 150 \times 10^6 - 11.9 \times 200 \times 203.58 \times (435 - 0.5 \times 203.58)}{300 \times (435 - 40)}$$

$$= 346.44(mm^2)$$

受压钢筋选配 2 Φ 16($A'_s = 402\ mm^2$)。

(4)计算受拉钢筋截面面积 A_s：

$$A_s = \frac{1}{f_y}(f_c bx + f_y' A'_s)$$

$$= (11.9 \times 200 \times 203.58 + 300 \times 346.44)/300$$

$$= 1\ 962(mm^2)$$

受拉钢筋选配 5 Φ 22($A_s = 1\ 901\ mm^2$)。

第五节　T 形截面受弯构件正截面承载力计算

一、T 形截面的特点

矩形截面的受拉区混凝土在承载力计算时，由于开裂不参加工作，未能发挥作用。若去掉其中一部分，将钢筋集中放置，就成了 T 形截面，如图 8-9 所示。T 形截面具有节省混凝土、减轻构件自重、提高正截面承载力等优点。

T 形梁由梁肋和位于受压区的翼缘两部分组成。若翼缘位于受压区，压区为 T 形，则按 T 形梁计算；若翼缘位于受拉区的倒 T 形截面，由于受拉区的翼缘混凝土开裂不起作用，仍按矩形截面梁计算。因此，决定是否按 T 形截面计算，不能只看外形，如图 8-10 所示的工字形、Π 形、空心形等截面，它们的受压区与 T 形截面相同，均可按 T 形截面计算。

二、翼缘计算宽度的确定

根据试验和理论分析，T 形截面受力后，压应力沿翼缘的分布是不均匀的，压应力由

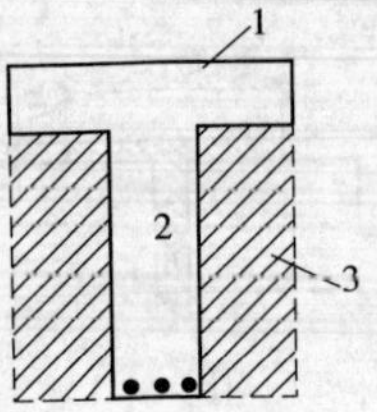

图 8-9　T 形截面图

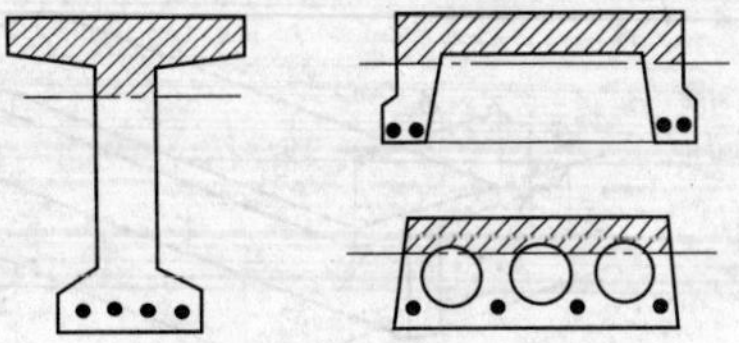

图 8-10　T 形截面的几种形式

梁肋中部向两边逐渐减小。为简化计算，假定翼缘一定宽度范围内承受均匀压应力，这个范围内的翼缘宽度称为翼缘计算宽度，用 b'_f 表示，这个范围以外的翼缘则认为不参加工作。

翼缘的计算宽度主要与梁的工作情况（是整体肋形梁还是独立梁）、梁的计算跨度 l_0、翼缘高度 h'_f 等因素有关。《规范》中规定的翼缘计算宽度见表 8-6（表中符号见图 8-11），计算时，取表中各项的最小值。

表 8-6　T 形及倒 L 形截面受弯构件翼缘计算宽度

项次	考虑情况		T 形截面		倒 L 形截面
			肋形梁（板）	独立梁	肋形梁（板）
1	按计算跨度 l_0 考虑		$l_0/3$	$l_0/3$	$l_0/6$
2	按梁（肋）净距 s_n 考虑		$b+s_n$	—	$b+s_n/2$
3	按翼缘高度 h'_f 考虑	当 $h'_f/h_0 \geq 0.1$ 时	—	$b+12h'_f$	—
		当 $0.05 \leq h'_f/h_0 < 0.1$ 时	$b+12h'_f$	$b+6h'_f$	$b+5h'_f$
		当 $h'_f/h_0 < 0.05$ 时	$b+12h'_f$	b	$b+5h'_f$

注：1. 表中 b 为梁的腹板宽度。

2. 当肋形梁在梁跨内设有间距小于纵肋间距的横肋时，则可不遵守表中项次 3 规定。

3. 对加腋（托承）的 T 形和倒 L 形截面，当受压加腋的高度 $h_h \geq h'_f$ 且加腋的宽度 $b_h \leq 3h_h$ 时，则其翼缘计算宽度可按表中项次 3 的规定分别增加 $2b_h$（T 形截面）和 b_h（倒 L 形截面）。

4. 独立梁受压区的翼缘板，在荷载作用下若可能产生沿纵肋方向的裂缝，则计算宽度取用肋宽 b。

三、基本公式及适用条件

T 形截面受压区较大，混凝土足够承担压力，不需加受压钢筋，一般都是单筋截面。

（一）T 形截面的计算类型和判别

T 形截面梁按中性轴所在位置不同分为两种类型：

第一类 T 形截面——中性轴位于翼缘内，即 $x \leq h'_f$（见图 8-12）；

第二类 T 形截面——中性轴位于梁肋内，即 $x > h'_f$（见图 8-13）。

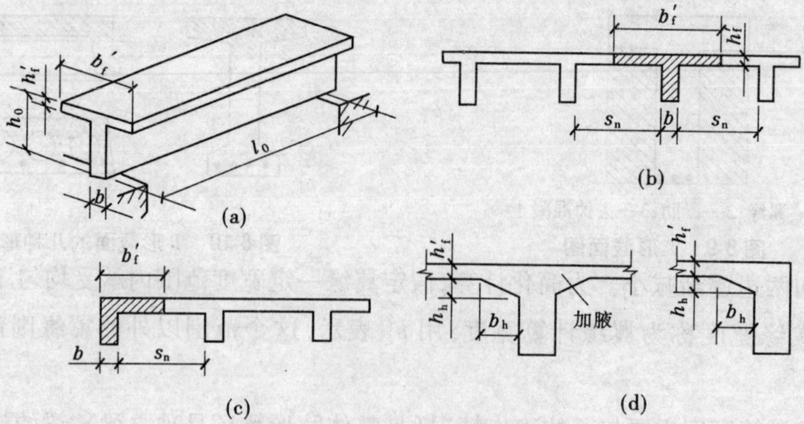

图 8-11　梁翼缘计算宽度

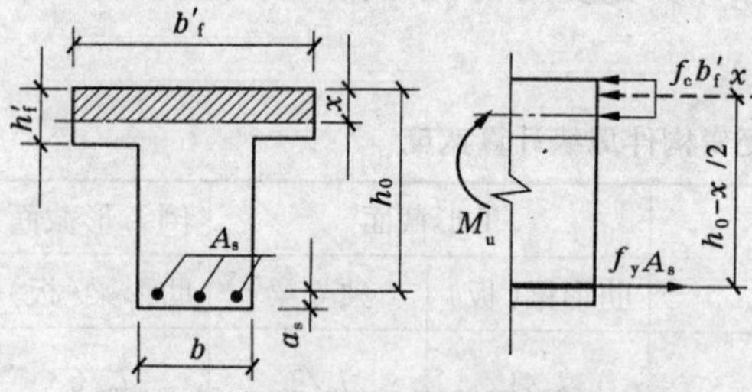
图 8-12　第一类 T 形截面计算应力图

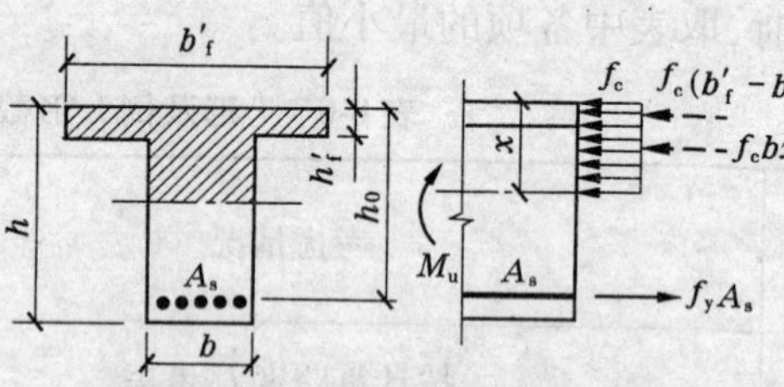
图 8-13　第二类 T 形截面计算应力图

两类 T 形截面的判别：当 $x = h_f'$ 时，中性轴位于翼缘与梁肋的分界处，为两类 T 形截面的分界限，故满足式(8-9)或式(8-10)时，属第一类 T 形截面（$x \leqslant h_f'$）；否则属第二类 T 形截面（$x > h_f'$）。截面设计时用式(8-9)来判别，承载力复核时用式(8-10)来判别。

$$KM \leqslant f_c b_f' h_f' \left(h_0 - \frac{h_f'}{2}\right) \tag{8-9}$$

$$A_s f_y \leqslant f_c b_f' h_f' \tag{8-10}$$

(二) 第一类 T 形截面

因 $x \leqslant h_f'$，中性轴位于翼缘内，混凝土受压区形状为矩形，故按 $b_f' \times h$ 的单筋矩形截面计算。计算应力图形如图 8-12 所示。

由平衡条件

$$KM \leqslant f_c b_f' x \left(h_0 - \frac{x}{2}\right) \tag{8-11}$$

$$A_s f_y \leqslant f_c b_f' x \tag{8-12}$$

适用条件：①$\rho \geqslant \rho_{\min}$，$\rho = A_s / b h_0$（式中 b 采用肋宽）；②$\xi \leqslant 0.85\xi_b$，此条件一般均能满足，可不必验算。

(三) 第二类 T 形截面

因 $x > h_f'$，中性轴通过肋部，压区为 T 形，其应力图形如图 8-13 所示。

由平衡条件

$$KM \leqslant M_u = f_c bx\left(h_0 - \frac{x}{2}\right) + f_c(b'_f - b)h'_f\left(h_0 - \frac{h'_f}{2}\right) \tag{8-13}$$

$$A_s f_y = f_c bx + f_c(b'_f - b)h'_f \tag{8-14}$$

适用条件：①$\xi \leqslant 0.85\xi_b$，防止出现超筋；②$\rho \geqslant \rho_{min}$，一般都能满足，可不必验算。

四、实用设计计算

（一）截面设计

T形截面设计，一般是先按构造或参考同类结构拟定截面尺寸，选择材料，然后计算受拉钢筋截面面积 A_s，其步骤如下：

（1）先判别T形截面类型。若 $KM \leqslant f_c b'_f h'_f\left(h_0 - \frac{h'_f}{2}\right)$，为第一类T形截面，否则为第二类T形截面。

（2）第一类T形截面，按 $b'_f \times h$ 的单筋矩形截面计算。

（3）第二类T形截面计算如下：

①计算 α_s、ξ。$\alpha_s = \dfrac{KM - f_c(b'_f - b)h'_f\left(h_0 - \frac{h'_f}{2}\right)}{f_c bh_0^2}$，$\xi = 1 - \sqrt{1 - 2\alpha_s}$。

②验算 ξ。当 $\xi > 0.85\xi_b$ 时，属超筋截面，应增大截面或提高混凝土强度等级；当 $\xi \leqslant 0.85\xi_b$ 时，$A_s = \dfrac{1}{f_y}[f_c\xi bh_0 + f_c(b'_f - b)h'_f]$。

③选配钢筋，画配筋图。

（二）承载力复核

若 $A_s f_y \leqslant f_c b'_f h'_f$，为第一类T形截面，按 $b'_f \times h$ 单筋矩形截面进行复核；若 $A_s f_y > f_c b'_f h'_f$，按第二类T形截面进行复核，复核只要直接代入公式即可。另外，要注意当 $x > 0.85\xi_b h_0$ 时，取 $x = 0.85\xi_b h_0$ 进行复核。

【例8-4】 已知一T形截面简支梁如图8-14所示。设计荷载 $P = 48$ kN，3级水工建筑物级别，一类环境条件，采用C20混凝土，HPB235级钢筋，试计算纵向受力钢筋截面面积。

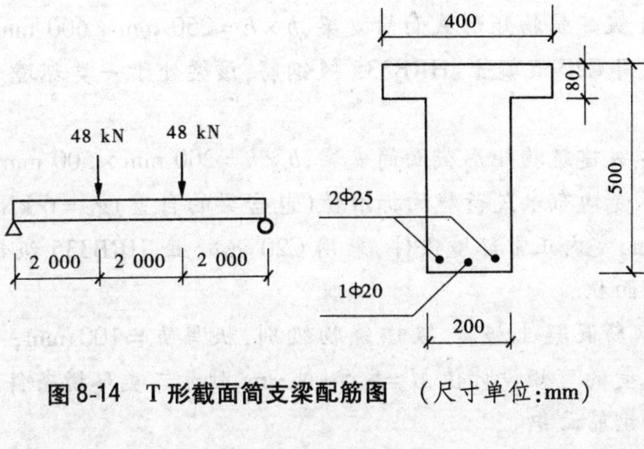

图8-14 T形截面简支梁配筋图 （尺寸单位：mm）

解:(1)C20 混凝土,$f_c = 9.6\ N/mm^2$,HPB235 级钢筋,$f_y = 210\ N/mm^2$,3 级水工建筑物级别 $K = 1.2$。

(2)确定翼缘的计算宽度。吊车梁为独立 T 形梁,估计钢筋单排,取 $a_s = 35$ mm,则截面的有效高度 $h_0 = 500 - 35 = 465$(mm)。

$$\frac{h'_f}{h_0} = \frac{80}{465} = 0.17(\text{mm}) > 0.1, b + 12h'_f = 200 + 12 \times 80 = 1\ 160(\text{mm})$$

$$\frac{l_0}{3} = \frac{6\ 000}{3} = 2\ 000(\text{mm})$$

翼缘的实际宽度为 400 mm,取上述的较小值,故 $b'_f = 400$ mm。

(3)内力计算:弯矩设计值 $M = 2P = 2 \times 48 = 96(\text{kN} \cdot \text{m})$

(4)判别 T 形梁类型:

$$KM = 1.2 \times 96 = 115.2(\text{kN} \cdot \text{m})$$

$$f_c b'_f h'_f (h_0 - \frac{h'_f}{2}) = 9.6 \times 400 \times 80 \times (465 - 80/2) = 130.56(\text{kN} \cdot \text{m})$$

$KM < f_c b'_f h'_f (h_0 - \frac{h'_f}{2})$,属于第一类 T 形梁($x < h'_f$)。

(5)配筋计算:

$$\alpha_s = \frac{KM}{f_c b'_f h_0^2} = \frac{115.2 \times 10^6}{9.6 \times 400 \times 465^2} = 0.139$$

$$\xi = 1 - \sqrt{1 - 2\alpha_s} = 1 - \sqrt{1 - 2 \times 0.139} = 0.15$$

$$A_s = \frac{1}{f_y}(f_c \xi b'_f h_0) = 9.6 \times 0.15 \times 400 \times 465/210 = 1\ 275.43(\text{mm}^2)$$

$$\rho = \frac{A_s}{bh_0} = \frac{1\ 275.43}{200 \times 465} = 1.37\% > \rho_{min} = 0.2\%$$

选配受拉区钢筋 2 Φ25 + 1 Φ20($A_s = 1\ 296.2\ \text{mm}^2$),钢筋配置见图 8-14。

习　题

8-1　已知某 4 级建筑物矩形截面简支梁,$b \times h = 250\ \text{mm} \times 600\ \text{mm}$,承受弯矩设计值 $M = 180\ \text{kN} \cdot \text{m}$,采用 C20 混凝土,HRB335 级钢筋,该梁处于一类环境。试计算该截面所需钢筋截面面积。

8-2　已知某 4 级建筑物矩形截面简支梁,$b \times h = 200\ \text{mm} \times 500\ \text{mm}$,计算跨度 $l_0 = 5.2$ m,正常使用期间承受均布永久荷载的标准值(包含梁的自重)$g_k = 6$ kN/m,均布可变荷载标准值 $q_k = 9$ kN/m,室内正常环境条件,采用 C20 混凝土,HRB335 级钢筋。试计算该截面所需的钢筋截面面积。

8-3　已知某钢筋混凝土板,3 级建筑物级别,板厚 $h = 100$ mm,采用 C20 混凝土,HPB235 级钢筋,承受的弯矩设计值 $M = 5.5\ \text{kN} \cdot \text{m}$,处于二类环境条件($c = 25$ mm),试计算此板所需的受力钢筋面积。

8-4 某矩形截面梁，3 级建筑物级别，截面尺寸 $b \times h = 200\ \text{mm} \times 450\ \text{mm}$，配有单排受拉钢筋 4 ⌀ 16（$A_s = 804\ \text{mm}^2$），采用 C20 混凝土，HRB335 级钢筋，试求正截面受弯承载力。

8-5 已知某矩形截面梁，$b \times h = 250\ \text{mm} \times 500\ \text{mm}$，3 级建筑物级别，承受弯矩设计值 $M = 190\ \text{kN} \cdot \text{m}$，采用 C20 混凝土，HRB335 级钢筋，一类环境，试计算所需受力钢筋面积（取 $a = 70\ \text{mm}$，$a_s' = 45\ \text{mm}$）。

8-6 已知某 2 级建筑物吊车梁的跨度为 6 m，跨中截面承受弯矩设计值 $M = 380\ \text{kN} \cdot \text{m}$，梁的截面尺寸为：$b = 300\ \text{mm}$，$h = 800\ \text{mm}$，$b_f' = 650\ \text{mm}$，$h_f' = 100\ \text{mm}$，混凝土强度等级为 C20，钢筋用 HRB335 级，试求受拉钢筋截面面积。

第九章　钢筋混凝土受弯构件斜截面承载力计算

钢筋混凝土受弯构件在弯矩作用下，如果正截面受弯承载力不够，将沿垂直裂缝发生正截面受弯破坏；在剪力和弯矩共同作用的支座附近区段内，会沿着斜向裂缝发生斜截面受剪破坏或斜截面受弯破坏(见图 9-1)。因此，在保证受弯构件受弯承载力的同时，还要保证斜截面承载力，即斜截面受剪承载力和受弯承载力。工程设计中，斜截面受剪承载力是由计算来满足的，斜截面受弯承载力则是通过对纵向钢筋和箍筋的构造来满足。

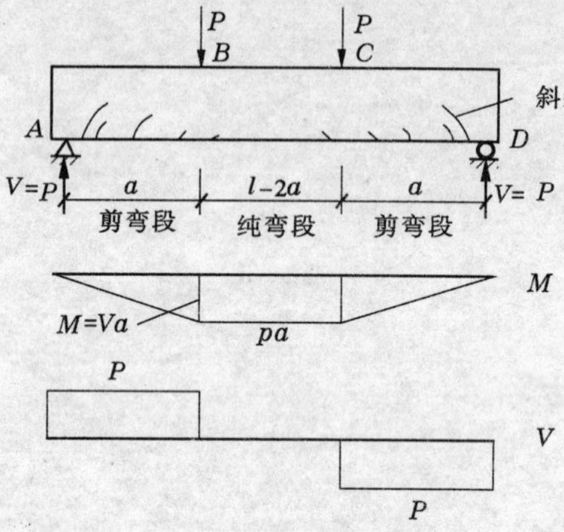

图 9-1　剪弯段及斜裂缝

第一节　有腹筋梁的斜截面的破坏形态

一、腹筋的作用

为了防止受弯构件沿斜截面发生剪切破坏，必须在梁内设置足够数量的抗剪钢筋，以提高斜截面的抗剪强度。抗剪钢筋主要有箍筋和弯起钢筋(亦称斜筋)两类，两者统称为腹筋，配有腹筋的梁称为有腹筋梁。纵筋、箍筋、弯起钢筋和架立钢筋形成梁的钢筋骨架，如图 9-2 所示。

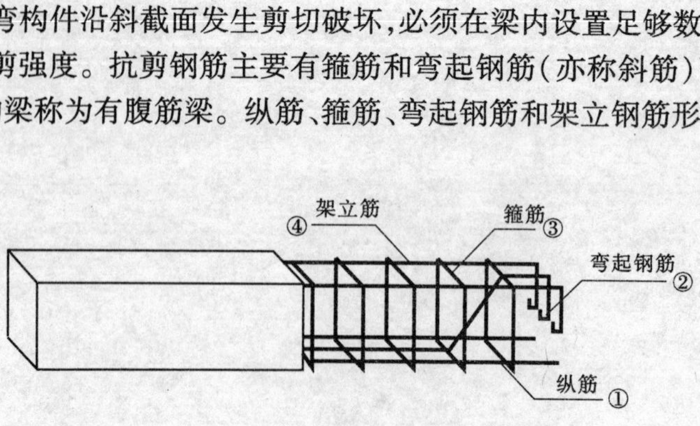

图 9-2　钢筋骨架

试验研究结果表明，与斜裂缝相交的腹筋承受相当大的剪力，同时腹筋也延缓和限制了斜裂缝的发展。在工程中，梁一般设计成有腹筋梁，通常仅配箍筋，也有同时配置箍筋和弯起钢筋的。设计时，优先选用箍筋，其次考虑弯起钢筋。弯起钢筋一般由正截面抗弯的纵筋在靠近支座处直接弯起而成，也可单独配置鸭筋。

二、影响斜截面抗剪承载力的主要因素

影响腹筋简支梁斜截面受剪承载力的主要因素有剪跨比、混凝土强度、腹筋和纵筋。

(一)混凝土强度

梁的斜截面破坏与混凝土强度有密切的关系。试验表明，在相同剪跨比的条件下，抗剪强度随混凝土强度的提高而增大。

(二)腹筋

斜裂缝出现之后，与斜裂缝相交的腹筋不仅可以直接承受部分剪力，还可以抑制斜裂缝开展，提高斜截面上集料的咬合力及混凝土的受剪承载力。另外，可限制纵筋的竖向位移，能有效阻止混凝土沿纵向的撕裂，从而提高纵筋在抗剪中的"销栓"作用。

(三)纵筋

纵筋对受剪承载力的影响主要是直接在横截面承受一定剪力，起"销栓"作用。同时，纵筋对梁的斜截面受剪承载力也有一定影响。纵筋能抑制斜裂缝的发展，增大斜裂缝间交互面的剪力传递。增加纵筋量能加大混凝土剪压区高度，从而间接地提高梁的受剪承载力。

另外，截面尺寸、形状、支座约束条件、加载方式(间接加载、直接加载)等对斜截面受剪承载力也有不同程度的影响。

三、有腹筋梁斜截面受剪破坏的主要形态

有腹筋梁斜截面受剪破坏的主要形态有斜压破坏、剪压破坏和斜拉破坏三种类型，如图 9-3 所示。

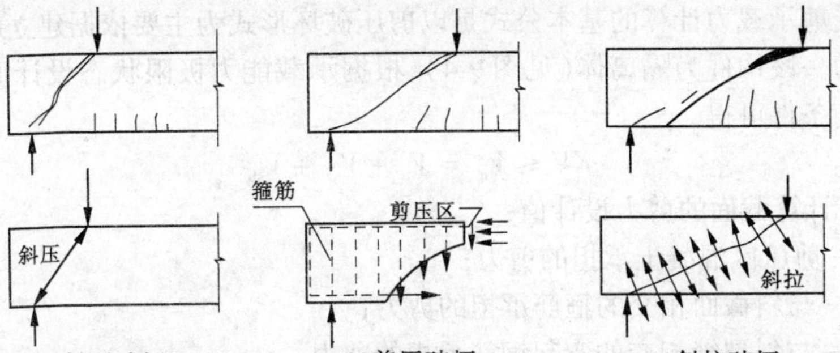

(a)斜压破坏　(b)剪压破坏　(c)斜拉破坏

图 9-3　梁的剪切破坏形态

(一)斜压破坏

斜压破坏多发生在集中荷载距支座较近，或者腹筋配置量过多，以及腹板宽度较窄的 T 形或工字形梁。破坏过程中，先是在梁腹部出现多条密集而大体平行的斜裂缝。随着

荷载增加，梁腹部被这些斜裂缝分割成若干个斜向短柱，当混凝土中的压应力超过其轴心抗压强度时，发生类似受压短柱的破坏，如图 9-3(a)所示。这种破坏没有预兆，且腹筋一般达不到屈服强度，类似于正截面的超筋破坏，设计中应当避免。

(二)剪压破坏

剪压破坏常发生在腹筋配置量适当时，是最典型的斜截面受剪破坏。这种破坏过程是，首先在剪弯区出现弯曲垂直裂缝，然后斜向延伸，形成一条又宽又长的主要斜裂缝，称为临界斜裂缝；随着荷载的增大，斜裂缝向荷载作用点缓慢发展，剪压区高度不断减小，斜裂缝逐渐加宽，与斜裂缝相交的箍筋应力也随之增大；破坏时，受压区混凝土在正应力和剪应力的共同作用下被压碎，且受压区混凝土有明显的压坏现象，如图 9-3(b)所示，此时箍筋的应力达到了屈服强度，腹筋得到充分利用，因此在设计中应把构件斜截面破坏控制在剪压破坏形态。

(三)斜拉破坏

斜拉破坏发生在箍筋配置量过少的情况，其破坏特点是，破坏过程急速且突然。当斜裂缝在梁腹部出现时，很快就向上下延伸，形成临界斜裂缝，将梁劈裂为两部分而破坏，且往往伴随产生沿纵筋的撕裂裂缝，如图 9-3(c)所示。它类似于正截面少筋破坏，一裂即坏，破坏突然，设计中必须避免。

虽然以上三种斜截面破坏形式的破坏特征和受剪承载力各不相同，但三者都属于脆性破坏，其中斜拉破坏表现的脆性最为明显，剪压破坏有一定的预兆，破坏荷载较出现斜裂缝时的荷载高，但与适筋梁的正截面破坏相比，剪压破坏仍属于脆性破坏。因此，设计时为保证梁具有的斜截面受剪承载力，《规范》采用不同的方式来防止剪切破坏。

第二节　有腹筋梁斜截面受剪承载力计算

一、有腹筋梁斜截面受剪承载力计算的基本公式

斜截面受剪承载力计算的基本公式是以剪压破坏形式为主要依据建立起来的。取临界斜裂缝左边一段构件为隔离体(见图 9-4)，根据承载能力极限状态设计原则和隔离体竖向力的平衡条件可得

$$KV \leqslant V_u = V_c + V_{sv} + V_{sb} \tag{9-1}$$

式中　V—— 计算截面的剪力设计值；

V_c—— 剪压区混凝土承担的剪力；

V_{sv}—— 与斜截面相交的箍筋承担的剪力；

V_{sb}—— 与斜裂缝相交的弯起钢筋承担的剪力。

式(9-3)中 V_c 与 V_{sv} 之和，即 $V_{cs} = V_c + V_{sv}$，称为斜截面上混凝土和箍筋总的受剪承载力。

(一)有腹筋梁受剪承载力计算基本公式

(1)仅配箍筋时，矩形、T 形和工字形截面的一般受弯构件，斜截面受剪承载力计算公式为

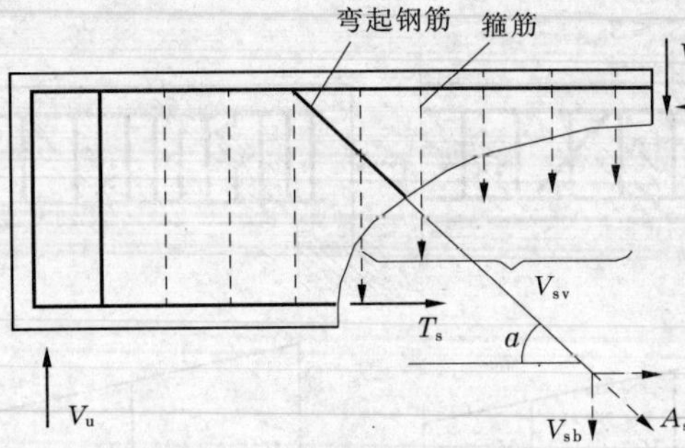

图 9-4　斜截面的受剪承载力计算简图

$$KV \leqslant V_{cs} = 0.7f_t bh_0 + 1.25f_{yv}\frac{A_{sv}}{s}h_0 \tag{9-2}$$

式中 f_t—— 混凝土抗拉强度设计值；

b—— 构件的截面宽度，T 形和工字形截面取腹板宽度；

h_0—— 截面的有效高度；

f_{yv}—— 箍筋的抗拉强度设计值；

A_{sv}—— 配置在同一截面内箍筋各肢的全部截面面积，$A_{sv} = nA_{sv1}$，n 为在同一截面内箍筋的肢数，A_{sv1} 为单肢箍筋的截面面积；

s——箍筋的间距。

(2)集中荷载作用下的独立梁(包括作用多种荷载，且其中集中荷载对支座截面或节点边缘所产生的剪力值占总剪力值的 75% 以上的情况)，斜截面受剪承载力按下式计算：

$$KV \leqslant V_{cs} = 0.5 f_t bh_0 + f_{yv}\frac{A_{sv}}{s}h_0 \tag{9-3}$$

(3)当梁内还配置弯起钢筋时，公式(9-1)中有

$$V_{sb} = A_{sb}f_y\sin\alpha_s \tag{9-4}$$

式中 f_y—— 纵筋抗拉强度设计值；

A_{sb}—— 同一弯起平面内弯起钢筋的截面面积；

α_s—— 斜截面上弯起钢筋的切线与构件纵向轴线的夹角，一般取 45°，当梁高 $h \geqslant$ 700 mm 时，可取 60°。

(二)计算截面位置与剪力设计值的取值

在进行设计时，如果能保证最可能发生剪切破坏的截面(即计算截面)具有足够的受剪承载力，就可以保证整根梁的安全。因此，根据具体情况，计算截面应按照下列规定确定：

(1)支座边缘处的截面(见图 9-5(a)、(b)的截面 1—1)。

(2)受拉区弯起钢筋弯起点处的截面(见图 9-5(a)的截面 2—2、3—3)。

(3)箍筋直径或间距改变处的截面(见图 9-5(b)的截面 4—4)。

(4)腹板宽度改变处的截面。

同时，箍筋间距以及弯起钢筋前一排(对支座而言)的弯起起点至后一排弯起终点的距离应符合箍筋最大间距的要求，同时箍筋也应满足最小直径的要求。

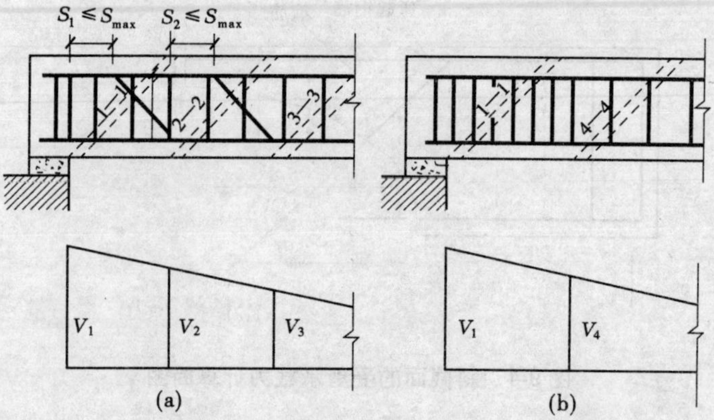

图 9-5　斜截面受剪承载力的计算位置

(三)计算公式的适用范围(上限值和下限值)

梁的斜截面承载力计算公式仅适用于剪压破坏情况,为了防止斜压破坏和斜拉破坏,还应规定其上、下限值。

1. 上限值——最小截面尺寸

设计时为了避免斜压破坏,《规范》规定受剪截面须符合下面条件:

$$当\frac{h_w}{b} \leqslant 4 时,\ KV \leqslant 0.25 f_c b h_0 \tag{9-5}$$

$$当\frac{h_w}{b} \geqslant 6 时,\ KV \leqslant 0.2 f_c b h_0 \tag{9-6}$$

$$当 4 < \frac{h_w}{b} < 6 时,按线性内插法求得。$$

以上各式中,h_w 为截面的腹板高度,矩形截面取有效高度 h_0,T 形截面取有效高度减去上翼缘高度,工字形截面取腹板净高。

设计中如果不满足式(9-5)或式(9-6)的要求,应加大截面尺寸或提高混凝土强度等级。

2. 下限值——最小配箍率

试验表明,若箍筋配筋率过小,或箍筋间距过大,一旦出现斜裂缝,箍筋可能迅速达到屈服强度,斜裂缝急剧开展,导致斜拉破坏。为此,《规范》规定箍筋的配置应满足最小配箍率要求:

$$\rho_{sv} = \frac{A_{sv}}{bs} \geqslant \rho_{svmin} \tag{9-7}$$

式中　ρ_{svmin}——箍筋最小配筋率,对于 HPB235 级钢筋 $\rho_{svmin} = 0.15\%$,对于 HRB335 级钢筋 $\rho_{svmin} = 0.1\%$。

当满足了最小配箍率要求后,如果腹筋配置得太稀,即间距过大,有可能在两根腹筋之间出现斜裂缝,这时腹筋将不能发挥作用(见图 9-6)。为此,《规范》规定了箍筋的最小直径和最大间距 s_{max}(见表 9-1)。对于箍筋,两根箍筋之间距离应满足 $s \leqslant s_{max}$ 的要求;弯起钢筋间距是指前一排弯筋的下弯点到后一排弯筋的上弯点之间的梁轴投影距离,$s \leqslant$

s_{max}。在任何情况下，腹筋间距都不得大于表9-1中的 s_{max} 数值；在支座处，从支座算起的第一排弯筋和第一根箍筋离开支座边缘的距离 s_1 也不得大于 s_{max}。

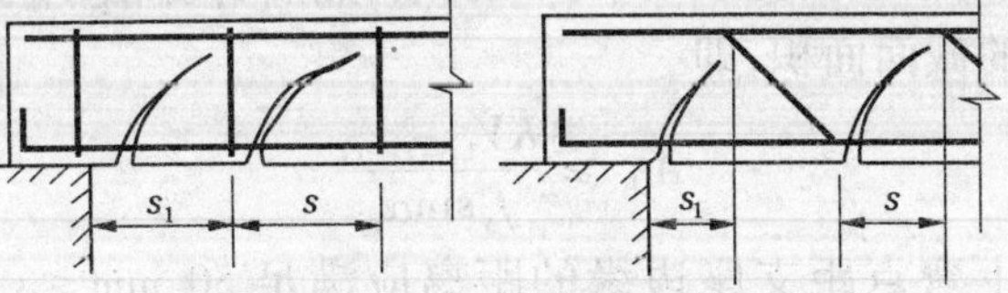

s_1—支座边缘至第一根箍筋或弯筋的距离

图9-6 腹筋间距过大产生的影响

表9-1 梁中箍筋的最大间距

梁高 h(mm)	$KV > V_c$	$KV \leqslant V_c$	梁高 h(mm)	$KV > V_c$	$KV \leqslant V_c$
$150 < h \leqslant 300$	150	200	$500 < h \leqslant 800$	250	350
$300 < h \leqslant 500$	200	300	$h > 800$	300	400

二、承载力计算

受弯构件的斜截面承载力计算包括截面设计和承载力复核两类问题。截面设计是在正截面承载力计算完成之后，即在截面尺寸、材料强度、纵向受力钢筋已知的条件下，计算梁内腹筋。

斜截面受剪承载力计算步骤如下：

(1)作梁的剪力图，确定斜截面承载力计算截面位置及相应的剪力设计值。

(2)验算梁的截面尺寸是否符合要求。即按式(9-5)、式(9-6)复核截面尺寸，不满足时，则应加大截面尺寸或提高混凝土强度等级。

(3)验算是否需要按计算配置腹筋，如

$$KV \leqslant V_c \tag{9-8}$$

则不需进行斜截面抗剪配筋计算，按构造规定配置箍筋。否则，按计算配置腹筋。

(4)腹筋的计算。梁内腹筋通常有两类配置方式：仅配置箍筋；既配置箍筋，又配置弯起钢筋。采用何种方式，视构件的具体情况、剪力 V 的大小及纵向钢筋的配置而定。

①计算箍筋。仅配置箍筋时，剪力完全由混凝土和箍筋承担，箍筋按下列公式计算：

对于矩形、T形和工字形截面的一般受弯构件，由式(9-2)可得

$$\frac{A_{sv}}{s} = \frac{nA_{sv1}}{s} \geqslant \frac{KV - 0.7f_t bh_0}{1.25f_{yv}h_0} \tag{9-9}$$

对于集中荷载作用下的独立梁，由式(9-3)可得

$$\frac{A_{sv}}{s} = \frac{nA_{sv1}}{s} \geqslant \frac{KV - 0.5f_t bh_0}{f_{yv}h_0} \tag{9-10}$$

计算出 $\frac{nA_{sv1}}{s}$ 后，可先确定箍筋的肢数和单肢箍筋的截面面积 A_{sv1}，然后求出箍筋间距 s。也可先确定箍筋间距 s 和肢数，然后求出单肢箍筋的截面面积 A_{sv1} 和箍筋直径。选取箍筋

的直径和间距应满足构造要求，即 $s \leqslant s_{max}$，同时还应满足 $\rho_{sv} \geqslant \rho_{svmin}$。

②计算弯起钢筋。如图 9-5 所示，当需要弯起钢筋与混凝土和箍筋共同承受 1—1 截面的剪力时，一般先选定箍筋的直径、间距和肢数，然后计算出 V_{cs}。如果 $KV_1 > V_{cs}$，则需按下式计算弯起钢筋的截面面积，即

$$A_{sb} \geqslant \frac{KV_1 - V_{cs}}{f_y \sin\alpha_s} \tag{9-11}$$

第一排弯起钢筋上弯点距支座边缘的距离应满足 50 mm$\leqslant s \leqslant s_{max}$，习惯上一般取 $s = 50$ mm。再根据 V_2 验算 2—2 截面的受剪承载力（因为此时该截面只有箍筋而无弯起钢筋），若受剪承载力不够，则由 V_2 计算所需第二排弯起钢筋，依次进行下去，直到满足要求为止。

（5）验算最小配箍率。根据计算结果选用腹筋，应满足构造要求并验算最小配箍率是否满足要求，即 $\rho_{sv} = \frac{A_{sv}}{bs} \geqslant \rho_{svmin}$。

【例 9-1】 某办公楼简支梁，3 级水工建筑物级别，如图 9-7 所示，两端支承在 240 mm 的砖墙上，净跨度 $l_n = 4$ m，截面尺寸 $b \times h = 200$ mm × 500 mm，该梁承受均布荷载，其中恒荷载标准值 $g_k = 28.57$ kN/m（包括自重），活荷载标准值 $q_k = 36$ kN/m，混凝土强度等级为 C20，箍筋为 HPB235 级钢筋，按正截面受弯承载力计算已选配 HRB335 级纵向钢筋3 Φ 25。试根据斜截面受剪承载力要求确定腹筋。

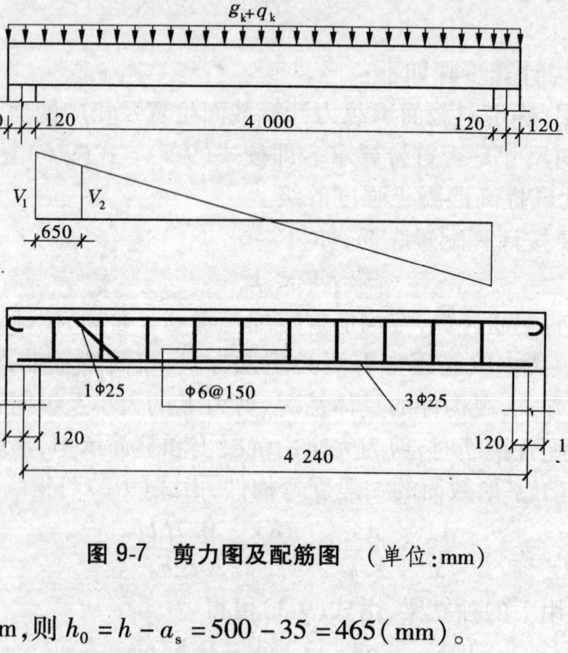

图 9-7 剪力图及配筋图 （单位：mm）

解：取 $a_s = 35$ mm，则 $h_0 = h - a_s = 500 - 35 = 465$（mm）。

（1）计算剪力设计值，支座边缘处剪力值：

$$V_1 = 0.5(1.05g_k + 1.2q_k)l_n$$
$$= 0.5 \times (1.05 \times 28.57 + 1.2 \times 36) \times 4 = 146.40\text{(kN)}$$

（2）复核梁的截面尺寸：

$$h_w = h_0 = 465\ \text{mm} \quad \frac{h_w}{b} = \frac{465}{200} = 2.3 < 4\text{，属于一般梁。}$$

$$0.25f_c bh_0 = 0.25 \times 9.6 \times 200 \times 465 = 223.2(\text{kN}) > KV_1 = 1.2 \times 146.40 = 175.68(\text{kN})$$

截面尺寸满足要求。

(3)验算是否需按计算配置腹筋：

$$V_c = 0.7f_t bh_0 = 0.7 \times 1.1 \times 200 \times 465 = 71.61(\text{kN}) < KV = 175.68\ \text{kN}$$

应按计算配置腹筋。

(4)腹筋计算。配置腹筋有两种，一种只配置箍筋，另一种是配置箍筋和弯起钢筋。如果既配置箍筋又配置弯起钢筋，计算如下：

按照构造要求，选用双肢Φ 6@150($n = 2, A_{sv1} = 28.3\ \text{mm}^2, s = 150\ \text{mm}$)，双肢箍。

(5)验算最小配筋率：

$$\rho_{sv} = \frac{A_{sv}}{bs} = \frac{2 \times 28.3}{200 \times 150} = 0.19\% > \rho_{svmin} = 0.15\%$$

满足构造要求，所选箍筋合理。

(6)弯起钢筋计算

$$V_{cs} = 0.7f_t bh_0 + 1.25f_{yv}\frac{A_{sv}}{s}h_0$$

$$= 71\ 610 + 1.25 \times 210 \times \frac{2 \times 28.3 \times 465}{150} = 117.69(\text{kN}) \leqslant KV = 175.68\ \text{kN}$$

应配置弯起钢筋，取 $\alpha = 45°$。

$$A_{sb} = \frac{KV_1 - V_{cs}}{f_y \sin\alpha} = \frac{1.2 \times 146\ 400 - 117\ 690}{300 \times 0.707} = 273.41(\text{mm}^2)$$

选用 1 Φ 25 纵筋当弯起钢筋，$A_{sb} = 491\ \text{mm}^2$ 满足计算要求。

核算是否需要第二排弯起钢筋。弯起钢筋水平投影长度 $h - 2c = 500 - 50 = 450(\text{mm})$，$s_1 = 200\ \text{mm}$，则第一排弯起筋下弯点距左支座边缘距离为：$x = s_1 + s_b = 200 + 450 = 650(\text{mm})$，则该处对应的剪力值为 $V_2 = V_1 - (g + q)x = 98.82\ \text{kN} < V_{cs} = 117.69\ \text{kN}$，故不需要第二排弯起筋。配筋图如图 9-7 所示。

第三节　钢筋混凝土梁的斜截面受弯承载力

钢筋混凝土梁除可能沿着斜截面发生受剪破坏外，还可能沿斜截面发生受弯破坏。在剪力和弯矩共同作用下产生的斜裂缝会导致与斜裂缝相交的纵向钢筋拉力增加，引起沿斜截面受弯承载力不足或锚固不足的破坏。因此，在设计中除保证梁的正截面受弯承载力和斜截面受剪承载力外，还应在考虑纵向钢筋弯起、截断及锚固时采取措施，以保证构件的斜截面受弯承载力不低于正截面受弯承载力。通常斜截面受弯承载力是不进行计算的，而是用梁内纵向钢筋的弯起、截断、锚固及箍筋的间距等构造措施来保证，通过绘制正截面的抵抗弯矩图的方法予以解决。

一、抵抗弯矩图(M_R 图)

抵抗弯矩图(又称材料抵抗弯矩图),是根据梁实际配置的纵筋所画出的各正截面能抵抗的弯矩图形,可以用来确定纵筋的弯起和切断位置。

下面以某外伸梁为例说明抵抗弯矩图的画法:

(1)根据截面实际配筋求出梁各截面抵抗弯矩 M_R。

(2)计算第 i 根钢筋承担的抵抗弯矩,$M_{Ri}=\dfrac{M_R A_{si}}{A_s}$(近似按比例分配)。

(3)画出各截面所能抵抗的弯矩,其外轮廓线即为 M_R 图。图 9-8 为一外伸梁下部钢筋和上部钢筋通长设置时的 M_R 图,图中每一格为相应钢筋所承担的弯矩。点 1 是②号钢筋的充分利用点,点 2 既是②号钢筋的不需要点(亦称为理论断点),又是①号钢筋的充分利用点。显然,在图 9-8 中,M_R 图与 M 图相比,强度有很多富裕,从经济角度出发,AB 跨下部纵筋可以弯起一根②号钢筋,参与 A、B 支座的抗剪,同时②号钢筋弯入支座 B 上部后,可以参与承担支座 B 的负弯矩,即原来的④号钢筋可以省去,用②号钢筋来代替。当然,钢筋的弯起必须满足构造要求,才能起到预期的作用。纵筋弯起后,必定影响正截面的抵抗弯矩值。可以近似认为②号弯起钢筋穿过梁轴线后基本上进入了受压区,抗弯作用完全消失。

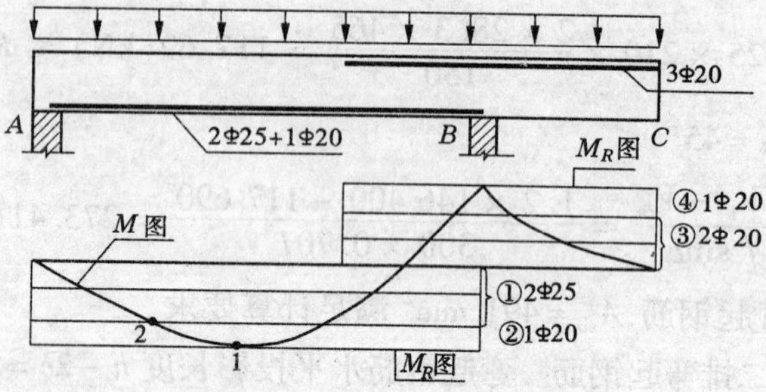

图 9-8 抵抗弯矩图的绘制

二、斜截面受弯承载力的保证措施

(一)纵筋弯起时斜截面受弯承载力的保证措施

图 9-9 表示弯起钢筋的弯起点与弯矩设计图的关系。钢筋①、②共同抵抗跨中截面的弯矩;钢筋②在受拉区的弯起点为 1,按正截面受弯承载力计算不需要该钢筋的截面为 2,该钢筋强度充分利用的截面为 3,钢筋②承担的弯矩为图中阴影部分。可以证明,当弯起点 1 离开该钢筋充分利用截面 3 的距离不小于 $h_0/2$,钢筋弯起后与梁轴线的交点在该钢筋正

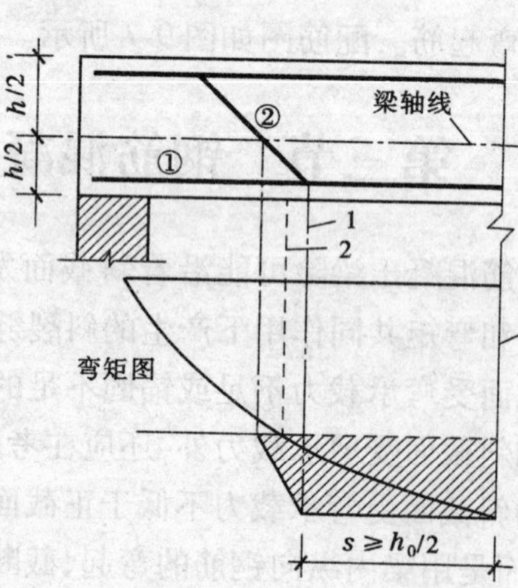

图 9-9 弯起钢筋的弯起点

截面抗弯不需要截面 2 之外时，可以保证斜截面受弯承载力不低于正截面受弯承载力，即满足斜截面受弯承载力要求。

总之，若利用弯起钢筋抗剪，则钢筋的弯起位置应同时满足抗剪计算位置、正截面抗弯（材料图覆盖弯矩设计图）和斜截面抗弯（$s \geqslant h_0/2$）三项要求。

（二）纵筋切断时斜截面受弯承载力的保证措施

承受跨中正弯矩的纵向受力钢筋一般不在跨内截断，而是一部分（或全部）伸入支座，一部分弯起；而连续支座或节点附近的负弯矩区段内的纵向受拉钢筋则常在贯穿支座后的一定位置截断，以节省钢筋。

《规范》规定：纵向受拉钢筋不宜在受拉区截断。必须截断时，应在该钢筋理论截断点以外，延伸长度不应小于 $20d$（d 为该纵向钢筋直径）；同时，当 $V > \frac{V_c}{K}$ 时，从该钢筋强度充分利用截面延伸的长度，尚不应小于 $1.2l_a + h_0$；当 $V \leqslant \frac{V_c}{K}$ 时，从该钢筋强度充分利用截面延伸的长度，尚不应小于 $1.2l_a$（见图 9-8）。

第四节　钢筋骨架的构造规定

一、纵向受力钢筋在支座内的锚固

（一）简支支座

在构件的简支端，弯矩 M 等于零。按正截面抗弯要求，受力钢筋适当伸入支座即可。但当在支座处产生斜裂缝时，支座边缘的纵筋受力会突增，若无足够的锚固，纵筋将从支座拔出而导致破坏。为此，简支梁下部纵向受力钢筋伸入支座的锚固长度 l_{as}（见图 9-10(a)）应符合下列条件：

（1）当 $V \leqslant \frac{V_c}{K}$ 时，$l_{as} \geqslant 5d$；

（2）当 $V > \frac{V_c}{K}$ 时，$l_{as} \geqslant 10d$（螺纹钢筋），$l_{as} \geqslant 12d$（月牙纹钢筋），$l_{as} \geqslant 15d$（光面钢筋）。

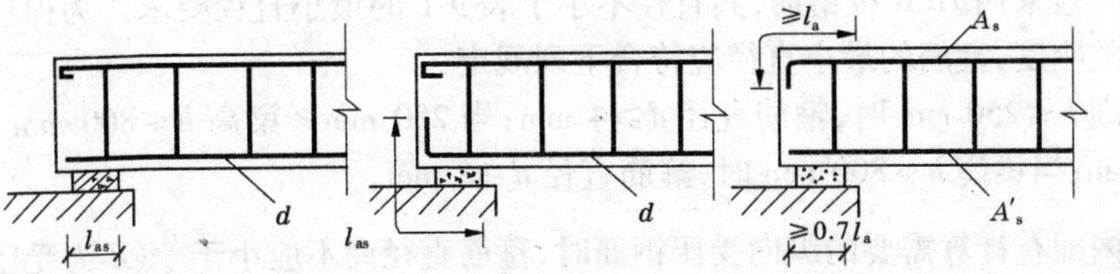

图 9-10　纵向受力钢筋在支座内的锚固

当纵筋伸入支座的锚固长度不符合上述要求时，如图 9-10(b) 所示，可在梁端将钢筋向上弯，或采取在钢筋端部加焊横向锚固钢筋、墩头、锚固钢板，将钢筋端部焊接在梁端的预埋件上等有效锚固措施。

（二）悬臂支座

如图9-10(c)所示，悬臂梁的上部纵向受力钢筋应从钢筋强度被充分利用的截面（即支座边缘的截面）开始伸入支座中的长度不小于钢筋的锚固长度 l_a；当梁的纵向钢筋在计算上作为受压钢筋时，伸入支座的锚固长度不应小于 $0.7l_a$。

（三）中间支座

在连续梁、框架梁的中间支座或中间节点处（见图9-11），上部纵筋应贯穿支座或节点，下部纵筋分别按不同受力情况采用如下规定：当计算中不利用其强度时，不论剪力设计值的大小，其伸入的锚固长度应符合简支支座时的规定（见图9-11）；当计算中充分利用其抗拉强度时，受拉钢筋的伸入长度不应小于钢筋锚固长度 l_a；受压钢筋的伸入长度不应小于 $0.7l_a$。

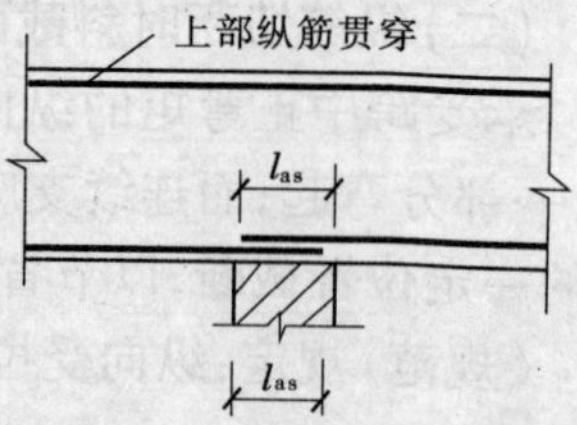

图9-11　中间支座纵筋锚固

二、箍筋的构造

（一）箍筋的形式和肢数

箍筋形式有封闭式和开口式两种，一般应采用封闭式箍筋（见图9-12），当梁中配有计算需要的受压钢筋（如双筋梁）时，均应采用封闭式箍筋。箍筋的肢数有单肢、双肢、四肢等，一般采用双肢。在绑扎骨架中，双肢箍筋最多能扎结4根排在一排的纵向受压钢筋，否则采用四肢箍筋；当梁宽大于400 mm，或一排中纵向受压钢筋多于3根时，也应采用四肢箍筋。

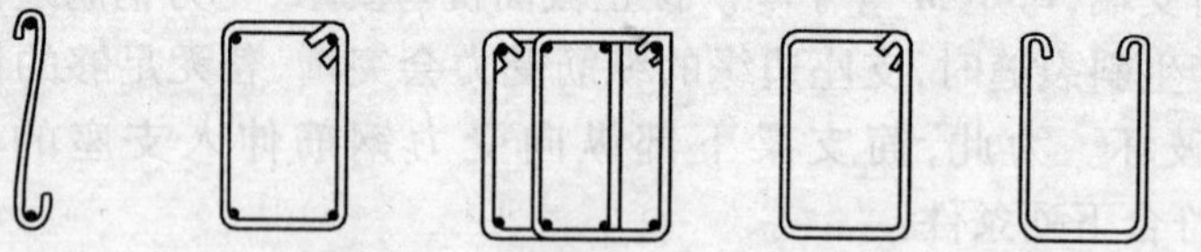

(a)单肢箍　(b)双肢箍　(c)四肢箍　(d)封闭　(e)开口

图9-12　箍筋的形式和肢数

（二）箍筋的直径

箍筋一般采用HPB级钢筋，其直径不小于表9-1的最小直径要求。为保证钢筋骨架具有一定的刚度，箍筋的最小直径应符合下列规定：

当梁高 $h \leqslant 250$ mm时，箍筋直径 $d \geqslant 4$ mm；当 250 mm < 梁高 $h \leqslant 800$ mm时，箍筋直径 $d \geqslant 6$ mm；当梁高 $h > 800$ mm时，箍筋直径 $d \geqslant 8$ mm。

当梁内配有计算需要的纵向受压钢筋时，箍筋直径尚不应小于 $\frac{d}{4}$（d 为受压钢筋中的最大直径），并应做成封闭式。为方便箍筋加工成型，最好不用直径大于10 mm的箍筋。

（三）箍筋的布置

在梁跨范围内，当按计算需要配置箍筋时，一般可在梁的全长均匀布置箍筋，也可在梁的两端剪力较大的部位加密布置。当按计算不需要配置箍筋时，对于截面高度 $h > 300$ mm的梁，仍应沿梁全长设置箍筋；对于截面高度 $h = 150 \sim 300$ mm的梁，可仅在构件端部各

1/4 跨度范围内设置箍筋。但当在构件中部 1/2 跨度范围内有集中荷载作用时，则应沿梁全长设置箍筋；对于截面高度 $h<150$ mm 的梁，可不设置箍筋。

(四) 箍筋的间距

箍筋的最大间距应符合表 9-1 的规定。当梁内配有计算需要的纵向受压钢筋时，箍筋间距不应大于 $15d$(绑扎骨架)或 $20d$(焊接骨架)，d 为纵筋最小直径，且在任何情况下均不应大于 400 mm；当一排内的纵向受压钢筋多于 5 根且直径大于 18 mm 时，箍筋间距不应大于 $10d$。在绑扎纵筋的搭接长度范围内，当钢筋受拉时，其箍筋间距不应大于 $5d$，且不大于 100 mm；当钢筋受压时，其箍筋间距不应大于 $10d$。在此，d 为搭接钢筋中的最小直径。

三、弯起钢筋的构造规定

在采用绑扎骨架的钢筋混凝土梁中，承受剪力的钢筋，宜优先采用箍筋。当需要设置弯起钢筋时，弯起钢筋的弯起角一般为 45°，当梁高 $h\geqslant700$ mm 时也可用 60°。当梁宽较大时，为使弯起钢筋在整个宽度范围内受力均匀，宜在同一截面弯起两根钢筋。

弯起钢筋在弯折终点以外应有直线段的锚固长度(见图 9-13)，《规范》规定：当直线段位于受拉区时，其长度不应小于 $20d$；当直线段位于受压区时，其长度不应小于 $10d$。对于光面钢筋，其末端应设置弯钩。位于梁底两侧的纵向钢筋不应弯起。

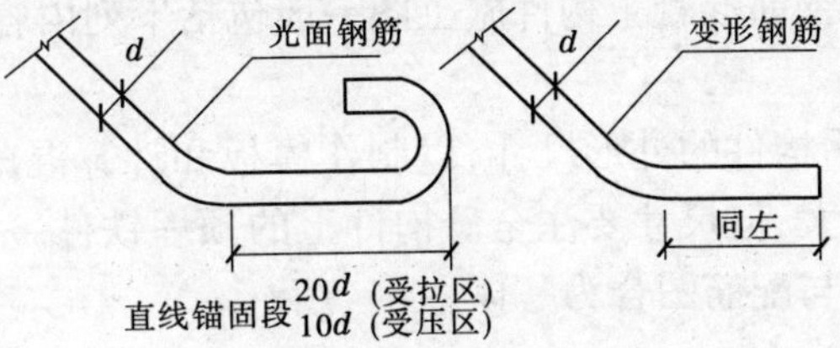

图 9-13 弯起钢筋的构造规定

当不能将纵筋弯起或弯起仍不能承担很大剪力(如很大的集中力处，梁支座处等)时，应将弯筋布置成吊筋形式，如图 9-14(a)所示。鸭筋或吊筋的两端均应锚固在受压区内，不允许采用仅在受拉区有不大的水平段的"浮筋"，如图 9-14(b)所示。

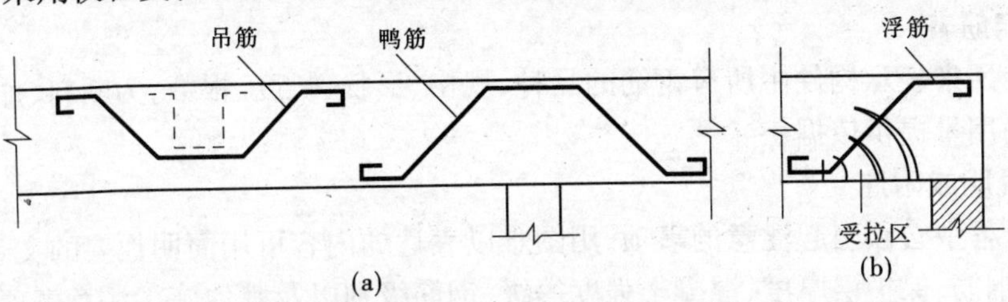

图 9-14 吊筋、鸭筋与浮筋

四、架立钢筋及纵向构造钢筋

(一) 架立钢筋的构造要求

梁内架立钢筋主要用来固定箍筋，从而与纵筋、箍筋形成骨架，并且架立钢筋还能抵抗温度和混凝土收缩变形引起的应力。梁内架立钢筋的直径主要与梁的跨度有关,当梁的跨度小于 4 m 时,d 不宜小于 8 mm。当梁的跨度为 4 ~ 6 m 时,d 不宜小于 10 mm。当梁的跨度大于 6 m 时,d 不宜小于 12 mm。

(二)腰筋及拉筋的设置

当梁的腹板高度超过 450 mm 时,在梁的两个侧面应沿高度配置直径不小于 10 mm 的纵向构造钢筋,称腰筋。其目的是控制在高度较大的构件中部,拉区弯曲斜裂缝将汇集成宽度较大的根状裂缝以及由于收缩和温度变化发生的竖向裂缝(见图 9-15)。每侧纵向构造钢筋(不包括梁上、下部受力钢筋及架立钢筋)的截面面积不应小于腹板截面面积 bh_w 的 0.1%,且其间距不宜大于 200 mm。两侧腰筋之间用拉筋联系起来,拉筋的直径可取与箍筋相同,拉筋的间距常取为箍筋间距的倍数,一般为 500 ~ 700 mm。

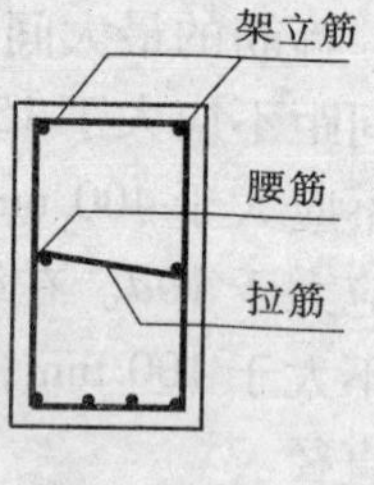

图 9-15 架立筋、腰筋及拉筋

第五节 钢筋混凝土构件施工图

一、施工图内容

为了满足施工要求,钢筋混凝土构件施工图一般包括下列内容。

(一)模板图

模板图主要在于注明构件的外形尺寸,以制作模板和计算混凝土方量用。模板图一般比较简单,比例不宜过大,但尺寸要注全。构件上的预埋铁件一般可表示在模板图上。对于简单构件,模板图可与配筋图合为一体。

(二)配筋图

配筋图表示钢筋骨架的形状及在模板中的位置,主要为绑扎骨架用。为避免混乱,凡规格、长度或形状不同的钢筋必须编以不同的编号,写在不同的圆圈内,并在编号引线旁注上这种钢筋的根数及直径,最好在每根钢筋的两端及中间都注上编号。配筋图一般有纵剖面配筋图和横剖面配筋图。

(三)钢筋表

钢筋表用来表示构件中所有钢筋的品种、规格、形状、长度、根数,为断料、加工成型以及计算钢筋用量提供依据。

(四)说明或附注

施工过程中必须引起注意的事项,用图难以表达的内容可用简明扼要的文字说明,如尺寸单位、钢筋、保护层厚度、混凝土强度等级、钢筋级别以及其他施工注意事项等。

二、钢筋长度计算

现以简支梁为例,说明钢筋长度的计算方法。

(一)直钢筋

图 9-16 中的①号钢筋为一直钢筋,其直段上所标注长度等于 l(构件长度) $-2c$(c 为混

凝土保护层厚度)，其长度再加上两端弯钩长即可得出钢筋全长。弯钩长度各工地不统一，以机械弯钩为例，一般每个弯钩长度为 $5d$，则①号钢筋的全长为(6 000 − 2 × 30) + 2 × 5 × 20 = 6 140(mm)。③号钢筋全长为 5 940 + 2 × 5 × 12 = 6 060(mm)。

(二)弯起钢筋

图 9-16 中钢筋②形如弓，俗称弓铁。所注尺寸中弯起部分的高度以钢筋外皮计算，即从梁高 550 mm 中减去上下混凝土保护层，550 − 60 = 490(mm)。由于弯起角度等于 45°，故弯起部分的底宽及斜边各为 490 mm 和 690 mm。弯起后的水平直段长度由抗剪计算为 480 mm。钢筋②的中间水平直段长可计算得出为 6 000 − 2 × 30 − 2 × 480 − 2 × 490 = 4 000(mm)，最后弓铁的全长为 4 000 + 2 × 690 + 2 × 480 + 2 × 5 × 20 = 6 540(mm)。

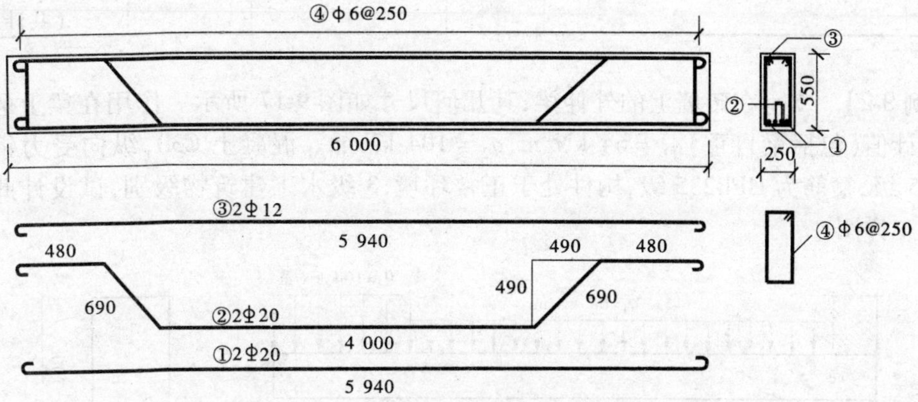

图 9-16 钢筋长度的计算

(三)箍筋

钢筋尺寸标注方法分为标注箍筋外边缘尺寸及标注钢筋内口尺寸两种。前者的优点在于与其他钢筋一致，即所标注尺寸均代表钢筋的外皮到外皮的尺寸的距离；标注内口尺寸的优点在于便于校核，箍筋内口尺寸即构件截面外形尺寸减去主筋混凝土保护层，箍筋内口的高度也既是弓铁的外皮高度。在标注箍筋尺寸时，最好注明所注尺寸是内口还是外缘。箍筋的弯钩大小与主筋的粗细有关，根据箍筋与主筋直径的不同，箍筋两个弯钩的增加长度见表 9-2。图中④号箍筋的长度为 2 × (490 + 190) + 100 = 1 460(mm)(内口)。

表 9-2 箍筋两个弯钩的增加长度 (单位:mm)

主筋直径(mm)	箍筋直径(mm)				
	5	6	8	10	12
10 ~ 25	80	100	120	140	180
28 ~ 32		120	140	160	210

此简支梁的钢筋明细情况见表 9-3。钢筋表内的钢筋长度并非钢筋的下料长度，由于钢筋弯折时要伸长一些，因此钢筋的下料长度(断料长度)应等于计算长度减去钢筋伸长值，钢筋的伸长值可查有关施工手册。对箍筋的内口尺寸，则计算长度即为断料长度。

表 9-3　钢筋表

编号	形状	直径（mm）	长度（mm）	根数	总长(m)	质量(kg)
①	5 940	20	6 140	2	12. 28	30. 28
②	480　690　4 000　690　480	20	6 540	2	13. 08	32. 25
③	5 940	12	6 060	2	12. 12	10. 76
④	190　490　内口	6	1 460	24	35. 04	7. 78
						81. 07（共计）

【例 9-2】　支承在砖墙上的外伸梁，其几何尺寸如图 9-17 所示。作用在梁上的均布荷载设计值（包括梁自重）$q_1 = 64$ kN/m，$q_2 = 104$ kN/m。混凝土 C30，纵向受力钢筋为 HRB335 级，箍筋为 HPB235 级，构件处于正常环境，3 级水工建筑物级别，试设计此梁并绘制施工详图。

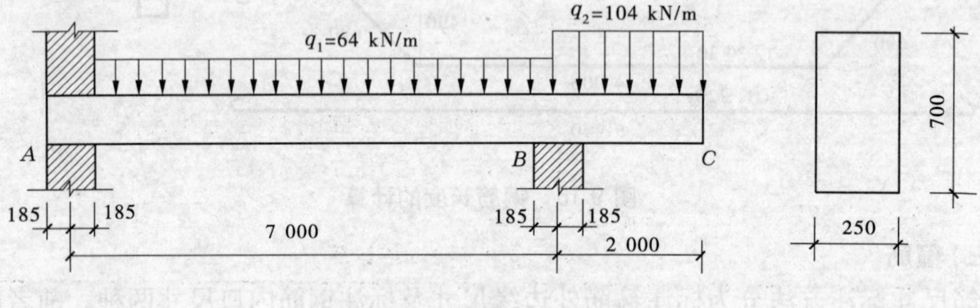

图 9-17　外伸梁　（单位：mm）

解：(1) 梁的截面尺寸，梁高 $h = (1/8 \sim 1/12) l_0 = 870 \sim 580$ mm，取 $h = 700$ mm。梁宽 $b = (1/2 \sim 1/3) h = 350 \sim 230$ mm，取 $b = 250$ mm。

(2) 计算跨度。AB 跨计算跨度 $l_{AB} = 1.05 l_n = 7.0$ m，BC 跨计算跨度 $l_{BC} = 2$ m，计算简图如图 9-18 所示。

(3) 内力计算。

①梁端反力，$R_B = \dfrac{\frac{1}{2} \times 64 \times 7^2 + 104 \times 2 \times (1 + 7)}{7} = 461.7(\text{kN})$

$$R_A = 64 \times 7 + 104 \times 2 - R_B = 194.3(\text{kN})$$

②支座反力，$V_{B右} = R_A - 64 \times 7 = 194.3 - 64 \times 7 = -253.7(\text{kN})$，

$$V_{B左} = 104 \times 2 = 208(\text{kN})$$

③弯矩，AB 跨中最大弯矩，根据剪力为零的条件，即

$$V = R_A - q_1 x = 194.3 - 64 \times x = 0$$

得 $x = 3.04$ m，则 $M_{\max} = 194.3 \times 3.04 - \dfrac{1}{2} \times 64 \times 3.04^2 = 294.9(\text{kN} \cdot \text{m})$。

悬臂端弯矩，$M_B = \frac{1}{2} \times 104 \times 2^2 = 208$（kN·m）。$M$、$V$ 如图 9-18 所示。

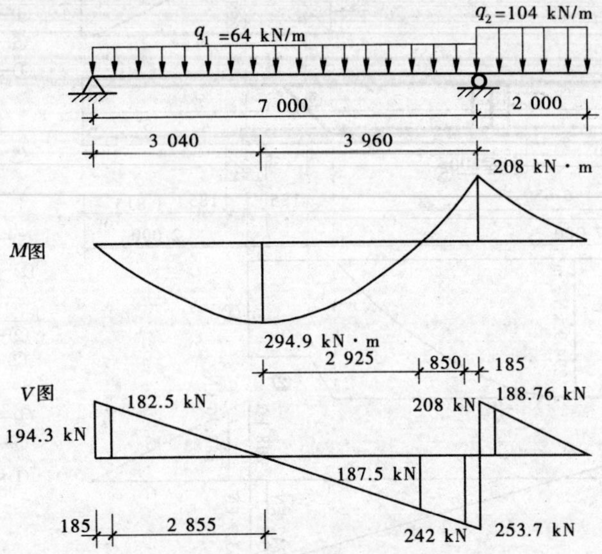

图 9-18　计算简图及内力图　（单位：mm）

（4）正截面承载力计算。

由于跨中弯矩较大，假设纵向钢筋按两排放置，截面的有效高度为

$$h_0 = 700 - 60 = 640(\text{mm})$$

计算结果及过程见表 9-4，配筋如图 9-19 所示。

表 9-4　纵向受拉钢筋计算

计算内容	计算截面	
	跨中截面	支座 B 截面
N(kN·m)	294.9	208
KM(kN·m)	353.9	249.6
$\alpha_s = \frac{KM}{f_c b h_0^2}$	0.24	0.17
$\xi = 1 - \sqrt{1-2\alpha_s}$	0.279	0.188
$A_s = \frac{f_c b h_0 \xi}{f_y}$(mm²)	2 127.84	1 433.8
选配钢筋	6 Φ 22	2 Φ 22 + 3 Φ 18
适配钢筋面积	2 281	1 523

（5）斜截面承载力计算。

①截面尺寸验算：

$$\frac{h_w}{b} = \frac{h_0}{b} = \frac{640}{250} = 2.56 < 4.0$$

$$0.25 f_c b h_0 = 0.25 \times 15 \times 250 \times 640 = 600(\text{kN}) > KV_{max} = KV_B = 290.4(\text{kN})$$

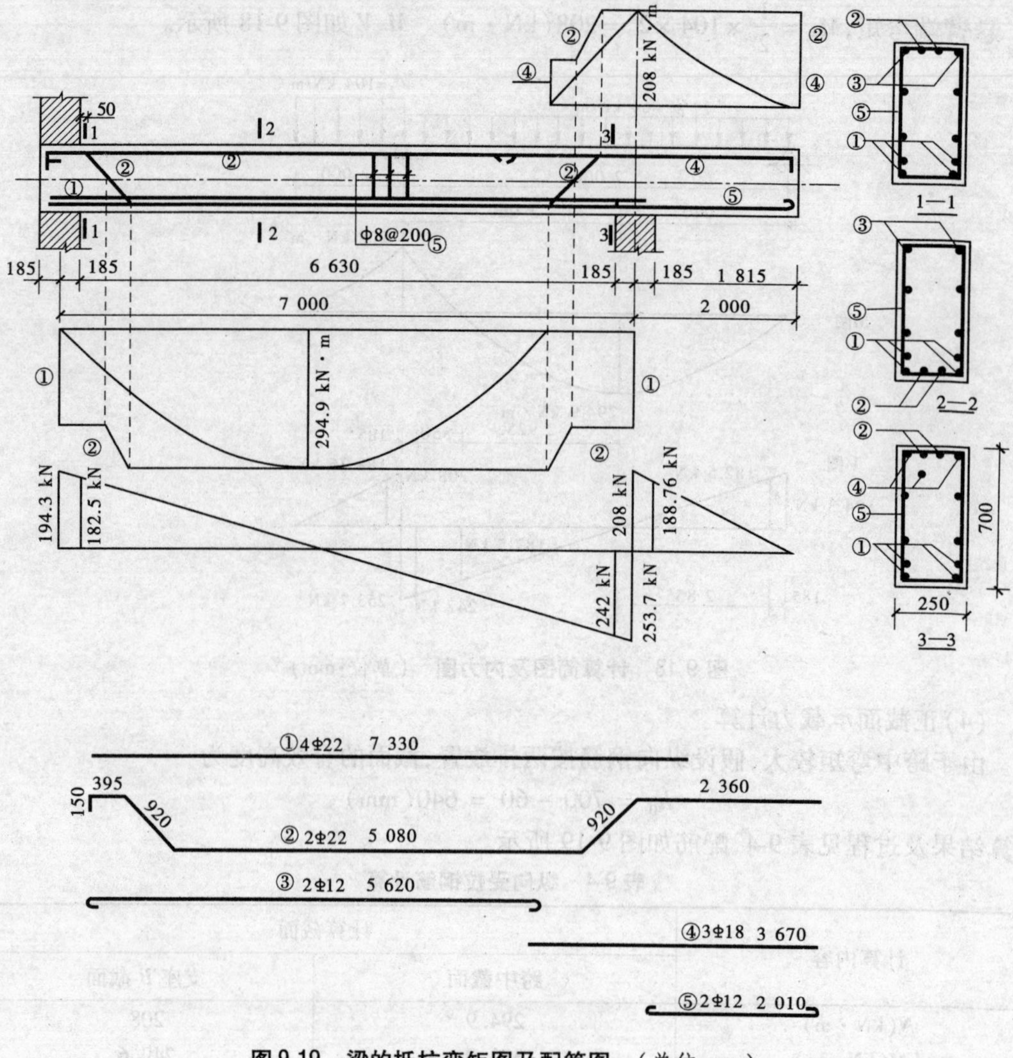

图 9-19　梁的抵抗弯矩图及配筋图　（单位：mm）

截面尺寸满足抗剪要求。

②验算是否按计算配置抗剪钢筋：

$$0.7f_tbh_0 = 0.7\times1.43\times250\times640 = 160.16(\text{kN}) < KV_{\max} = 290.4\ \text{kN}$$

应通过计算确定抗剪箍筋。

③受剪箍筋计算，按构造规定采用Φ8@200 的双肢箍筋，$A_{sv} = 100.6\ \text{mm}^2$，$s < s_{\max} = 250\ \text{mm}$。

$$\rho_{sv} = \frac{A_{sv}}{bs} = \frac{100.6}{250\times200} = 0.2\% > \rho_{\min} = 0.15\%$$，满足最小配筋率要求。

$$V_{cs} = 0.7f_tbh_0 + 1.25f_{yv}\frac{A_{sv}}{s}h_0 = 0.7\times1.43\times250\times640 + 1.25\times210\times\frac{100.6}{200}\times640$$

$$= 244.66\ (\text{kN})$$

④弯起钢筋的设置。

支座 A，按计算不需要弯起钢筋，为了斜截面的抗剪强度，可将跨中在支座附近不需要的纵筋弯起。

支座 $B_{左}$

$$KV_{B左} = 1.2 \times 242 = 290.4(\mathrm{kN}) > V_{cs} = 244.66\ \mathrm{kN}$$

需要设弯起钢筋

$$A_{sb1} = \frac{KV_{B左} - V_{cs}}{f_y \sin 45°} = \frac{(1.2 \times 242 - 244.66) \times 10^3}{300 \times 0.707} = 215.65(\mathrm{mm}^2)$$

需要弯起一根Φ22钢筋，考虑到受力均匀，弯起2Φ22的②号钢筋作为一排弯起钢筋，$A_{sb1} = 760\ \mathrm{mm}^2 > 215.65\ \mathrm{mm}^2$。弯起点距支座边缘200 mm < s_{max}，同时距支座中线为200 + 185 = 385(mm) > $\frac{h_0}{2}$。因此，弯起钢筋可承担支座负弯矩。②号弯起钢筋的下弯点离支座边缘的距离为200 + (700 − 2 × 25) = 850(mm)，由剪力图的比例关系得该处的剪力为

$$V_1 = \frac{242 \times 2.925}{3.775} = 187.5(\mathrm{kN}), KV_1 = 1.2 \times 187.5 = 225(\mathrm{kN}) < V_{cs} = 244.66\ \mathrm{kN}$$

按计算不需要弯起第二排钢筋。

支座 $B_{右}$，同样由比例关系可得支座右侧边缘的剪力：

$$V_2 = \frac{208 \times (2 - 0.185)}{2} = 188.76(\mathrm{kN}), KV_2 = 1.2 \times 188.76 = 226.5(\mathrm{kN}) < V_{cs} = 244.66\ \mathrm{kN}$$

不需要弯起。正截面的材料抵抗弯矩图、梁的配筋及钢筋明细尺寸如图9-19所示。

习　题

9-1　一钢筋混凝土矩形截面简支梁，3级建筑物级别，截面尺寸250 mm × 500 mm，混凝土强度等级为C20，箍筋HPB235级钢筋，支座处截面的剪力最大值为180 kN，求箍筋的数量。

9-2　已知一矩形截面简支梁，3级建筑物级别，两端支承在240 mm厚的砖墙上，梁净跨4.56 m，截面尺寸 $b \times h = 250\ \mathrm{mm} \times 500\ \mathrm{mm}$，$a_s = 35\ \mathrm{mm}$，梁承受均布荷载，其中永久荷载标准值 $g_k = 20\ \mathrm{kN/m}$，活荷载标准值 $q_k = 30\ \mathrm{kN/m}$，所用的混凝土强度等级为C25，箍筋采用HPB235级钢筋，采用只配箍筋方案，试为该梁配置箍筋。

9-3　某矩形截面简支梁，3级建筑物级别，处于一类环境，承受均布荷载设计值 q = 57 kN/m(包括自重)。截面尺寸250 mm × 550 mm，梁净跨度5.3 m，计算跨度5.5 m。混凝土强度等级为C20，纵向钢筋采用HRB335级钢筋，箍筋采用HPB235级钢筋。根据正截面受弯承载力计算已配有6Φ22的纵向受拉钢筋，按两排布置。分别按下列两种情况计算配筋：(1)由混凝土和箍筋抗剪；(2)由混凝土、箍筋和弯起钢筋共同抗剪。

9-4　矩形截面简支梁，3级建筑物级别，处于一类环境，截面尺寸 $b \times h = 250\ \mathrm{mm} \times 550\ \mathrm{mm}$，净跨5.2 m，承受的荷载设计值 $q = 58\ \mathrm{kN/m}$(包括自重)，混凝土强度等级为C20，经正截面承载力计算已配有4Φ22的HRB335级的纵向受拉钢筋，箍筋采用HPB235级钢筋，试按下列两种方式配置腹筋：(1)只配置箍筋；(2)按构造要求配置

φ6@150，计算弯起钢筋的数量。

9-5　承受均布荷载设计值 q 作用下的矩形截面简支梁，3 级建筑物级别，处于一类环境，截面尺寸 $b \times h = 200\ \text{mm} \times 550\ \text{mm}$。混凝土强度等级为 C20，箍筋采用 HPB235 级钢筋。梁净跨度 4.5 m，梁中已配有双肢φ8@200 箍筋，试求该梁在正常使用期间按斜截面承载力要求所能承担的荷载设计值 q。

9-6　一矩形截面简支梁，3 级建筑物级别，$b \times h = 200\ \text{mm} \times 400\ \text{mm}$，$a_s = 35\ \text{mm}$，混凝土强度等级为 C25，箍筋采用 HPB235 级钢筋，已配有双肢箍φ6@100，求梁所能承受的最大剪力设计值 V。

9-7　一两端支承在砖墙上的矩形截面简支梁，3 级建筑物级别，梁的净跨为 6 m，计算跨度 6.24 m，受均布荷载设计值 $g + q = 45\ \text{kN/m}$（含自重）。要求设计该梁（应考虑梁正、斜截面承载力要求），并画出梁配筋图。

第十章　钢筋混凝土受压构件承载力

在水利工程中，常见的钢筋混凝土受压构件有水闸工作桥支柱、渡槽的支承排架、桥墩、水电站厂房的立柱、桁架结构的上弦杆以及拱式渡槽的支承拱圈等。

按照轴向力作用位置的不同，受压构件可分为轴心受压构件和偏心受压构件两种类型。当轴向压力 N 通过截面的重心时为轴心受压构件，轴向压力 N 偏离构件截面重心或构件同时承受轴心压力 N 和弯矩 M 作用时，则为偏心受压构件。

对于钢筋混凝土细长压杆也要考虑"稳定问题"。对于轴心受压杆，考虑钢筋混凝土轴心受压构件稳定系数 φ；对偏心受压杆，采用偏心距增大系数 η 来考虑侧向挠曲导致构件承载能力降低的不利影响。

第一节　轴心受压构件的承载力

一、破坏试验及现象

对钢筋混凝土轴心受压短柱构件进行破坏试验，当轴向荷载达到柱子破坏荷载的 90% 时，柱子开始出现与荷载方向平行的纵向裂缝（见图 10-1(a)），混凝土保护层剥落，最后箍筋间的纵向钢筋向外弯凸，混凝土被压碎而破坏（见图 10-1(b)）。这时，混凝土的应力达到轴心抗压强度 f_c，钢筋应力也达到受压时的屈服强度 f'_y。

当用截面尺寸、混凝土强度等级和配筋相同的长柱构件进行破坏试验时，就会发现长柱承受的破坏荷载小于短柱，而且柱子越细长越小。破坏时凹侧混凝土被压碎，箍筋间的纵向钢筋受压向外弯曲，凸侧则由受压突然变为受拉，出现受拉裂缝（见图 10-2）。这是纵向失稳造成的，因此在设计中必须考虑纵向失稳对柱子承载力的影响。用稳定系数 φ 表示轴心受压长柱承载力降低的程度。

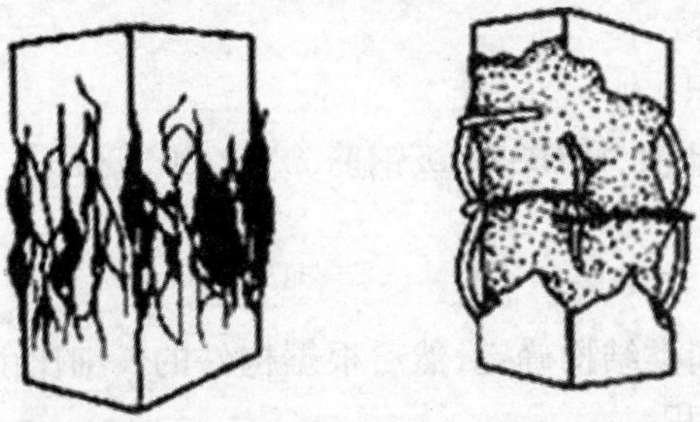

(a)　　(b)

图 10-1　轴心受压短柱破坏图

图 10-2　轴心受拉短柱破坏图

当 $l_0/b \leq 8$ 时，可不考虑纵向弯曲，称为短柱，$\varphi = 1$；而当 $l_0/b > 8$ 时为长柱，φ 值可查表 10-1。因柱子越细长承载力降低的程度会越多，一般限制 $l_0/b \leq 30$ 及 $l_0/h \leq 25$（b 为矩

形截面的短边尺寸，h 为长边尺寸)。

表 10-1　钢筋混凝土轴心受压构件的稳定系数 φ

l_0/b	≤8	10	12	14	16	18	20	22	24	26	28
l_0/i	≤28	35	42	48	55	62	69	76	83	90	97
φ	1.0	0.98	0.95	0.92	0.87	0.81	0.75	0.70	0.65	0.60	0.56
l_0/b	30	32	34	36	38	40	42	44	46	48	50
l_0/i	104	111	118	125	132	139	146	153	160	167	174
φ	0.52	0.48	0.44	0.40	0.36	0.32	0.29	0.26	0.23	0.21	0.19

注：1. 表中 l_0 为构件的计算长度，对两端固定的直杆为 $0.5l$；一端固定，一端为不移动的铰的直杆为 $0.7l$；两端均为不移动的铰的直杆为 $1.0l$；一端固定，一端自由的直杆为 $2.0l$。l 为构件支点间的长度。

2. b 为矩形截面的短边尺寸；i 为截面最小回转半径，$i=\sqrt{I/A}$。

二、普通箍筋柱的计算

（一）基本公式

根据钢筋混凝土轴心受压柱破坏现象，破坏时混凝土的应力达到轴心抗压强度 f_c，钢筋应力也达到受压时的屈服强度 f_y'。轴心受压柱正截面受压承载力计算应力图如图 10-3所示。根据此应力图，可得普通箍筋受压柱正截面承载力公式：

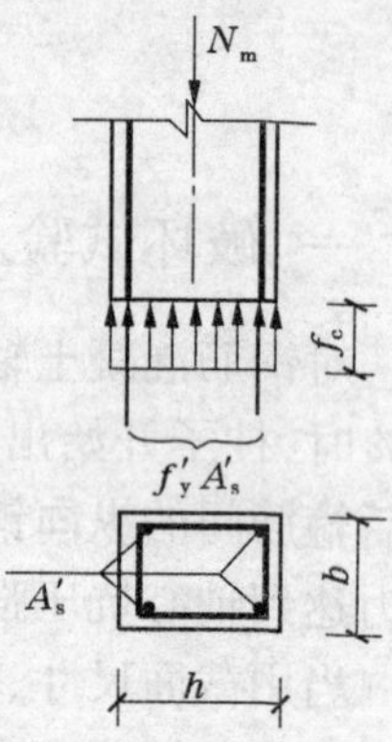

图 10-3　轴心受压柱受压承载力计算应力图

$$KN \leqslant N_u = \varphi(f_cA + f_y'A_s') \tag{10-1}$$

式中　K——承载力安全系数，基本组合下水工建筑物级别是 1 级时取 1.35，2、3 级时取 1.2，4、5 级时取 1.15；

N——轴向力设计值；

φ——钢筋混凝土轴心受压构件稳定系数，见表 10-1；

A——构件截面面积(当配筋率 $\rho'>3\%$ 时，式中 A 应改用净截面面积 A_n，$A_n=A-A_s'$)；

f_c——混凝土的轴心抗压强度设计值，C20 混凝土 $f_c=9.6$，C25 混凝土 $f_c=11.9$；

A_s'——全部纵向钢筋的截面面积；

f_y'——纵向钢筋的抗压强度设计值，HRB335 级钢筋 $f_y'=300\ \text{N/mm}^2$，HRB400 级钢筋 $f_y'=360\ \text{N/mm}^2$。

（二）截面设计

柱截面尺寸可由构造要求或参照同类结构确定，然后根据构件的长细比由表 10-1 查出 φ 值，再按式(10-1)计算钢筋截面面积：

$$A_s' = \frac{KN - \varphi f_cA}{\varphi f_y'} \tag{10-2}$$

钢筋面积 A_s' 得到后，可验算配筋率 $\rho'(\rho'=A_s'/A)$ 是否合适。如果 ρ' 过小或过大，说明截面尺寸选择不当，可重新选择。轴心受压柱全部纵向钢筋的配筋率，当采用

HPB235、HRB335 级钢筋时，不得小于0.6%；当采用 HRB400、RRB400 钢筋时，不得小于0.55%；常用配筋率为0.8%～2%。当荷载较大及截面尺寸受限制时，配筋率可适当提高，但全部纵向钢筋配筋率不宜超过5%。

（三）承载力复核

承载力复核时，构件的计算长度、截面尺寸、材料强度、纵向钢筋用量均为已知，故只需将有关数据代入式(10-1)，即可求出构件所能承担的轴向力设计值。

【例 10-1】 正方形截面轴心受压柱，4 级水工建筑物，柱高 7.2 m，两端为不动铰支座，承受的轴心压力设计值 $N=1\ 960$ kN，采用 C25 混凝土，$f_c=11.9\ \text{N/mm}^2$，HRB335 级钢筋，$f_y'=300\ \text{N/mm}^2$。试设计该柱。

解：(1)初拟截面尺寸。

柱的截面尺寸一般根据构造要求或参考同类结构预先确定，也可计算确定。一般假设 $\rho'=1\%$，$\varphi=1$，代入公式(10-1)即可求出 A。

$$A=\frac{KN}{f_c+1\%f'_y}=\frac{1.2\times1\ 960\times10^3}{11.9+1\%\times300}=157\ 852(\text{mm}^2)$$

取 $b\times h=400\ \text{mm}\times400\ \text{mm}$。

(2)求 φ。柱两端为不移动铰接，$l_0=l=7.2$ m。

$l_0/b=7\ 200/400=18$

查表 10-1 得 $\varphi=0.81$。

(3)求 A'_s：

$$A'_s=\frac{KN-\varphi f_cA}{\varphi f_y'}=\frac{1.2\times1\ 960\times10^3-0.81\times11.9\times400^2}{0.81\times310}=3\ 332\ (\text{mm}^2)$$

$$\rho'=A'_s/A=3\ 332/400^2=2.1\%$$

选用4 Φ22 +4 Φ25（$A'_s=3\ 484\ \text{mm}^2$）。箍筋选用Φ6@200，双肢封闭式。

第二节　偏心受压构件的承载力

一、破坏试验及现象

对钢筋混凝土偏心距较大的短柱构件进行破坏试验，当距纵向力较远的一侧钢筋配置不是太多时，截面一侧受压，另一侧受拉。随着荷载的增加，首先在受拉区产生横向裂缝；荷载不断增加，裂缝将不断开展，混凝土压区也不断减小。破坏时，受拉钢筋先达到屈服强度，随着钢筋的塑性伸长，混凝土压区迅速减小而被压碎，受压钢筋也达到屈服强度，这种破坏称为大偏心受压破坏，其破坏过程类似于受弯构件的适筋破坏，属于塑性破坏。图 10-4(a)为大偏心受压构件破坏时的截面应力图形。

对钢筋混凝土偏心距较小的短柱或距纵向力较远一侧配置较多钢筋时的短柱构件进行破坏试验，构件截面将全部或大部分受压，这类构件称为小偏心受压构件。图 10-4(b)、(c)为小偏心受压构件破坏时的截面应力图形。破坏时混凝土压碎，受压较大一侧的纵向钢筋 A'_s 达到了抗压屈服强度；而远离压力侧钢筋 A_s 可能受拉，也可能受

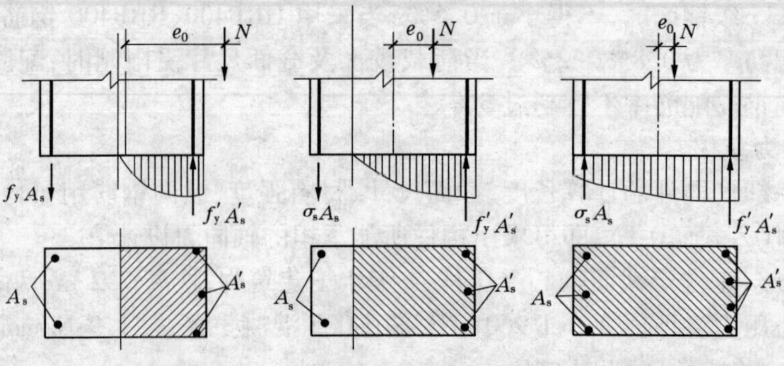

(a)大偏心受压构件　　(b)小偏心受压构件　　(c)小偏心受压构件

图 10-4　偏心受压构件破坏时的应力图形

压，但一般都不会屈服。

二、大、小偏心受压的界限及判别

大偏心受压构件破坏的主要特征是破坏时受拉纵筋 A_s 首先屈服，然后受压区混凝土被压碎；而小偏心受压构件破坏的主要特征是受压较大一侧混凝土首先被压碎。由此可得界限破坏的特征：当距偏心力较远一侧钢筋 A_s 受拉屈服的同时，距偏心力较近一侧受压区混凝土也恰好达到极限压应变而被压碎，这和受弯构件中适筋梁与超筋梁的界限破坏特征完全相同。所以，仍然可以采用界限受压区相对高度 ξ_b 来判断截面属于大偏心受压还是小偏心受压，界限受压区相对高度 ξ_b 的取值与受弯构件完全相同。当 $\xi \leqslant \xi_b$ 时，截面属于大偏心受压；当 $\xi > \xi_b$ 时，截面属于小偏心受压。也可根据偏心距大小进行判别。当 $\eta e_0 > 0.3h_0$ 时，可按大偏心受压设计；当 $\eta e_0 \leqslant 0.3h_0$，则按小偏心受压设计，$\eta$ 为偏心距增大系数。

三、偏心距增大系数

钢筋混凝土偏心受压长柱构件在荷载作用下，将产生纵向弯曲变形。由于弯曲变形引起的附加偏心将使构件的侧向挠度进一步增大，以致轴向力对长柱跨中截面重心的实际偏心距不再是初始偏心距 e_0。《规范》采用偏心距增大系数 η 来考虑侧向挠曲导致构件承载能力降低的不利影响。公式如下：

$$\eta = 1 + \frac{1}{1\,400\dfrac{e_0}{h_0}}\left(\frac{l_0}{h}\right)^2 \zeta_1\zeta_2 \tag{10-3}$$

$$\zeta_1 = \frac{0.5f_cA}{KN} \tag{10-4}$$

$$\zeta_2 = 1.15 - 0.01l_0/h \tag{10-5}$$

式中　e_0——轴向力对截面重心的初始偏心距，$e_0 = M/N$，当 $e_0 < h/30$ 时，取 $e_0 = h/30$；

ζ_1——截面应变对截面曲率影响系数，当 $\zeta_1 > 1$ 时，取 $\zeta_1 = 1$，对于大偏心受压构件，直接取 $\zeta_1 = 1$；

ζ_2——构件长细比对截面曲率影响系数,当 $l_0/h < 15$ 时,取 $\zeta_2=1$;

l_0——构件的计算长度,当 l_0/h(或 l_0/d)$\leqslant 8$ 时,$\eta=1$。

四、矩形截面偏心受压构件正截面承载力计算公式

根据大、小偏心受压构件破坏时的截面压力图形(见图 10-4),并取受压区混凝土压应力图形为简化后的等效矩形应力图形,可得出如图 10-5 所示的偏心受压构件的承载力计算简图。

根据静力平衡条件,可建立如下基本计算公式:

$$KN \leqslant N_u = f_c bx + f_y' A_s' - \sigma_s A_s \tag{10-6}$$

$$KNe \leqslant N_u e = f_c bx\left(h_0 - \frac{x}{2}\right) + f_y' A_s'(h_0 - a_s') \tag{10-7}$$

式中 N——轴向压力设计值;

e——轴向压力合力作用点至钢筋 A_s 合力点的距离,$e=\eta e_0+\dfrac{h}{2}-a_s$;

σ_s——远离压力侧钢筋 A_s 的应力,大偏心受压时,取 $\sigma_s=f_y$,小偏心受压时,《规范》采用如下公式:

$$\sigma_s = \frac{\xi - 0.8}{\xi_b - 0.8} f_y \tag{10-8}$$

此时,钢筋应力应符合 $-f_y' \leqslant \sigma_s \leqslant f_y$ 的条件。

利用上述公式进行偏心受压构件的正截面承载力计算时,距偏心力较远一侧钢筋应力难以确定,且公式中包含了 A_s、A_s'、x、和 σ_s 四个待定参数,而方程只有三个,需要补充一个方程。

对于大偏心受压构件,参照受弯构件,为了充分利用混凝土受压,取 $\xi=\xi_b$;对于小偏心受压构件,远离压力侧钢筋 A_s 无论受压还是受拉均达不到屈服,计算时可取 $A_s=\rho_{min} bh_0$。

实际大偏心受压构件配筋设计还要考虑公式适用条件、A_s' 是否已知等,小偏心受压构件配筋设计还要考虑垂直于弯矩作用平面的受压承载力等验算,计算烦琐。工程设计中常采用对称配筋来进行偏心受压构件配筋设计。

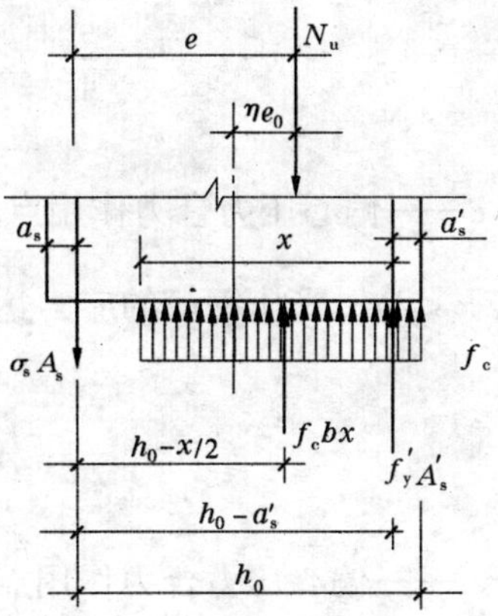

图 10-5 偏心受压构件的承载力计算简图

五、矩形截面对称配筋偏心受压构件配筋设计

在受压构件两侧布置的钢筋满足 $A_s=A_s'$、$f_y=f_y'$,称为对称配筋。水利工程中的工作桥中墩支柱、厂房立柱等偏心受压构件,其控制截面在不同的荷载组合下常承受大小相近的变号弯矩。在正弯矩时受压的钢筋,在负弯矩时将变成受拉钢筋,为便于设计和施工,常采用对称配筋。另装配式构件为了保证吊装不出差错,也常在构件的两侧配置相等的

钢筋。

截面设计时，一般先确定截面尺寸和所用材料等级；计算构件的计算长度，并按力学方法确定纵向力设计值 N 及弯矩设计值 M，在此基础上通过计算确定所需钢筋 A_s 及 A'_s 的数量。具体设计步骤如下。

（一）偏心距及偏心距增大系数计算

（1）计算偏心距：

$$e_0 = \frac{M}{N} \tag{10-9}$$

（2）根据 l_0/h 及 e_0/h_0，由公式（10-3）确定偏心距增大系数 η。

（二）判别偏心受压构件类型

先假定为大偏心受压，由公式（10-6）并考虑对称配筋 $A_s = A'_s$，$\sigma_s = f_y = f_y'$ 可得

$$x = \xi h_0 = \frac{KN}{f_c b} \tag{10-10}$$

若 $x \leqslant \xi_b h_0$，则假定正确，按大偏心受压进行配筋计算；

若 $x > \xi_b h_0$，则按小偏心受压进行配筋计算。

（三）大偏心受压时的配筋计算

若 $2a'_s \leqslant x \leqslant \xi_b h_0$，则按大偏心受压构件承载力计算。

由公式（10-7）确定纵筋数量，并取 $A_s = A'_s$。

$$A_s = A'_s = \frac{KNe - f_c bx\left(h_0 - \frac{x}{2}\right)}{f_y'(h_0 - a'_s)} \tag{10-11}$$

式中　e——偏心压力合力作用点至 A_s 合力点的距离，$e = \eta e_0 + \frac{h}{2} - a_s$。

若 $x < 2a'_s$，受压钢筋的应力达不到 f_y'，参照受弯构件，可按式（10-12）计算钢筋截面面积：

$$A_s = A'_s = \frac{KNe'}{f_y(h_0 - a'_s)} \tag{10-12}$$

式中　e'——偏心压力合力作用点至 A'_s 合力点的距离，$e' = \eta e_0 - \frac{h}{2} + a'_s$。

纵筋的选配应根据计算需要和构造要求综合考虑。偏心受压柱的受压钢筋或受拉钢筋配筋率，采用 HPB235 级钢筋时，不得小于 0. 25%；采用 HRB335 级、HRB400 级、RRB400 级钢筋时，不得小于 0. 2%；全部纵向钢筋配筋率不宜超过 5%。常用配筋率为 0. 5% ~2%；经济配筋率为 0. 8% ~1. 2%；纵筋的根数与直径一般不少于 4 Φ 12。

（四）小偏心受压时的配筋计算

若 $x > \xi_b h_0$，则按小偏心受压构件承载力计算。

由于由公式（10-10）计算的 ξ 是先假定为大偏心受压时得到的，故需要重新计算受压区相对高度 ξ。又由于小偏心受压计算 ξ 复杂，规范给出了由受压承载力计算基本公式推导出的近似计算公式：

$$\xi = \frac{KN - \xi_b f_c b h_0}{\dfrac{KNe - 0.45 f_c b h_0^2}{(0.8 - \xi_b)(h_0 - a'_s)} + f_c b h_0} + \xi_b \tag{10-13}$$

由式(10-7)可得

$$A_s = A'_s = \frac{KNe - \xi(1 - 0.5\xi) f_c b h_0^2}{f'_y (h_0 - a'_s)} \tag{10-14}$$

纵筋的选配方法及构造要求均同大偏心受压构件。

(五)弯矩作用平面外受压承载力校核

当构件截面尺寸在两个方向不同时，则在保证弯矩作用平面的承载力后，尚需校核垂直于弯矩作用平面的承载力。因为在轴向力较大而偏心距较小的情况下，有可能垂直于弯矩作用平面的承载力对构件起控制作用，此时应按轴心受压构件进行垂直于弯矩作用平面的承载力计算。

【例 10-2】 矩形截面偏心受压柱，4 级水工建筑物，$K = 1.2$，截面尺寸 $b \times h = 400$ mm $\times 500$ mm，计算长度为$l_0 = 4$ m，采用 C30 混凝土强度等级，$f_c = 14.3$ N/mm²，HRB335 级钢筋，$f_y = f_y' = 300$ N/mm²，$a_s = a'_s = 40$ mm，承受内力设计值 $N = 1\ 000$ kN，$M = 300$ kN · m。试按对称配筋配置该柱钢筋。

解：(1)计算参数及偏心距增大系数 η。

$$h_0 = h - a_s = 500 - 40 = 460(\text{mm})$$

$$e_0 = \frac{M}{N} = \frac{300 \times 10^6}{1\ 000 \times 10^3} = 300(\text{mm})$$

$\dfrac{l_0}{h} = \dfrac{4\ 000}{500} = 8$，不考虑纵向弯曲的影响，故取 $\eta = 1$。

(2)判别大小偏压。先假定为大偏压，由式(10-10)得

$$x = \frac{KN}{f_c b} = \frac{1.2 \times 1\ 000 \times 10^3}{14.3 \times 400} = 210(\text{mm}) < \xi_b h_0 = 250.24\ \text{mm}$$

假定正确，按大偏心受压构件计算。

(3)配筋计算：

$$x = 210\ \text{mm} > 2a'_s = 2 \times 40 = 80(\text{mm})$$

$$e = \eta e_0 + \frac{h}{2} - a_s = 1 \times 300 + \frac{500}{2} - 40 = 510(\text{mm})$$

$$A_s = A'_s = \frac{KNe - f_c b x (h_0 - \dfrac{x}{2})}{f'_y (h_0 - a'_s)}$$

$$= \frac{1.2 \times 1\ 000 \times 10^3 \times 510 - 14.3 \times 400 \times 210 \times (460 - \dfrac{210}{2})}{300 \times (460 - 40)}$$

$$= 1\ 472.8(\text{mm}^2)$$

(4)选用钢筋：选用 4 Φ 22($A_s = A'_s = 1\ 520$ mm²)。

【例 10-3】 矩形截面偏心受压柱，4 级水工建筑物，$K = 1.2$，截面尺寸 $b \times h = 400$

mm×500 mm，计算长度为$l_0=7.5$ m，采用 C25 混凝土强度等级，$f_c=11.9\ N/mm^2$，HRB335 级钢筋，$f_y=f_y'=300\ N/mm^2$，承受内力设计值 $N=1\ 167$ kN，$M=220$ kN · m，对称配筋，$a_s=a'_s=40$ mm，试配置该柱钢筋。

解：(1)计算偏心距 e_0 及偏心距增大系数 η。

$$e_0=\frac{M}{N}=\frac{220\times10^6}{1\ 167\times10^3}=188.52(\text{mm})$$

$\frac{l_0}{h}=\frac{7\ 500}{500}=15>8$，考虑纵向弯曲的影响。

$$h_0=h-a_s=500-40=460(\text{mm}),l_0/h=15,e_0/h_0=188.52/460=0.41$$

$$\xi_2=1.15-0.01l_0/h=1.15-0.01\times15=1$$

$$\xi_1=\frac{0.5f_cA}{KN}=\frac{0.5\times11.9\times400\times500}{1.2\times1\ 167\times1\ 000}=0.85$$

$$\eta=1+\frac{1}{1\ 400\frac{e_0}{h_0}}\left(\frac{l_0}{h}\right)^2\xi_1\xi_2=1+\frac{1}{1\ 400\times0.41}\times15^2\times0.85=1.333$$

(2)判别大小偏压。受压区高度：

$$x=\frac{KN}{f_cb}=\frac{1.2\times1\ 167\times10^3}{11.9\times400}=294.2(\text{mm})>\xi_bh_0=0.55\times460=253(\text{mm})$$

其中 $\xi_b=\frac{0.8}{1+\frac{f_y}{0.003\ 3\times E_s}}=\frac{0.8}{1+\frac{300}{0.003\ 3\times2\times10^5}}=0.55$，所以按小偏心受压构件计算。

(3)计算 ξ 值。按小偏心受压重新计算 ξ 值：

$$e=\eta e_0+\frac{h}{2}-a_s=1.333\times188.52+\frac{500}{2}-40=461.3(\text{mm})$$

$$\xi=\frac{KN-\xi_bf_cbh_0}{\frac{KNe-0.45f_cbh_0^2}{(0.8-\xi_b)(h_0-a'_s)}+f_cbh_0}+\xi_b$$

$$=\frac{1.2\times1\ 167\times10^3-0.55\times11.9\times400\times460}{\frac{1.2\times1\ 167\times10^3\times461.3-0.45\times11.9\times400\times460^2}{(0.8-0.55)\times(460-40)}+11.9\times400\times460}+0.55$$

$$=0.6$$

(4)计算钢筋截面面积：

$$A_s=A'_s=\frac{KNe-\xi(1-0.5\xi)f_cbh_0^2}{f'_y(h_0-a'_s)}$$

$$=\frac{1.2\times1\ 167\times10^3\times461.3-0.6\times(1-0.5\times0.6)\times11.9\times400\times460^2}{300\times(460-40)}$$

$$=1\ 770(\text{mm}^2)$$

$$>\rho bh_0=0.2\%\times400\times460=368(\text{mm}^2)$$

选用 2 Φ 25 + 2 Φ 22($A_s = A'_s = 982 + 760 = 1\ 742(\text{mm}^2)$)。

第三节　受压构件的构造要求

一、材料等级

受压构件宜采用强度等级较高的混凝土,如 C20、C25、C30 等。当截面尺寸不是由强度条件确定时(如闸墩、桥墩),也可采用 C15 混凝土。钢筋一般采用 HRB335 级。对于受压钢筋来说,不宜采用高强钢筋,这是因为钢筋的抗压强度受到混凝土极限压应变限制,不能充分发挥其高强作用。

二、截面形式及尺寸

钢筋混凝土受压构件截面形式的选择要考虑到受力合理和模板制作方便。轴心受压构件的截面形式一般为正方形或边长接近的矩形。建筑上有特殊要求时,可选择圆形或多边形。偏心受压构件常采用矩形截面,截面长边应布置在弯矩作用方向,长短边尺寸比一般为 1.5 ~ 2.5。承受较大荷载的装配式受压构件也常采用工字形截面。为避免房间内柱子突出墙面而影响美观与使用,常采用 T 形、L 形 、十字形等异形截面柱。

受压构件截面尺寸与长度相比不宜太小,水工建筑中现浇立柱其边长不宜小于 300 mm,否则施工缺陷所引起的影响就较为严重。如截面的长边或直径小于 300 mm,则在计算时,混凝土强度设计值应乘以 0.8,在水平位置浇筑的装配式柱则不受此限制。

为施工方便,截面尺寸应符合模数要求。边长在 800 mm 以下时以 50 mm 为模数,800 mm 以上者以 100 mm 为模数。

三、纵向钢筋

轴心受压柱的纵向受力钢筋应沿周边均匀布置;偏心受压柱的纵向受力钢筋则沿垂直于弯矩作用平面的两个边布置。受压构件的纵向钢筋,其数量不能过少,当构件截面尺寸由强度条件确定时,轴心受压柱全部纵向钢筋的配筋率当采用 HPB235、HRB335 级钢筋时,不得小于 0.6%,当采用 HRB400、RRB400 时,不得小于 0.55%;偏心受压柱的受压钢筋或受拉钢筋配筋率当采用 HPB235 级钢筋时,不得小于 0.25%,当采用 HRB335、HRB400、RRB400 级钢筋时,不得小于 0.2%;纵向钢筋也不宜过多,常用配筋率为 0.8% ~2%。若荷载较大或截面尺寸受限制,配筋率可适当提高,但全部纵向钢筋配筋率不宜超过 5%。

纵向钢筋直径 d 不宜小于 12 mm,过小则钢筋骨架柔性大,施工不便。纵向钢筋直径通常为 12 ~ 32 mm。同时,截面中的纵筋不少于 4 根,每边不少于 2 根。纵向钢筋间净距不应小于 50 mm,其中距也不应大于 350 mm;混凝土保护层厚度的要求同受弯构件,由环境条件确定,一般不小于 25 mm。

当偏心受压柱的截面高度 $h > 600$ mm 时,在侧面还应设置直径 10 ~ 16 mm 的纵向构造钢筋,其间距不大于 500 mm,并相应地设置附加箍筋或连系拉筋。

四、箍筋

为了防止纵向钢筋受压时向外弯凸和防止混凝土保护层横向胀裂剥落，柱中箍筋应做成封闭式，与纵筋绑轧或焊接形成整体骨架。

箍筋采用热轧钢筋时，其直径不小于 $d/4$（d 为纵向钢筋的最大直径），且不应小于 6 mm；当柱中全部纵向钢筋配筋率超过 3% 时，箍筋直径不宜小于 8 mm，且应焊成封闭环式，此时箍筋间距不应大于 $10d$（d 为纵向钢筋的最小直径），且不应大于 200 mm。

箍筋的间距 s 不应大于构件截面的短边尺寸，且不应大于 400 mm；同时在绑扎骨架中不宜大于 $15d$，在焊接骨架中不宜大于 $20d$（d 为纵向钢筋的最小直径）。当纵向钢筋采用绑扎接头时，搭接长度范围内的箍筋应加密，间距 s 不应大于 $10d$（d 为纵向筋的最小直径），且不大于 200 mm。

当柱每边的纵向受力钢筋多于 3 根，或当截面短边尺寸不大于 400 mm 但纵向钢筋多于 4 根时，应设置附加箍筋，以防止中间纵向钢筋的曲凸。其布置的原则是尽可能使每根纵筋均处于箍筋的转角处。矩形截面柱的箍筋形式如图 10-6 所示。

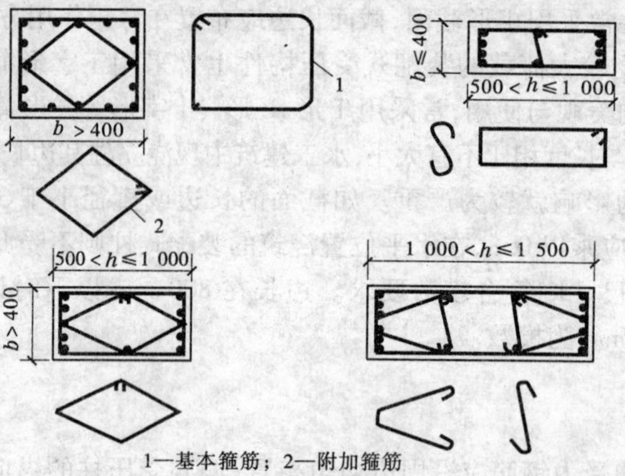

图 10-6　矩形截面柱的基本箍筋和附加箍筋

第四节　偏心受压构件的斜截面受剪承载力

实际结构中的偏心受力构件，在自然地承受轴力与弯矩共同作用的同时，往往还会受到较大的剪力作用。为了防止构件发生斜截面受剪破坏，对于钢筋混凝土偏心受力构件，既要进行正截面的受压承载力计算，也要进行斜截面的受剪承载力计算。

一、轴向压力的作用

通过试验发现，轴向力对偏心受力构件的斜截面承载力会产生一定的影响。轴向压力能够阻滞构件斜裂缝的出现和发展，使混凝土的剪压区高度增大，提高了混凝土承担剪力的能力，从而构件的受剪承载力会有所提高。试验研究表明，当 $N<0.3f_cbh$ 时，轴向压力 N 所引起的构件受剪承载力的增量 ΔV_N 会随 N 的增大而几乎成比例地增大；当 $N>0.3f_cbh$ 时，

ΔV_N 将不再随 N 的增大而增大。

二、计算公式

通过试验分析,《规范》对偏心受压构件承载力计算作了如下规定:

(1)为了防止斜压破坏,其截面应符合下式要求:

$$KV \leqslant 0.25 f_c b h_0 \tag{10-15}$$

(2)截面受剪承载力计算公式为

$$KV \leqslant 0.7 f_t b h_0 + 1.25 f_{yv} \frac{A_{sv}}{s} h_0 + 0.07N \tag{10-16}$$

式中 V——构件控制截面的剪力设计值;

N——与 V 相应的轴向压力设计值,当 $N > 0.3 f_c A$ 时,取 $N = 0.3 f_c A$;

A——构件横截面面积。

(3)当符合以下条件时,可不进行斜截面受剪承载力计算,仅按构造要求配置必要的箍筋:

$$KV \leqslant 0.7 f_t b h_0 + 0.07N \tag{10-17}$$

习 题

10-1 正方形截面轴心受压柱,3 级水工建筑物,柱高 6.5 m,计算长度 $l_0 = 9$ m,柱顶承受的轴心压力设计值 $N = 2\,000$ kN,采用 C30 的混凝土强度等级,HRB335 级钢筋。试按柱底截面设计该柱。

10-2 某轴心受压柱,3 级水工建筑物,截面尺寸 250 mm × 250 mm,柱底固定,柱顶不移动铰接,柱高 4 m,承受的轴心压力设计值 $N = 800$ kN(包括自重),采用 C20 混凝土强度等级,HRB335 级钢筋。试计算其配筋量。若混凝土强度等级改为 C30,其余不变,试计算其配筋,分析为什么在受压构件中宜采用较高级别的混凝土。

10-3 矩形截面轴心受压构件,3 级水工建筑物,$b \times h = 400$ mm × 500 mm,计算长度 $l_0 = 8.4$ m,混凝土强度等级为 C25,配有 HRB335 级纵向钢筋 8 Φ 20,若截面上承受轴心压力设计值 $N = 1\,800$ kN,试校核该截面是否安全?

10-4 对称配筋的矩形偏心受压柱,3 级水工建筑物,截面尺寸 $b \times h = 400$ mm × 600 mm,计算长度 $l_0 = 4.5$ m,采用 C20 混凝土强度等级,HRB335 级钢筋,承受轴向压力设计值 $N = 650$ kN,弯矩设计值 $M = 260$ kN · m,试配置该柱钢筋。

10-5 对称配筋的矩形截面偏心受压柱,3 级水工建筑物,截面尺寸 $b \times h = 300$ mm × 500 mm,计算长度 $l_0 = 4.9$ m,采用 C30 混凝土强度等级,HRB335 级钢筋,承受轴向压力设计值 $N = 225$ kN,$e_0 = 430$ mm。试配置该柱钢筋。

10-6 已知对称配筋的矩形截面偏心受压柱,3 级水工建筑物,截面尺寸 $b \times h = 500$ mm × 700 mm,计算长度 $l_0 = 4.8$ m,承受轴向压力设计值 $N = 2\,450$ kN,弯矩设计值 $M = 539$ kN · m,采用 C25 混凝土强度等级,HRB335 级钢筋,试配置该柱钢筋。

第十一章　钢筋混凝土构件正常使用极限状态验算

随着材料日益向高强、轻质方向发展，构件截面尺寸会越来越小，裂缝及变形问题会变得更加突出，需要对钢筋混凝土结构进行正常使用极限状态验算，即进行抗裂、裂缝开展及挠度验算。

另外，抗裂、裂缝宽度及挠度验算是在结构承载力得到保证的前提下，在正常使用条件下进行的验算，因此荷载及材料强度均采用标准值进行验算。

第一节　抗裂验算

在水工建筑中，特别是承受水压力的建筑，裂缝的存在会降低抗渗性和抗冻性，从而影响钢筋混凝土结构的耐久性。《规范》规定，承受水压力的轴心受拉、小偏拉以及发生裂缝后会引起严重渗漏的其他构件（如渡槽槽身等），应进行抗裂验算。

一、轴心受拉构件的抗裂验算

仍用材料力学轴心受拉公式来进行抗裂验算。但钢筋混凝土是非匀质的，且钢筋与混凝土的弹性模量不同，需要把钢筋面积换算成与混凝土具有相同弹性模量的等量混凝土面积。即截面面积为 A_s 的纵向受拉钢筋相当于截面面积 $\alpha_E A_s$ 的混凝土面积，其中 α_E 为钢筋弹性模量与混凝土弹性模量之比。由此得构件截面总的换算截面面积为 $A_0 = A_c + \alpha_E A_s$。

引用材料力学公式，可得出轴心受拉构件开裂拉力 N_{cr}：

$$N_{cr} = f_{tk} A_0$$

实际工程中，裂缝会使结构产生渗漏，影响环境和结构的耐久性等，故应对上式 f_{tk} 乘以混凝土拉应力限制系数 α_{ct}，并按荷载效应标准组合分别进行抗裂验算：

$$N_k \leqslant \alpha_{ct} f_{tk} A_0 \tag{11-1}$$

式中　N_k——按荷载标准值计算的轴向拉力值；

α_{ct}——混凝土拉应力限制系数，对荷载效应标准组合取 0.85；

f_{tk}——混凝土轴心抗拉强度标准值；

A_0——换算截面面积，$A_0 = A_c + \alpha_E A_s$，其中 α_E 为钢筋弹性模量与混凝土弹性模量之比，A_s、A_c 分为钢筋和混凝土的截面面积。

二、受弯构件的抗裂验算

与轴心受拉构件抗裂验算类似，把构件看做截面面积为 A_0 的匀质弹性体，并考虑混凝土塑性，f_{tk}折算成 $\gamma_m f_{tk}$，γ_m 称为截面抵抗矩的塑性系数。引用材料力学公式可得出受弯构件开裂弯矩 M_{cr}：

$$M_{cr} = \gamma_m f_{tk} W_0$$

实际工程中，在进行抗裂验算时，应给上式中的 f_{tk} 乘以混凝土拉应力限制系数 α_{ct}，并按荷载效应的标准组合进行抗裂验算：

$$M_k \leqslant \gamma_m \alpha_{ct} f_{tk} W_0 \tag{11-2}$$

式中 M_k——按荷载标准值计算的弯矩值；

γ_m——截面抵抗矩塑性系数，矩形截面为 $\gamma_m = 1.55 \times \left(0.7 + \dfrac{300}{h}\right)$，其值不大于 1.7，且 $h > 3\,000$ mm 时，应取 $h = 3\,000$ mm，其他截面 γ_m 值可查《规范》；

α_{ct}——混凝土拉应力限制系数，荷载效应标准组合取 0.85；

W_0——换算截面对受拉边缘弹性抵抗矩，$W_0 = \dfrac{I_0}{h - y_0}$；

I_0、y_0——换算截面对其重心轴的惯性矩和换算截面重心至受压边缘的距离，计算方法与材料力学公式完全一致。对于双筋工字形截面（见图 11-1）：

$$y_0 = \frac{\dfrac{bh^2}{2} + (b'_f - b)\dfrac{h_f'^2}{2} + (b_f - b)h_f\left(h - \dfrac{h_f}{2}\right) + \alpha_E A_s h_0 + \alpha_E A'_s a'}{bh + (b_f - b)h_f + (b'_f - b)h'_f + \alpha_E A'_s + \alpha_E A_s} \tag{11-3}$$

$$I_0 = \frac{b'_f y_0^3}{3} - \frac{(b'_f - b)(y_0 - h'_f)^3}{3} + \frac{b_f (h - y_0)^3}{3} - \frac{(b_f - b)(h - y_0 - h_f)^3}{3} + \alpha_E A_s (h_0 - y_0)^2 + \alpha_E A'_s (y_0 - a')^2 \tag{11-4}$$

对于矩形、T 形或倒 T 形截面，只需在工字形截面的基础上去掉无关项即可。对于单筋矩形截面的 I_0、y_0，也可按下列公式计算：

$$y_0 = (0.5 + 0.425\alpha_E \rho)h \tag{11-5}$$

$$I_0 = (0.083\,3 + 0.19\alpha_E \rho)bh^3 \tag{11-6}$$

式中 α_E——钢筋弹性模量与混凝土弹性模量之比，$\alpha_E = E_s/E_c$；

ρ——纵向受拉钢筋配筋率，$\rho = A_s/bh_0$。

三、偏心受拉构件的抗裂验算

在荷载效应的标准组合下，偏心受拉构件可按下列公式（符号同前）进行验算：

$$\frac{M_k}{W_0} + \frac{\gamma_m N_k}{A_0} \leqslant \gamma_m \alpha_{ct} f_{tk} \tag{11-7}$$

四、偏心受压构件的抗裂验算

在荷载效应的短期组合及长期组合下，偏心受压构件可按下列公式（符号同前）进行验算：

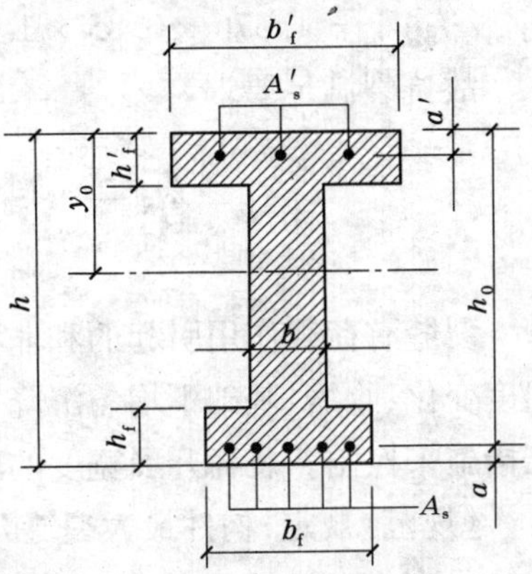

图 11-1 双筋工字形截面

$$\frac{M_k}{W_0}-\frac{N_k}{A_0}\leqslant\gamma_m\alpha_{ct}f_{tk} \tag{11-8}$$

五、提高构件抗裂能力的措施

提高构件抗裂能力的措施：加大构件截面尺寸与提高混凝土的强度等级，或在混凝土中掺入钢纤维等来实现，但最根本的方法是采用预应力混凝土结构。

【例 11-1】 某水闸（3 级建筑物）底板厚 $h=1\ 600$ mm，$h_0=1\ 530$ mm，在荷载标准值作用下，跨中截面承受的弯矩 $M_k=650$ kN·m，C20 混凝土强度等级，$f_{tk}=1.54$ N/mm²，HRB335 级钢筋，底板配筋为Φ 18@110（$A_s=2\ 313$ mm²），试验算底板是否抗裂。

解：取单宽板带为计算单元，$b=1\ 000$ mm。

（1）求 γ_m 值：$\gamma_m=1.55\times\left(0.7+\frac{300}{h}\right)=1.55\times\left(0.7+\frac{300}{1\ 600}\right)=1.376$

（2）确定截面特征值 I_0、y_0：

C20 混凝土，查表得 $E_c=2.55\times10^4$ N/mm²；HRB335 级钢筋，查表得 $E_c=2\times10^5$ N/mm²，则

$$\alpha_E=\frac{E_s}{E_c}=\frac{2\times10^5}{2.55\times10^4}=7.84$$

$$\rho=\frac{A_s}{bh_0}=\frac{2\ 313}{1\ 000\times1\ 530}=0.151\%$$

$$y_0=(0.5+0.425\alpha_E\rho)h=(0.5+0.425\times7.84\times0.151\%)\times1\ 600=808(\text{mm})$$

$$I_0=(0.083\ 3+0.19\alpha_E\rho)bh^3$$

$$=(0.083\ 3+0.19\times7.84\times0.151\%)\times1\ 000\times1\ 600^3=3.504\times10^{11}(\text{mm}^4)$$

$$W_0=\frac{I_0}{h-y_0}=\frac{3.504\times10^{11}}{1\ 600-808}=4.424\times10^8(\text{mm}^3)$$

（3）验算标准组合下是否抗裂：

$$\gamma_m\alpha_{ct}f_{tk}W_0=1.376\times0.85\times1.54\times4.424\times10^8=797(\text{kN}\cdot\text{m})>M_k=650\ \text{kN}\cdot\text{m}$$

故抗裂满足要求。

第二节　裂缝开展宽度的验算

裂缝有荷载作用引起的和非荷载因素引起的两种裂缝。对于非荷载因素如水化热、温度变化、收缩、基础不均匀沉降等产生的裂缝，主要通过合理的结构方案、构造措施及施工措施来控制。裂缝开展宽度的验算仅限于荷载作用下产生的裂缝宽度的验算。

《规范》规定，构件最大裂缝开展宽度 ω_{max} 不应超过《规范》规定的允许裂缝宽度限值 ω_{lim}（见表 11-1）。

表 11-1　最大裂缝宽度允许值　（单位:mm）

环境类别	最大裂缝宽度允许值 ω_{lim}	环境类别	最大裂缝宽度允许值 ω_{lim}
一	0.40	四	0.20
二	0.30	五	0.15
三	0.25		

注:1. 结构构件的混凝土保护层厚度大于 50 mm 时,表列数字可增加 0.05。
2. 当结构构件表面设有专门的防渗面层等防护措施时,最大裂缝宽度允许值可适当加大。
3. 当结构不具备检修维护条件时或严寒地区当年冻融循环次数大于 100 时,最大裂缝宽度限值可适当减小。

对于矩形、T 形及工字形截面的钢筋混凝土受拉、受弯和大偏心受压构件的最大裂缝宽度按《规范》可按下式计算:

$$\omega_{max} = a\frac{\sigma_{sk}}{E_s}\left(30 + c + 0.07\frac{d}{\rho_{te}}\right) \tag{11-9}$$

式中　a——考虑构件受力和荷载长期作用的综合影响系数,对受弯和偏心受压构件取 2.1,对偏心受拉构件取 2.4,对轴心受拉构件取 2.7;

c——混凝土保护层厚度,当 $c > 65$ mm 时,取 $c = 65$ mm;

d——受拉钢筋直径,直径不同时用换算直径,$d = 4A_s/u$,u 为钢筋总周长;

ρ_{te}——纵向受拉钢筋的有效配筋率,$\rho_{te} = A_s/A_{te}$,当 $\rho_{te} < 0.03$ 时,取 $\rho_{te} = 0.03$,A_s 为受拉区纵筋面积,受弯、大偏拉及大偏压构件,A_s 取受拉区钢筋截面面积,小偏拉 A_s 取拉应力较大一侧的钢筋截面面积,对于轴心受拉构件,A_s 取全部纵筋截面面积,A_{te}为有效受拉混凝土截面面积,受弯、偏心受拉及大偏心受压构件,取其重心与受拉钢筋重心相一致的混凝土面积,$A_{te} = 2a_s b$,其中 a_s 为受拉钢筋重心距截面受拉边缘的距离,b 为矩形截面宽度,对轴心受拉构件,$A_{te} = 2a_s l_s$,其中 l_s 为受拉钢筋重心连线的总长;

σ_{sk}——按荷载标准值计算的构件纵向受拉筋应力

对轴心受拉构件
$$\sigma_{sk} = \frac{N_k}{A_s} \tag{11-10}$$

受弯构件
$$\sigma_{sk} = \frac{M_k}{0.87A_s h_0} \tag{11-11}$$

对于其他受力构件,σ_{sk} 计算公式可由《规范》查得,对于偏心受压构件,当 $e_0/h_0 \leqslant 0.55$ 时,正常使用阶段裂缝宽度很小,可不必验算。

如果构件最大裂缝开展宽度超过限值,由公式(11-9),可采取相应措施予以减小:适当减小钢筋直径,减小钢筋间距,使钢筋在混凝土中均匀分布;采用与混凝土黏结较好的变形钢筋;适当增加配筋量,以降低使用阶段的钢筋应力,但增加的钢筋截面面积不宜超过承载力计算所需纵向钢筋截面面积的 30%;对限制裂缝宽度而言最根本的方法是采用预应力混凝土结构。

【例 11-2】　一矩形截面梁,$b \times h = 300$ mm $\times 800$ mm,$h_0 = 735$ mm,$c = 25$ mm,$a_s = 65$ mm,采用 C20 混凝土强度等级,6 Φ 25 的 HRB335 级钢筋($A_s = 2\ 945$ mm^2),承受标准

组合下的弯矩$M_k=440\ \text{kN}\cdot\text{m}$,试验算裂缝宽度在荷载标准组合下是否满足裂缝宽度限值$\omega_{lim}=0.25\ \text{mm}$的要求。

解:(1)求钢筋应力:

$$\sigma_{sk}=\frac{M_k}{0.87A_s h_0}=\frac{440\times10^6}{0.87\times2\ 954\times735}=233(\text{N/mm}^2)$$

(2)求A_{te}和ρ_{te}:

$$A_{te}=2a_s b=2\times65\times300=39\ 000(\text{mm}^2)$$

$$\rho_{te}=A_s/A_{te}=2\ 954/39\ 000=0.076$$

(3)验算裂缝宽度是否满足要求:

$$\omega_{max}=a\frac{\sigma_{sk}}{E_s}\left(30+c+0.07\frac{d}{\rho_{te}}\right)=2.1\times\frac{233}{2\times10^5}\times\left(30+25+0.07\times\frac{25}{0.076}\right)$$

$$=0.19(\text{mm})<\omega_{lim}=0.25\ \text{mm}$$

故在荷载标准组合下裂缝宽度验算满足要求。

第三节 变形验算

水工建筑物中结构尺寸一般较大,变形能满足要求。对于严格限制变形的构件,仍要进行变形验算。如吊车梁变形过大会妨碍行车正常行驶;闸门顶变形过大会使闸门顶与胸墙底梁之间止水失效。

钢筋混凝土梁的变形计算仍采用材料力学中求变形的方法,只是钢筋混凝土梁的抗弯刚度EI(《水工规范》中用B表示)不是一个常量。钢筋混凝土受弯构件的挠度计算实质上是如何确定截面抗弯刚度B。

构件在荷载效应标准组合下的刚度B可按《水工规范》公式确定:

$$B=0.65B_s \tag{11-12}$$

式中 B_s——荷载效应标准组合下受弯构件的短期刚度,$\text{N}\cdot\text{mm}^2$。

一、短期刚度B_s

(一)不出现裂缝的构件

对于不出现裂缝的构件,B_s的计算公式为

$$B_s=0.85E_c I_0 \tag{11-13}$$

(二)允许出现裂缝的构件

对于矩形、T形及工字形截面受弯构件的短期刚度B_s的计算公式:

$$B_s=(0.025+0.28\alpha_E\rho)(1+0.55\gamma_f'+0.12\gamma_f)E_c bh_0^3 \tag{11-14}$$

式中 B_s——出现裂缝的钢筋混凝土受弯构件的短期刚度;

ρ——纵向受拉钢筋的配筋率,$\rho=\dfrac{A_s}{bh_0}$;

γ_f'——受压翼缘加强系数,$\gamma_f'=\dfrac{(b_f'-b)h_f'}{bh_0}$;

γ_f——受拉翼缘加强系数，$\gamma_f = \dfrac{(b_f - b)h_f}{bh_0}$。

二、受弯构件挠度计算

由于梁各截面的弯矩不同，故各截面的抗弯刚度都不相等。考虑到支座附近弯矩较小区段虽然刚度较大，但它对全梁变形的影响不大，故《规范》规定了钢筋混凝土受弯构件的挠度计算的"最小刚度原则"，即对于等截面构件，可假定各同号弯矩区段内的刚度相等，并取用该区段内最大弯矩处的刚度。

有了刚度的计算公式及"最小刚度原则"后，按荷载效应的标准组合下求出受弯构件长期刚度 B_l 后，将其代入材料力学变形公式即可计算挠度。求得的挠度值不应超过规范规定的挠度限值，即

$$f_{max} = s\frac{M_s l_0^2}{B_l} \leqslant [f] \tag{11-15}$$

式中 f_{max}——按荷载效应的标准组合下所对应的 B_l 进行计算所求得的挠度值；

$[f]$——《规范》规定的标准组合下的挠度限值，其值见表 11-2；

s——与荷载形式、支承条件有关的系数，简支梁受均布荷载跨中挠度时，$s = 5/48$。

表 11-2 受弯构件挠度限值

项次	构件类型		允许挠度（以计算跨度 l_0 计算）
			短期组合
1	吊车梁	手动吊车	$l_0/500$
		电动吊车	$l_0/600$
2	渡槽槽身、架空管道	$l_0 \leqslant 10$ m	$l_0/400$
		$l_0 > 10$ m	$l_0/500(l_0/600)$
3	工作桥及启闭机大梁		$l_0/400(l_0/500)$
4	屋盖或楼盖	$l_0 \leqslant 6$ m	$l_0/200(l_0/250)$
		6 m $< l_0 \leqslant 12$ m	$l_0/300(l_0/350)$
		$l_0 > 12$ m	$l_0/400(l_0/450)$

注：1. 若构件预先起拱，应将算得的挠度减去起拱值。

2. 表中括号内的数字用于使用上对挠度有较高要求的构件。

3. 悬臂梁的允许挠度值按表中数值乘 2 取用。

4. 对预应力混凝土构件应减去预加应力产生的反拱值。

三、减小构件变形的措施

增大构件截面高度是减小挠度的最有效措施。当然，也可以加大截面配筋率、提高受压区钢筋面积、提高混凝土强度等级、选用合理的截面形状（如 T 形、工字形等）或改变截面形式尺寸等措施来提高截面刚度。

【例 11-3】 某矩形截面梁，$b \times h = 200$ mm $\times 500$ mm，跨度 $l_0 = 4.5$ m，承受均布荷载，其中永久荷载标准值 $g_k = 17.5$ kN/m，可变荷载标准值 $q_k = 11.5$ kN/m，由承载力计算得

纵向受拉钢筋为 4 Φ 16($A_s = 804\ mm^2$)，$a_s = 35$ mm，采用 C20 混凝土强度等级，HRB335 级钢筋，试验算梁跨中截面的挠度是否符合要求。

解：(1)计算荷载效应组合值。

$$M_k = \frac{1}{8}q_k l_0^2 + \frac{1}{8}g_k l_0^2$$

$$= \frac{1}{8} \times 11.5 \times 4.5^2 + \frac{1}{8} \times 17.5 \times 4.5^2 = 73.41(kN \cdot m)$$

(2)计算梁的短期刚度。

$$\alpha_E = \frac{E_s}{E_c} = \frac{2 \times 10^5}{2.55 \times 10^4} = 7.84$$

$$\rho = \frac{A_s}{bh_0} = \frac{804}{200 \times (500 - 35)} = 0.865\%$$

$$B_s = (0.025 + 0.28\alpha_E\rho)(1 + 0.55\gamma_f' + 0.12\gamma_f)E_c bh_0^3$$

$$= (0.025 + 0.28 \times 7.84 \times 0.865\%) \times 2.55 \times 10^4 \times 200 \times 465^3$$

$$= 2.26 \times 10^{13}(N \cdot mm^2)$$

(3)计算梁的刚度。

$$B = 0.65B_s$$

$$= 0.65 \times 2.26 \times 10^{13} = 1.47 \times 10^{13}(N \cdot mm^2)$$

(4)验算梁的挠度。

$$f_{max} = \frac{5}{48} \times \frac{M_k l_0^2}{B_1} = \frac{5}{48} \times \frac{73.41 \times 10^6 \times 4\,500^2}{1.47 \times 10^{13}} = 10.53(mm)$$

查表 11-2 得$[f] = \frac{l_0}{200} = \frac{4\,500}{200} = 22.5(mm)$，故梁跨中截面的挠度符合限值要求。

习 题

11-1 某水闸(3 级建筑物)底板厚 $h = 1\,500$ mm，$h_0 = 1\,430$ mm，在荷载标准值作用下，跨中截面每米板宽承受的弯矩 $M_k = 542$ kN·m，C20 混凝土强度等级，HRB335 级钢筋，底板配筋为Φ 20@125($A_s = 2\,518\ mm^2$)，试验算底板是否抗裂。

11-2 某 U 形渡槽横拉杆，正方形截面 $b \times h = 250\ mm \times 250\ mm$，C25 混凝土强度等级，保护层厚度 $c = 30$ mm，荷载效应标准组合下轴心拉力标准值 $N_k = 325$ kN，已配 4 根 22 的 HRB400 级纵向受拉钢筋，最大裂缝宽度限值$[\omega_{lim}] = 0.3$ mm。试验算该构件裂缝宽度是否满足要求。

11-3 某钢筋混凝土矩形截面简支梁，跨度 $l_0 = 7$ m，$b \times h = 250\ mm \times 700\ mm$；C20 混凝土强度等级；已配纵向受拉钢筋 4 Φ 22($A_s = 1\,521\ mm^2$)；梁上所承受的均布恒载(含梁自重)标准值为 $g_k = 19.7$ kN/m，均布活荷载标准值为 $q_k = 10.5$ kN/m；荷载效应标准组合的允许挠度为$[f] = l_0/250$。试验算梁的挠度是否满足要求。

第十二章　钢筋混凝土梁板结构及刚架结构

第一节　梁板结构的组成和分类

梁板结构一般由板、次梁、主梁组成，它结构整体性好、刚度大、抗震性能强、抗渗性好，且灵活性较大，能适应各类荷载、平面布置和孔洞布置等，是水利工程结构中应用较广泛的一种结构形式。水电站副厂房楼盖和水闸胸墙都是典型的整体式梁板结构，如图 12-1所示。

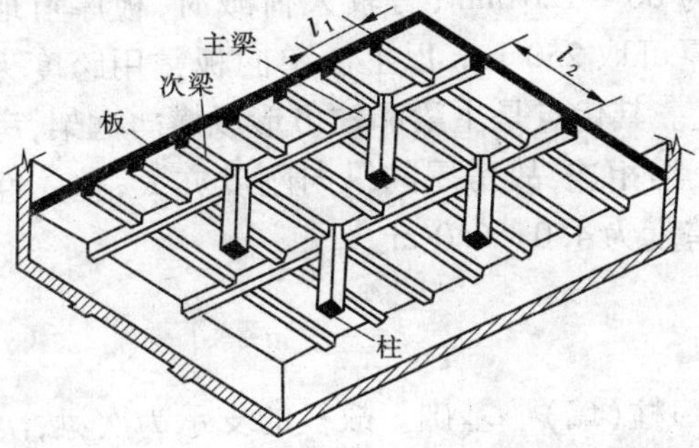

(a)水电站副厂房楼盖

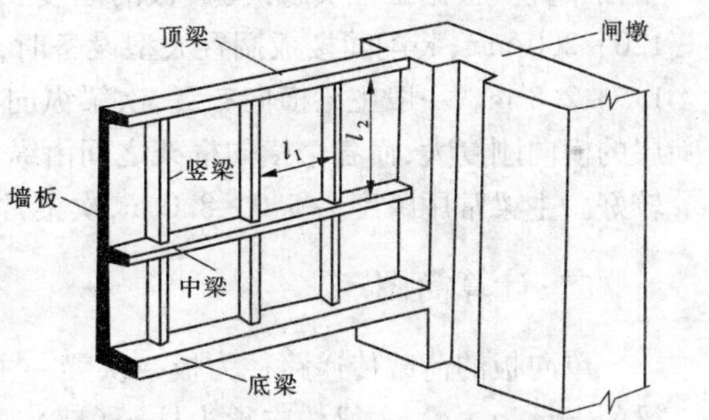

(b)梁板式水闸胸墙

图 12-1　常见梁板结构

梁板结构可分为单向板梁板结构和双向板梁板结构两种类型。各自的受力特点和构造特点见表 12-1。

表 12-1　梁板结构类型及特点

梁板结构类型	l_2/l_1 比值	受力特点	构造特点
单向板梁板结构	$l_2/l_1 \geqslant 3$	板上荷载绝大部分沿短跨 l_1 方向传给支撑梁，计算时仅考虑在短跨方向受弯，故称为单向板梁板结构	计算简单、施工方便、应用较普遍
双向板梁板结构	$l_2/l_1 \leqslant 2$	板上荷载沿两个方向传递给四边的支撑构件，计算时需考虑两个方向受弯，故称为双向板梁板结构	比较经济、平面布置美观，但计算和构造较复杂
	$2 < l_2/l_1 < 3$	宜按双向板计算，当按沿短边方向受力的单向板计算时，应沿长边方向布置足够数量的构造钢筋	

注：l_1 为相邻次梁之间的间距，l_2 为相邻主梁之间的间距。

第二节　整体式单向板梁板结构

单向板钢筋混凝土梁板结构的设计步骤为：

(1)梁格布局设计：对梁板进行平面布置，初步确定板厚和主、次梁的截面尺寸。

(2)梁、板计算简图绘制：确定板和主、次梁的计算简图。

(3)梁板内力计算：梁、板的内力计算及内力组合。

(4)截面配筋设计：截面配筋计算及构造措施。

(5)绘制配筋图。

一、梁格布局

进行结构平面布置时，应综合考虑水工结构功能、造价及施工条件等，合理确定梁的平面布置。根据工程实践经验，板的厚度一般为 60～120 mm；有较大荷载时，板厚可取 120～200 mm；装配间楼板搁置大型设备时，板厚可取 250 mm 以上。单向板常用跨度为 1.5～2.8 m。一般主梁横向布置，次梁纵向布置。其优点是主梁和柱可形成横向框架，房屋的横向刚度大，而各个横向框架之间由纵向次梁相连，故房屋的纵向刚度亦大，整体性较好。主梁常用跨度为 5.0～8.0 m，次梁常用跨度为 4.0～6.0 m。

二、计算简图

单向板的荷载传递路径为板→次梁→主梁→柱(墙)→基础。故板的支承为次梁，次梁的支承为主梁，主梁的支承为柱子(墙)。次梁的间距即为板的跨度，主梁的间距即为次梁的跨度，柱距则为主梁的跨度。

(一)支座简化

如图 12-2 所示的单向板梁板楼盖，板和次梁的中间支座均假定为铰支座，因此板是边墙和次梁为铰支座的多跨连续板；次梁是边墙和主梁为铰支座的多跨连续梁；主梁的中间支承是柱，当主梁的线刚度与柱的线刚度之比大于 4 时，可视为铰支座，当主梁的线刚度与柱的线刚度之比小于等于 4 时，柱对主梁的内力影响较大，应按刚架进行计算。

板和次梁的中间支座均假定为铰支座，没有考虑次梁对板、主梁对次梁的转动约束作用，可以通过调整荷载的办法来解决。即在荷载总值不变的情况下加大永久荷载和减小活荷载，以调整后折算荷载代替实际作用的荷载进行内力计算。

修正后的折算恒荷载 g' 及折算活荷载 q' 规定如下：

板 $$g' = g + \frac{1}{2}q,\qquad q' = \frac{1}{2}q \tag{12-1}$$

次梁 $$g' = g + \frac{1}{4}q,\qquad q' = \frac{3}{4}q \tag{12-2}$$

(二)荷载计算

板取单位宽度的板条计算，沿板跨单位长度方向上的荷载为均布荷载 g 或 q；次梁承受由板传来的均布荷载 gl_1、ql_1 及次梁自重；主梁承受次梁传来的集中荷载 $G = gl_1l_2$、

$Q = ql_1l_2$及主梁自重。主梁自重是均布荷载，但与次梁传来的荷载相比较小，为简化计算，将次梁之间的一段主梁自重换算成集中荷载，与次梁传来的集中荷载合并计算。荷载的分配范围和板梁计算简图见图12-2。

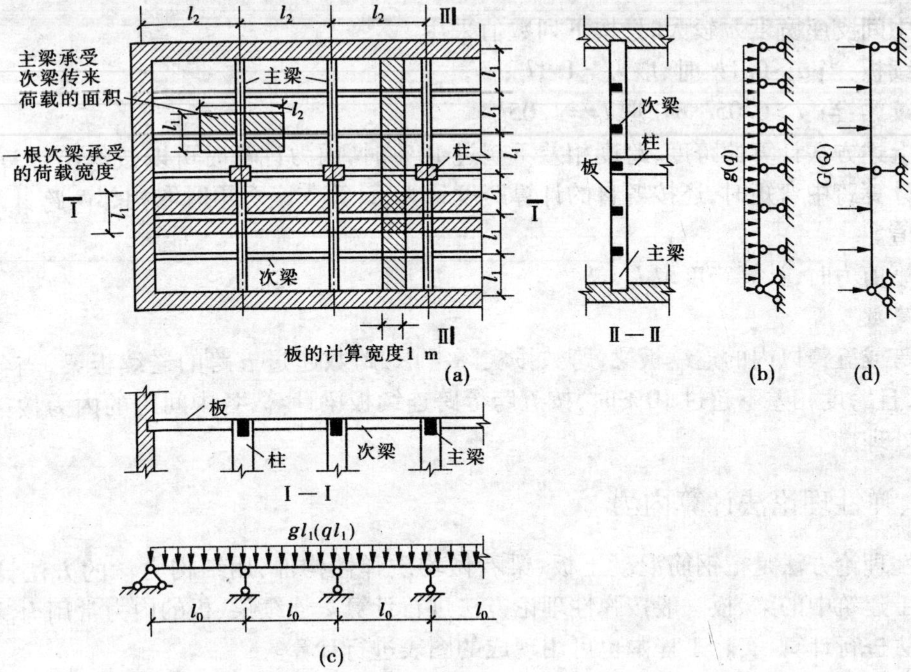

图12-2　单向板梁板结构与计算简图

(三)计算跨度与跨数

1. 计算跨度 l_0

板、梁的计算跨度 l_0 可按下述规定采用(见图12-3)。

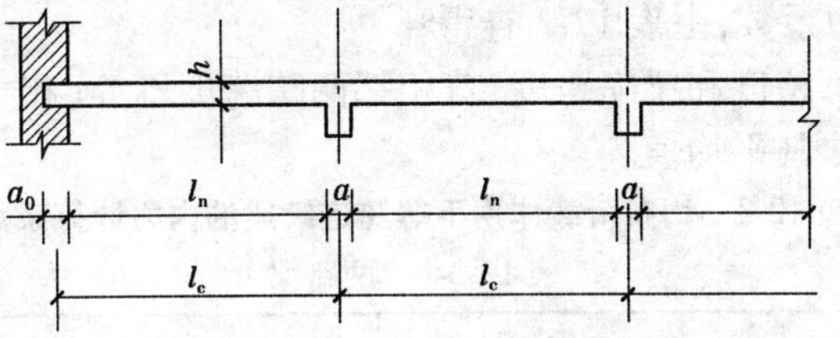

图12-3　连续板、梁的计算跨度

(1)连续板

边跨

$$\left.\begin{aligned} l_0 &= l_n + h/2 + a/2 \\ l_0 &= l_n + a_0/2 + a/2 \end{aligned}\right\}\text{取较小值}$$

中间跨

$$l_0 = l_c$$

(2)连续梁

边跨 $\left.\begin{aligned} l_0 &= l_c \\ l_0 &= 1.025 l_0 + a/2 \end{aligned}\right\}$取较小值

中间跨 $l_0 = l_c$

当中间支座宽度 a 较大时,按下列数值采用。

连续板:当 $a > 0.1 l_c$ 时,取 $l_0 = 1.1 l_n$;

连续梁:当 $a > 0.05 l_c$ 时,取 $l_0 = 1.05 l_n$。

按上述方法计算的跨度,跨度相差不超过10%时,内力计算时可以按等跨计算,但应注意在计算跨中弯矩时,还按各自的计算跨度计算;计算支座弯矩时取相邻两跨计算跨度的平均值。

计算剪力时,计算跨度取 $l_0 = l_n$。

2. 跨数

五跨或五跨以内的连续板梁,跨数按实际考虑;跨数超过五跨的连续板梁,当各跨荷载相同,且跨度相差不超过10%时,按五跨等跨连续板梁计算,各中间跨的内力按第三跨的内力处理。

三、弹性理论法计算内力

弹性理论方法是把钢筋混凝土板、梁看做均质弹性构件,用结构力学的方法计算内力。水工建筑中的梁、板一般按弹性理论方法进行计算。连续梁、板的内力常用力法或力矩分配法进行计算,实际工程中也可用现成的图表进行计算。

(一)查表计算内力

连续板、梁内力常用力法或力矩分配法来求。对常用均布荷载作用下的等截面、等跨度连续板、梁,可查表12-2得其在恒荷载和各种活荷载作用下(要考虑其最不利的布置)的内力系数 $k_1 \sim k_4$,按下式计算截面的弯矩和剪力:

$$M = k_1 g l_0^2 + k_2 q l_0^2 \tag{12-3}$$

$$V = k_3 g l_n + k_4 q l_n \tag{12-4}$$

式中 $k_1 \sim k_4$——内力系数,由表12-2查得;

l_0、l_n——梁计算跨度和梁净跨度,若相邻两跨跨度不等(相差<10%),求支座弯矩时应取其平均值。

表12-2 均布荷载作用下等跨连续梁的内力计算系数

表12-2-1 两跨梁

编号	荷载简图	跨中弯矩		支座弯矩	剪力			
		M_1	M_2	M_B	V_A	V_B^l	V_B^r	V_C
1	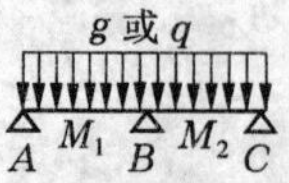	0.070	0.070	−0.125	0.375	−0.625	0.625	−0.375
2	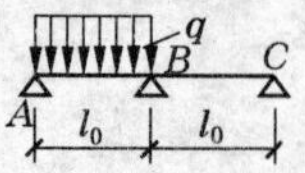	0.096	−0.025	−0.063	0.437	−0.563	0.063	0.063

表 12-2-2　三跨梁

编号	荷载简图	跨中弯矩		支座弯矩		剪力					
		M_1	M_2	M_B	M_C	V_A	V_B^l	V_B^r	V_C^l	V_C^r	V_D
1	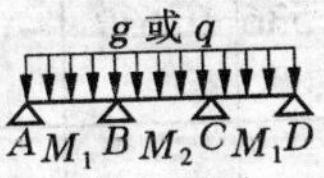	0.080	0.025	−0.100	−0.100	0.400	−0.600	0.500	−0.500	0.600	−0.400
2	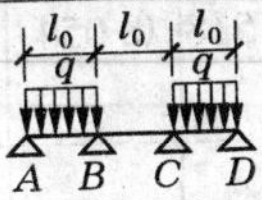	0.101	−0.050	−0.050	−0.050	0.450	−0.550	0.000	0.000	0.550	−0.450
3	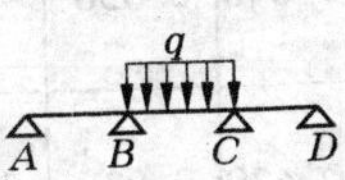	−0.025	0.075	−0.050	−0.050	−0.050	−0.050	0.500	−0.500	0.050	0.050
4	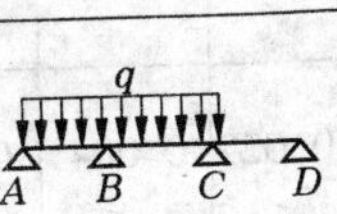	0.073	0.054	−0.117	−0.033	0.383	−0.617	0.583	−0.417	0.033	0.033
5	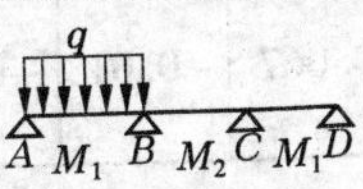	0.094	—	−0.067	0.017	0.433	−0.567	0.083	0.083	−0.017	−0.017

表 12-2-3-1　四跨梁弯矩

编号	荷载简图	跨中弯矩				支座弯矩		
		M_1	M_2	M_3	M_4	M_B	M_C	M_D
1		0.077	0.036	0.036	0.077	−0.107	−0.071	−0.107
2	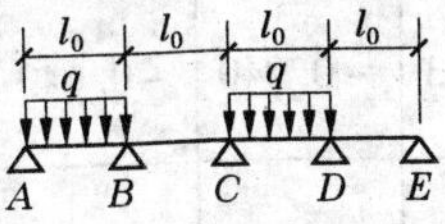	0.100	−0.045	0.081	−0.023	−0.054	−0.036	−0.054
3	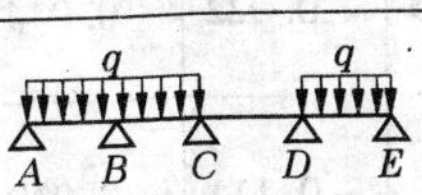	0.072	0.061	—	0.098	−0.121	−0.018	−0.058
4	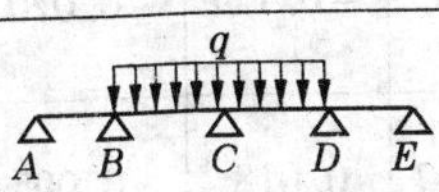	—	0.056	0.056	—	−0.036	−0.107	−0.036
5	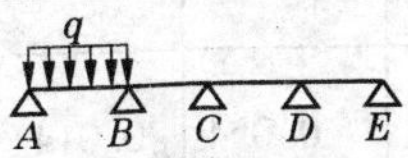	0.094	—	—	—	−0.067	0.018	−0.004
6	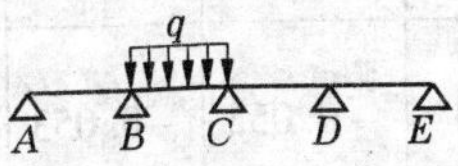	—	0.074	—	—	−0.049	−0.054	0.013

表 12-2-3-2　四跨梁剪力

编号	荷载简图	剪力							
		V_A	V_B^l	V_B^r	V_C^l	V_C^r	V_D^l	V_D^r	V_E
1		0.393	−0.607	0.536	−0.464	0.464	−0.536	0.637	−0.393
2	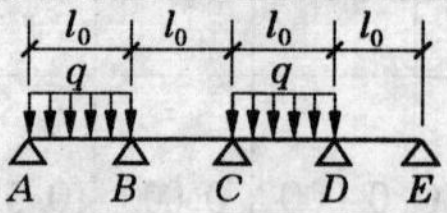	0.446	−0.554	0.018	0.018	0.482	−0.518	0.054	0.054
3	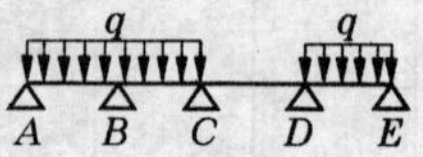	0.380	−0.620	0.603	−0.397	−0.040	−0.040	0.558	−0.442
4	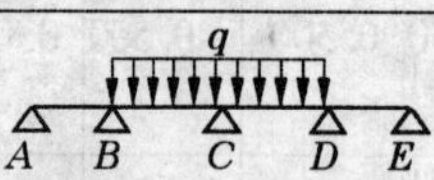	−0.036	−0.036	0.429	−0.571	0.571	−0.429	0.036	0.036
5	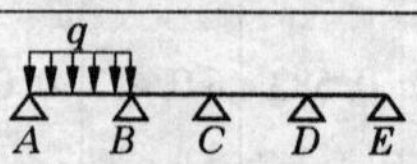	0.433	−0.567	0.085	0.085	−0.022	−0.022	0.004	0.004
6	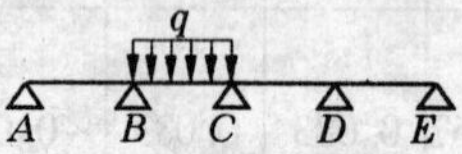	−0.049	−0.049	0.496	−0.504	0.067	0.067	−0.013	−0.013

表 12-2-4-1　五跨梁弯矩

编号	荷载简图	跨中弯矩			支座弯矩			
		M_1	M_2	M_3	M_B	M_C	M_D	M_E
1		0.078	0.033	0.046	−0.105	−0.079	−0.097	−0.105
2	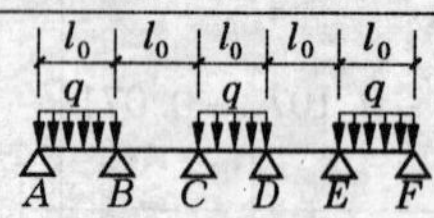	0.100	−0.046	0.086	−0.053	−0.040	−0.040	−0.053
3	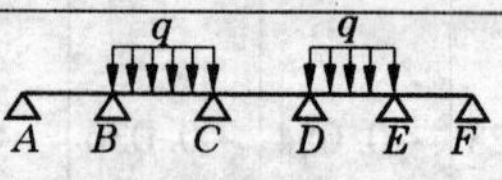	−0.026	0.079	−0.040	−0.053	−0.040	−0.040	−0.053
4	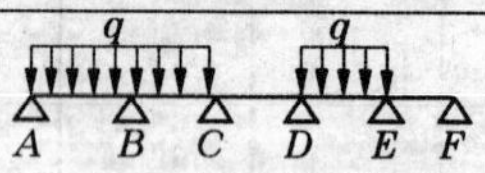	0.073	—	—	−0.119	−0.022	−0.044	−0.051
5	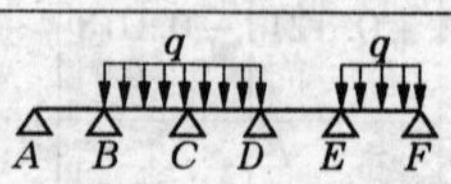	—	0.055	0.064	−0.035	−0.111	−0.020	−0.057
6	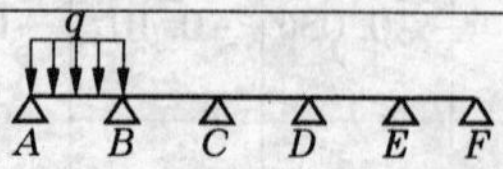	0.094	—	—	−0.067	0.018	−0.005	0.001
7	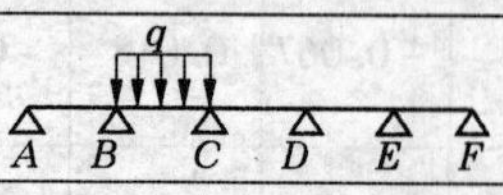	—	0.074	—	−0.049	−0.054	0.014	−0.004
8	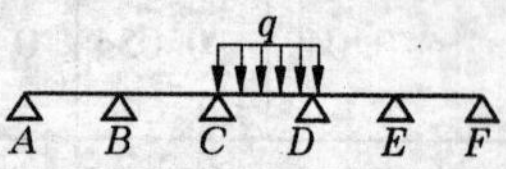	—	—	0.072	0.013	−0.053	−0.053	0.013

表 12-2-4-2　五跨梁剪力

编号	荷载简图	剪力									
		V_A	V_B^l	V_B^r	V_C^l	V_C^r	V_D^l	V_D^r	V_E^l	V_E^r	V_F
1	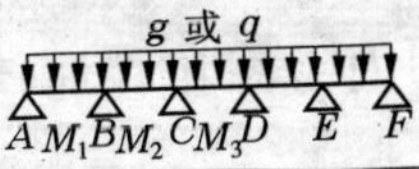	0.394	−0.606	0.526	−0.474	0.500	−0.500	0.474	−0.526	0.606	−0.394
2	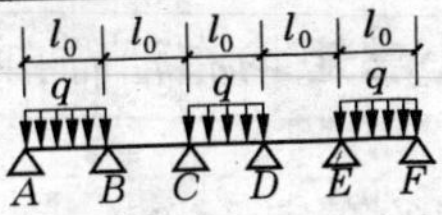	0.447	−0.553	0.013	0.013	0.500	−0.500	−0.013	−0.013	0.553	−0.447
3	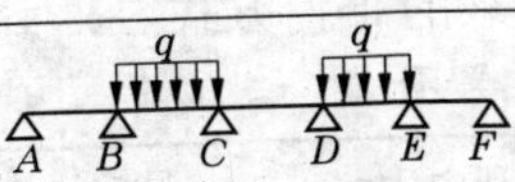	−0.053	−0.053	0.051	−0.487	—	—	0.487	−0.513	0.053	0.053
4	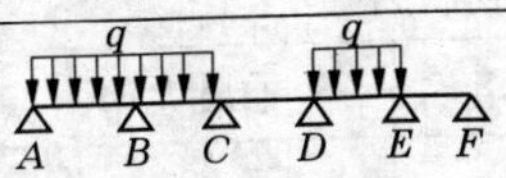	0.380	−0.620	0.598	−0.402	−0.023	−0.023	0.493	−0.507	0.052	0.052
5	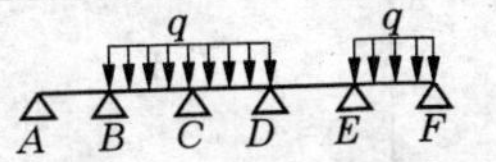	−0.035	−0.035	0.424	−0.576	0.591	−0.409	−0.037	−0.037	0.557	−0.443
6	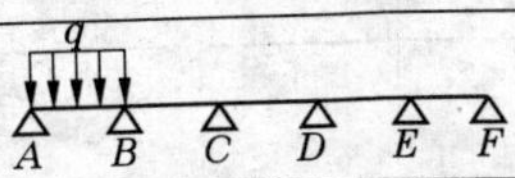	0.433	−0.567	0.085	0.085	−0.023	−0.023	0.006	0.006	−0.001	−0.001
7	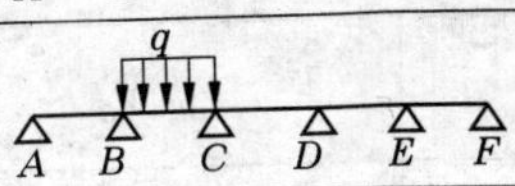	−0.049	−0.049	0.495	−0.505	0.068	0.068	−0.018	−0.018	0.004	0.004
8	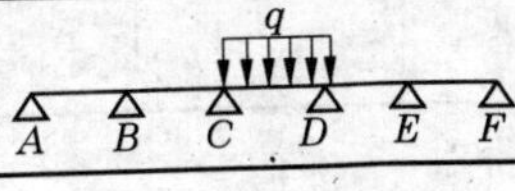	0.013	0.013	−0.066	−0.066	0.500	−0.500	0.066	0.066	−0.013	−0.013

对于等跨(或跨长相差不到10%)连续梁,当跨数在五跨以内时,应按实际跨数进行计算;当跨数超过五跨时按五跨计算。

(二)活荷载的最不利布置原则

永久荷载的作用位置、大小不变,而活荷载的作用位置是变化的。为了求得连续梁、板各截面可能发生的最大弯矩和最大剪力,必须确定其对应的可变荷载的位置。连续梁、板最不利活荷载的布置按以下原则进行:

(1)求某跨跨内最大正弯矩时,除在该跨布置活荷载外,再隔跨布置活荷载。

(2)求某跨跨内最大负弯矩时,该跨不布置活荷载,在相邻跨布置活荷载,然后再隔跨布置活荷载。

(3)求某支座最大负弯矩时,在该支座左右两跨布置活荷载,然后再隔跨布置活荷载。

(4)求某支座截面最大剪力时,其活荷载的布置与求该支座最大负弯矩的布置相同。

(三)内力包络图

根据每一种荷载的布置情况都可绘制出相应的内力图(M、V图)。对某一确定截面,以永久荷载作用所产生的内力为基础,叠加上该截面作用的最不利活荷载时所产生的内

力,便可得到该截面的最大内力。将每个截面的最大内力用图形表示出来,这个图形就叫做内力包络图。绘制内力包络图的方法如下:

(1)绘制永久荷载作用下的弯矩图、剪力图。

(2)绘制最不利活荷载作用下的弯矩图、剪力图。

(3)将永久荷载作用下的内力图与各种最不利活荷载作用下的内力图相叠加,其外包线即为内力包络图。

【例 12-1】 画出五跨连续梁各跨跨中及支座最大弯矩、最小弯矩均布活荷载布置图,并画出求各最大剪力时均布活荷载布置图。

解:表 12-3 所示为一五跨连续梁,求最不利内力时均布活荷载的布置方式。

表 12-3 五跨连续梁求最不利内力时均布活荷载布置图

活荷载布置图	最不利内力		
	最大弯矩	最小弯矩	最大剪力
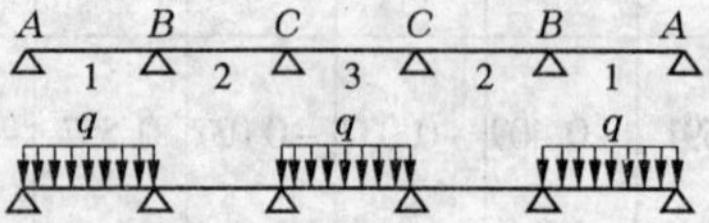	M_1、M_3	M_2	V_A
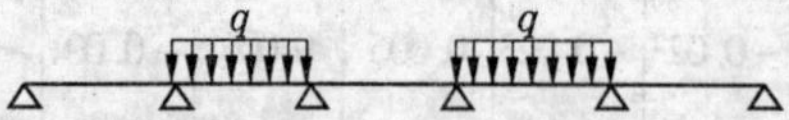	M_2	M_1、M_3	
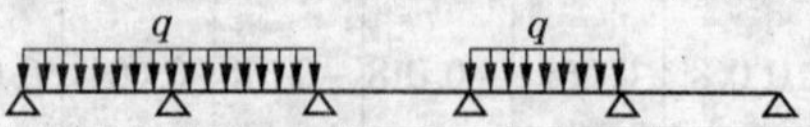		M_B	V_B^l、V_B^r
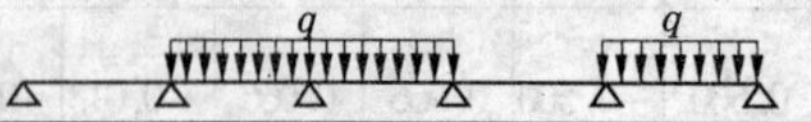		M_C	V_C^l、V_C^r

(四)截面内力的调整

(1)支座中心处弯矩调整。按弹性理论方法计算连续板梁的内力时,其计算跨度一般取支座中心线之间的距离 l_c,因而支座最大负弯矩发生在支座中心处。但梁与支座整体浇筑时,梁的高度在支座处较大,截面抗力也较大,不会破坏,而支座边缘处弯矩也较大,但截面高度却比中心线处小很多,故支座边缘处为危险截面。在配筋计算时,按支座边缘处进行计算,为简化计算,可按下式计算支座边缘处弯矩:

$$M = |M_C| - |V_0| \times \frac{b}{2} \tag{12-5}$$

式中 M_C——支座中心处弯矩;

V_0——按简支梁计算的支座反力;

b——支座宽度。

若支座宽度 b 较大,计算跨度取 $l_0 = 1.1l_n$(板)或 $l_0 = 1.05l_n$(梁)时,则可按下式近似计算支座边缘处的弯矩。

板 $$M = |M_C| - 0.05l_n|V_0| \tag{12-6}$$

梁 $$M = |M_C| - 0.025l_n|V_0| \tag{12-7}$$

注意,若板、梁直接搁置在墩墙上,一般不进行截面内力调整。

(2)对于四周与梁整体连接的单向板,破坏前支座上部和跨中下部会产生裂缝,使板形成一个具有一定矢高的拱,梁则成为具有抵抗横向位移能力的拱支座。为了考虑其有利的因素,这种板的跨中及支座截面的计算弯矩可减少20%。

四、截面配筋设计

连续板、梁均属于受弯构件,其承载力计算和变形验算均可用前面所述的方法进行。下面仅指出应注意的几个问题:

(1)板的截面宽度较大而外荷载相对较小,混凝土就足以承担剪力,不需设置腹筋。

(2)当梁、板整体浇筑时,板可作为梁的翼缘。梁跨中截面在正的弯矩作用下翼缘受压,应按T形截面计算,梁支座截面在负的弯矩作用下翼缘受拉,应按矩形截面计算。

(3)主梁支座截面由于板、次梁、主梁的支座钢筋相互交叠(见图12-4),主梁受力钢筋应置于次梁受力钢筋的下面。主梁截面的有效高度应取:

当主梁受力钢筋为单排时,$h_0 = h - 60$ mm,

当主梁受力钢筋为双排时,$h_0 = h - 80$ mm。

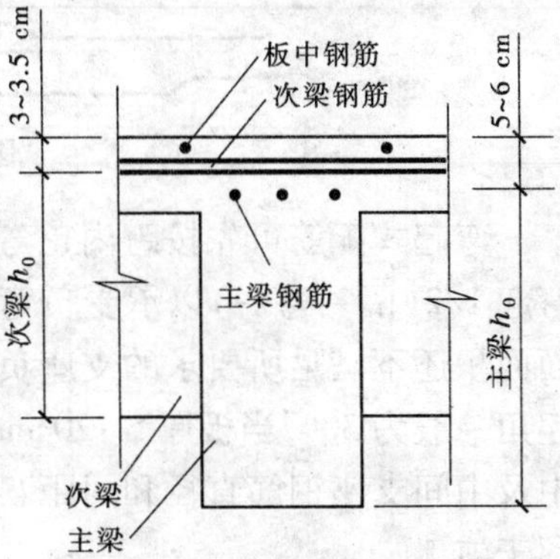

图12-4 主梁支座处钢筋布置

(4)算出各控制截面的钢筋面积后,为使跨数较多的内跨钢筋尽可能一致,支座截面能利用跨中弯起的钢筋,应按先内跨后外跨,先跨中后支座的程序选择钢筋直径和间距。

五、绘制施工图

(一)连续板配筋

1. 连续板受力配筋

由于板在跨中一般承受正弯矩而在支座处承受负弯矩,因此在板跨中需配底部钢筋,而在支座处往往配板面钢筋,从而有两种配筋方式:分离式和弯起式。

(1)分离式配筋:跨中正弯矩钢筋宜全部伸入支座锚固;而在支座处另配负弯矩钢筋,其范围应能覆盖负弯矩区域并满足锚固要求,如图12-5所示。由于施工方便,分离式配筋已成为工程中主要采用的配筋方式。

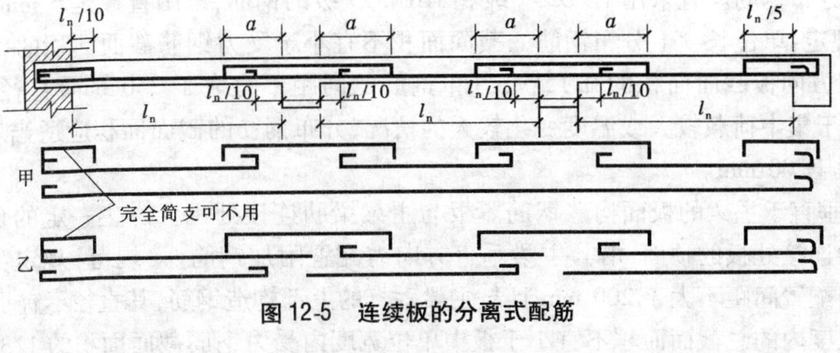

图12-5 连续板的分离式配筋

(2)弯起式配筋:将一部分跨中正弯矩钢筋在适当的位置(反弯点附近)弯起,并伸过支座后作负弯矩钢筋使用;延伸长度应满足覆盖负弯矩图和锚固的要求,如图12-6所示。

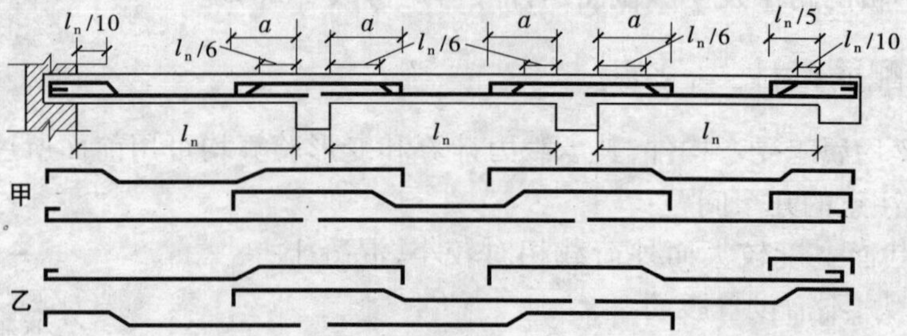

图12-6 连续板的弯起式配筋

弯起式配筋可先按跨内正弯矩的需要确定所需钢筋的直径和间距,然后在支座附近弯起1/2(隔一弯一)以承受负弯矩,但最多不超过2/3(隔一弯二)。如果弯起钢筋的截面面积还不满足所要求的支座负钢筋的需要,可另加直钢筋,通常取相同的钢筋间距。弯起角一般为30°,当板厚>120 mm时,可采用45°。采用弯起式配筋,应注意相邻两跨跨中及中间支座钢筋直径和间距互相配合,间距变化应有规律,钢筋直径种类不宜过多,以利于施工。

为了保证锚固可靠,板内伸入支座下部的钢筋应采用半圆弯钩。对于上部负钢筋,为了保证施工时钢筋的设计位置,宜做成直抵模板的直钩。因此,直钩部分的钢筋长度为板厚减净保护层厚。

确定连续钢筋的弯起点和切断点,一般不必绘弯矩包络图,按图12-5和图12-6所示的构造要求处理即可。图中的a值:当$q/g \leq 3$时,为$l_n/4$;当$q/g > 3$时,为$l_n/3$。g、q、l_n分别为均布恒荷载、均布活荷载和板的净跨。

2. 板的构造钢筋

当按单向板设计时,除沿受力方向布置受力钢筋外,尚应在垂直受力方向布置分布钢筋。分布钢筋应布置在受力钢筋的内侧,如图12-7所示。它的作用是:与受力钢筋组成钢筋网,便于施工中固定受力钢筋的位置;承受由于温度变化和混凝土收缩所产生的内力;承受并分布板上局部荷载产生的内力;对四边支承板,可承受在计算中未计但实际存在的长跨方向的弯矩。

(1)分布钢筋。宜采用HPB235级和HRB335级的钢筋,常用直径是6 mm和8 mm。《规范》规定:单位长度上分布钢筋的截面面积不宜小于受力钢筋截面面积的15%,且不宜小于该方向板截面面积的0.15%;分布钢筋的间距不宜大于250 mm,直径不宜小于6 mm;对于集中荷载较大或温度变化较大的情况,分布钢筋的截面面积应适当增加,其间距不宜大于200 mm。

(2)垂直于主梁的板面构造钢筋。板与主梁梁肋连接处也会产生一定的负弯矩,故在与主梁连接处板的顶面,沿与主梁垂直方向需配置附加钢筋。《规范》规定:应沿主梁长度方向配置间距不大于200 mm且与主梁垂直的上部构造钢筋,其直径不宜小于8 mm,且单位长度内的总截面面积不宜小于板中单位宽度内受力钢筋截面面积的1/3。该构造钢筋伸入板内的长度从梁边算起，每边不宜小于板计算跨度 l_0 的 1/4，如图 12-8 所示。

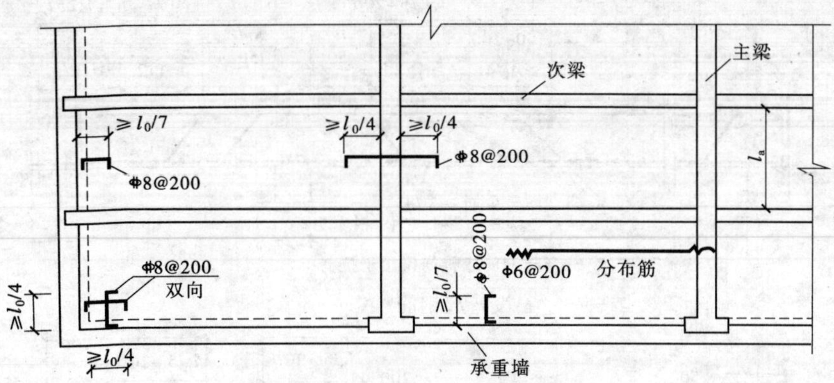

图 12-7　板的构造钢筋

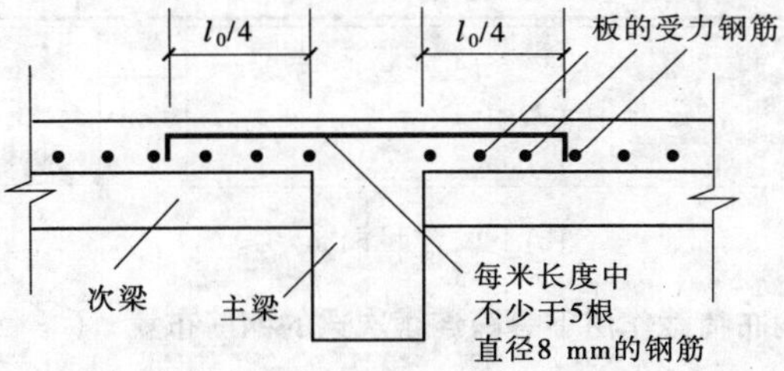

图 12-8　与主梁垂直的构造钢筋

(3)嵌入承重墙内的板面构造钢筋。嵌固于砖墙内的板，计算时按简支考虑，但在支承处可能产生一定的负弯矩，故在其板面应增设附加钢筋。《规范》规定：对于嵌固在承重砌体墙内的现浇混凝土板，应沿支承周边配置上部构造钢筋，其直径不宜小于8 mm，间距不宜大于200 mm，其伸入板内的长度，从墙边算起不宜小于板短边跨度的1/7；在两边嵌固于墙内的板角部分，应配置双向上部构造钢筋，该钢筋伸入板内的长度从墙边算起不宜小于板短边跨度的1/4；沿板的受力方向配置的上部构造钢筋，其截面面积不宜小于该方向跨中受力钢筋截面面积的1/3；沿非受力方向配置的上部构造钢筋，可根据经验适当减少，如图 12-7 所示。

(二)梁的配筋

1. 梁的受力配筋

先拟定跨中受力钢筋的直径和根数(宜不少于 3 根)，然后将一部分(至少 2 根)直接伸入支座，其余的部分在支座附近相继弯起，作为承担支座负弯矩的钢筋或承担剪力的钢筋。当弯起的钢筋仍不足以承担支座负弯矩时，应另配直钢筋。此直钢筋宜不少于两根且应置于梁角处，以便与架立钢筋连接。当从跨中弯起的钢筋数量不能满足斜截面抗剪承载力要求时，可另配斜筋或吊筋。

受力钢筋的弯起和截断原则上应按弯矩包络图及材料图确定。但对于在均布荷载作用下跨度相差≤20% 的连续次梁，当活荷载与恒荷载之比≤3 时，通常可直接按图 12-9 规定布置钢筋。对于主梁和跨度差大于 20% 的次梁，仍需按内力包络图来确定。

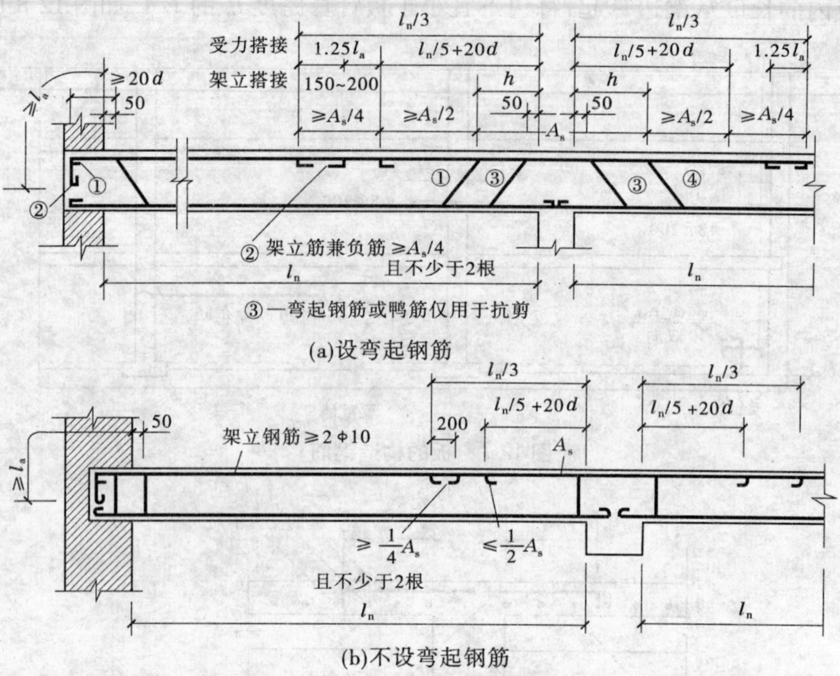

图 12-9 均布荷载作用下等跨连续次梁的钢筋布置 （单位:mm）

2. 梁的构造钢筋

由于混凝土收缩量的增大,近年在梁的侧面产生收缩裂缝的现象时有发生,截面较高的梁情况更为严重,如图 12-10 所示。《规范》规定,当梁的腹板高度 $h_w \geqslant 450$ mm 时,在梁的两个侧面沿高度配置纵向构造钢筋(腰筋),每侧纵向构造钢筋(不包括梁上、下部受力钢筋及架立钢筋)的截面面积不应小于腹板截面面积的 0.1%,且其间距不宜大于 200 mm。

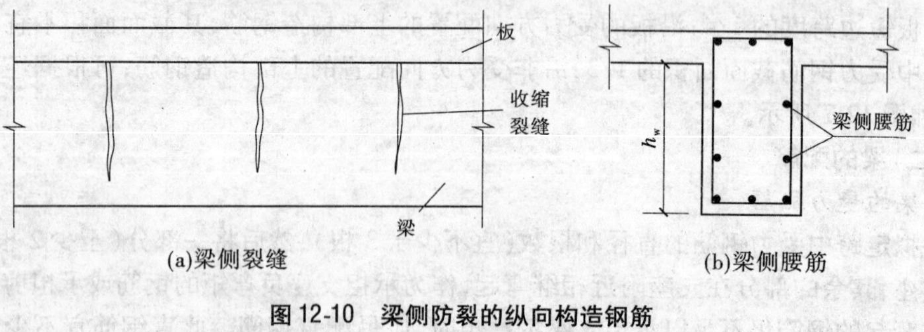

图 12-10 梁侧防裂的纵向构造钢筋

3. 主梁附加横向钢筋

主梁和次梁相交处,在主梁高度范围内受到次梁传来的集中荷载的作用,其腹部可能出现斜裂缝,如图 12-11(a)所示。因此,应在集中荷载影响区 s 范围内加设附加横向钢筋(箍筋、吊筋)以防止斜裂缝出现而引起局部破坏,如图 12-11(b)、(c)所示。位于梁下部或梁截面高度范围内的集中荷载,应全部由附加横向钢筋承担,并应布置在长度为 $s=$

$2h_1+3b$ 的范围内。附加横向钢筋宜优先采用箍筋。当采用吊筋时，其弯起段应伸至梁上边缘，且末端水平段长度在受拉区不应小于 $20d$，在受压区不应小于 $10d$（d 为吊筋的直径）。

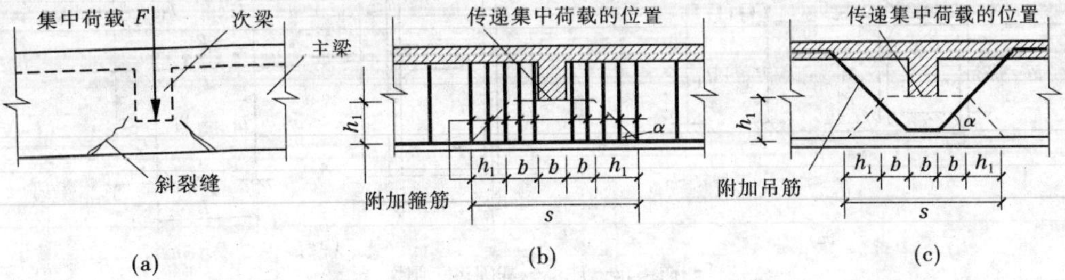

图 12-11　主次梁交接处的附加箍筋和吊筋

附加箍筋和吊筋的总截面面积按下式计算：

$$F \leqslant 2f_y A_{sb}\sin\alpha + m \times n \times f_{yv} A_{sv1} \tag{12-8}$$

式中　F——由次梁传递的集中力设计值；

f_y——附加吊筋的抗拉强度设计值；

f_{yv}——附加箍筋的抗拉强度设计值；

A_{sb}——附加吊筋的截面面积；

A_{sv1}——附加单肢箍筋的截面面积；

n——在同一截面内附加箍筋的肢数；

m——附加箍筋的排数；

α——附加吊筋与梁轴线间的夹角，一般为 45°，当梁高 $h>800$ mm 时，采用 60°。

在设计中，不允许用布置在集中荷载影响区内的受剪箍筋代替附加横向钢筋。此外，当传入集中力的次梁宽度 b 过大时，宜适当减小由 $s=2h_1+3b$ 所确定的附加横向钢筋布置宽度。当次梁与主梁高度差 h_1 过小时，宜适当增大附加横向钢筋的布置宽度。当主、次梁均承担有由上部墙、柱传来的竖向荷载时，附加横向钢筋宜在本规定的基础上适当增大。

第三节　刚架结构及牛腿

一、刚架

（一）概述

由横梁和立柱刚性连接所组成的承重结构称为刚架结构。刚架结构具有较好的整体性，在水工建筑中应用相当广泛，如图 12-12（a）所示的支承渡槽槽身和图 12-12（b）所示的支承水闸工作桥桥面的结构都是刚架结构。

刚架高度 H 在 5 m 以下时，常用单层刚架；在 5 m 以上时，宜用双层刚架或多层刚架。刚架按跨数又可分为单跨刚架和多跨刚架，应根据使用要求选择刚架的层数和跨数。

（二）刚架结构设计要点

1. 计算简图

平面刚架计算简图一般应表示出：刚架的跨度和高度，节点和支承的形式，各构件的

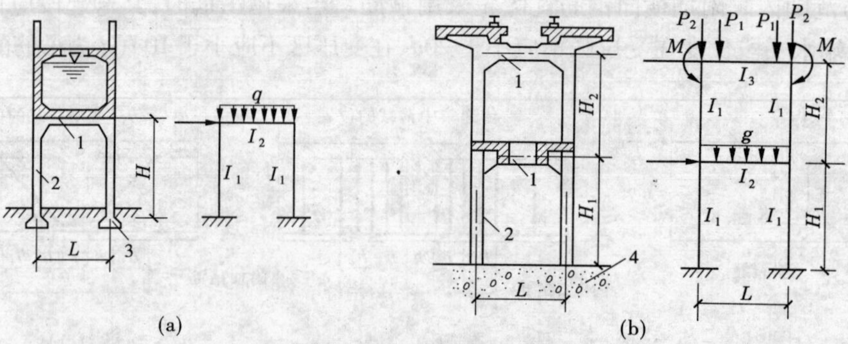

1—横梁;2—柱;3—基础;4—闸墩

图 12-12　刚架结构

截面抗弯刚度 EI 以及荷载的形式、数值和作用位置。

刚架立柱与基础的连接有铰接和固接两种形式,采取哪种形式主要取决于土壤的特性。支承刚架结构的地基条件较差时采用铰接方式,这样可以减少地基不均匀沉降引起的附加内力;支承刚架结构的地基条件较好或为混凝土结构时采用固接,有利于施工和增加刚架结构的整体刚度。

以图 12-12(b)所示的工作桥刚架为例,刚架轴线采用构件截面重心的连线,立柱和横梁均为刚性连接,柱子和闸墩是整体浇筑,故可作为固定端支承。荷载的形式、数值和作用位置可根据实际资料确定。为简化计算,刚架中横梁的自重常化为集中荷载处理,结构自身及其上建筑所承受的风荷载常视为水平集中荷载来处理。

2. 内力计算

刚架是超静定结构,内力计算时要先假定构件的截面尺寸,内力计算后如有必要再加以修正。一般只有当各杆件的相对惯性矩变化超过 3 倍时,才需要重新计算内力。

刚架的内力计算可按结构力学的方法进行。工程上常用的刚架大多有现成的计算公式或图表可以利用。

3. 截面设计

最不利情况组合计算得到内力(M、N、V 等)后,就可以进行承载力计算。承载力计算的控制截面,横梁为跨中和支座处截面;立柱为每层柱顶和柱底处截面。

刚架中横梁轴向力 N 一般很小,可忽略不计,按受弯构件进行计算。当 N 不能忽略时,按偏心受拉或偏心受压构件进行计算。刚架立柱中的内力主要是弯矩 M 和轴向力 N,按偏心受压构件进行计算且常采用对称配筋。

(三)刚架的构造

刚架结构的横梁、主柱的构造与一般梁、柱基本相同,关键要处理好梁柱节点构造和立柱与基础的连接。

1. 节点构造

刚架的节点处在弯矩、剪力、轴力共同作用下,应力状态很复杂,且会产生应力集中,因此必须采取措施来保证刚架节点有足够的强度。

在刚架中间层节点处,上部纵筋在节点内的锚固长度应符合规范要求,并应伸过节点中心线。当钢筋在节点内的水平锚固长度不够时，应伸至对面柱后再向下弯折，经弯折后的水平投影长度不应小于$0.4l_a$，垂直投影长度不应小于$15d$（d为纵向钢筋的直径），如图12-13所示。

刚架顶层节点梁与柱受力钢筋搭接一般有两种方式：搭接接头沿顶层端节点外侧及顶部布置和沿柱顶外侧布置。如图12-14所示。

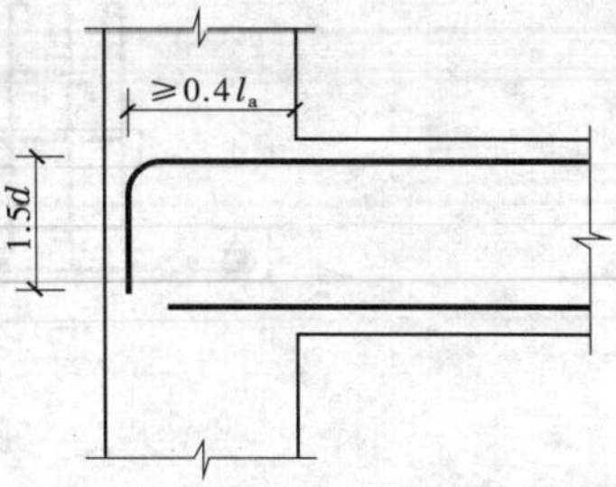

图 12-13　刚架中间层节点钢筋的锚固

搭接接头可沿顶层端节点外侧及顶部布置。如图12-14(a)所示。搭接长度l_s不应小于$1.5l_a$，其中，伸入梁内的柱外侧纵向钢筋截面面积不宜小于柱外侧纵向钢筋全部截面面积的65%。梁宽范围以外的柱外侧纵向钢筋宜沿节点顶部伸至柱内边，当柱纵向钢筋位于柱顶第一层时，至柱内后宜向下弯折不小于

(a)位于节点外侧和梁端顶部的弯折搭接接头　　(b)位于柱端顶外侧的直线搭接接头

图 12-14　梁上部纵向钢筋与柱外侧钢筋在顶层端节点的搭接

$8d$后截断，当柱纵向钢筋位于柱顶第二层时，可不向下弯折。当柱外侧纵向钢筋配筋率大于1.2%时，伸入梁内的柱纵向钢筋宜分两批截断，其截断点之间的距离不宜小于$20d$。梁上部纵向钢筋应伸至节点外侧并向下弯至梁下边缘高度后截断。

搭接接头可沿顶沿柱顶外侧布置，如图12-14(b)所示。搭接长度l_s不应小于$1.7l_a$，当梁上部纵向钢筋配筋率大于1.2%时，伸入柱外侧的梁上部纵向钢筋宜分两批截断，其截断点之间的距离不宜小于$20d$。柱外侧纵向钢筋伸至柱顶后宜向节点内水平弯折，弯折段的水平投影长度不宜小于$12d$。

有支托时，必须沿支托表面设置附加钢筋。直钢筋根数不少于4根，直径与横梁沿底面伸入节点的钢筋直径相同，伸入梁内的长度l_{a1}，当受拉时取$1.2l_a$且不小于300 m，当受压时取$0.85l_a$，且不小于200 mm；伸入柱内的长度l_{a2}当受拉时取l_a，不受拉时须伸至柱中心线，且l_{a2}不小于l_{as}；支托内箍筋要适当加密，支托终点处增加两个附加箍筋，附加箍筋的直径与梁内箍筋的直径相同。

2. 立柱与基础的连接

立柱可采用预制和现浇两种方法制作，不论是现浇柱还是预制柱，与基础的连接都有铰接和固接两种。

1）现浇立柱与基础的连接

现浇立柱与基础固接的做法：从基础内伸出插筋与柱内钢筋相连接，然后浇筑柱混凝

土。插筋的直径、根数、间距和柱内钢筋相同。插筋一般应伸至基础底部。当基础高度较大时，也可将基础四角处的插筋伸至基础底部，而其余插筋只伸至基础顶面以下，满足锚固长度的要求即可，如图12-15所示。

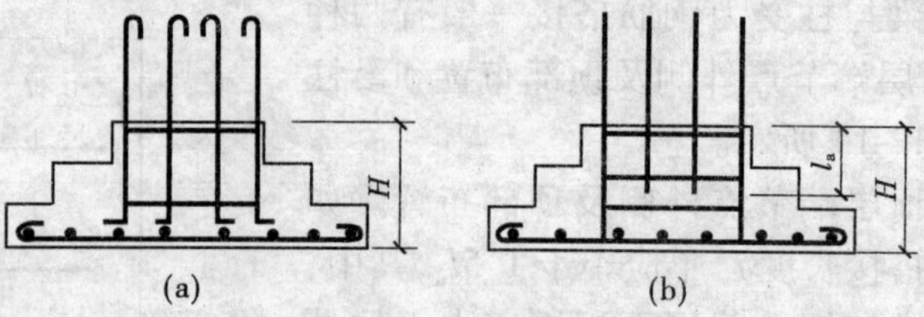

图12-15 现浇立柱与基础固接

现浇立柱与基础铰接的做法：在连接处将柱子截面减小为原截面的1/2～1/3，并用交叉钢筋、垂直钢栓或高等肋钢连接，在紧邻此铰的柱和基础中应增设箍筋与钢筋网，这样可将此处的弯矩削减到实用上可以忽略的程度。柱中的轴向力由钢筋和保留的混凝土来传递，按局部受压核算，如图12-16所示。

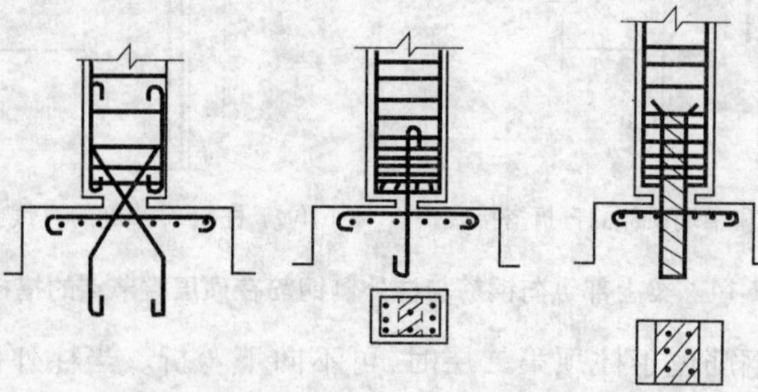

图12-16 现浇立柱与基础铰接

2）预制柱与基础的连接

预制立柱与基础的连接不论是铰接还是固接都采用杯形基础。

预置柱与基础的固接做法：按一定要求将柱子插入杯形基础的杯口中，周围回填不低于C20的细石混凝土即可，如图12-17所示。

预制柱与基础的铰接做法：先在杯底填50 mm厚不低于C20的细石混凝土，将柱子插入杯口内后，周围再用沥青麻丝等填实，如图12-18所示。

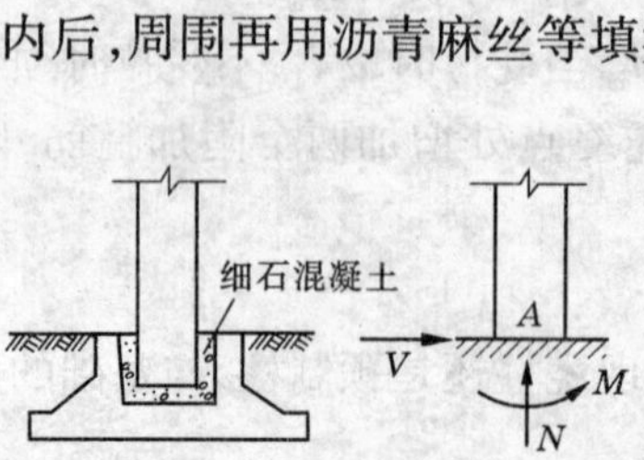

图12-17 预制立柱与基础固接图

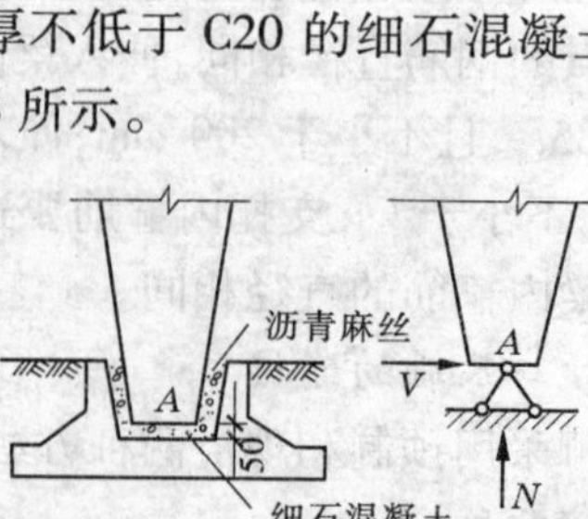

图12-18 预制立柱与基础铰接

二、牛腿

用来支承吊车梁、屋架等构件,从柱内伸出的短悬臂构件是柱上极为重要的传力部位,工程上称为“牛腿”。牛腿在工程中应用较广泛,如水电站厂房柱中、渡槽和水闸工作桥的支承刚架顶端等。

根据牛腿竖向力 F_v 的作用点至下柱边缘的距离 a 的大小,一般将牛腿分为两类:$a \leqslant h_0$ 时为短牛腿,$a > h_0$ 时为长牛腿。h_0 为牛腿根部与下柱铰接处垂直截面的有效高度,$h_0 = h - a_s$。水电站厂房支承吊车梁、屋架等牛腿多为短牛腿,现只简单介绍牛腿的基本构造。

(一)受力钢筋

受力钢筋采用变形钢筋。承受竖向力所需的受拉钢筋的配筋率(以 bh_0 计)不应小于 0.2%,也不宜大于 0.6%,且根数不宜少于 4 根,直径不应小于 12 mm。受拉钢筋不得下弯兼做弯起钢筋,而应全部直通至牛腿外边缘沿斜边伸入柱内不少于 150 mm,在柱内的锚固长度要符合有关规定。承受水平拉力的锚筋应焊在预埋件上,且不应少于 2 根,直径不应小于 12 mm。

(二)水平箍筋和弯起钢筋

牛腿中除应配受力钢筋外,还应配水平箍筋。《规范》规定:水平箍筋的直径不应小于 6 mm,间距为 100 ~ 150 mm,且在上部 $\frac{2}{3}h_0$ 范围内水平箍筋的总面积不应小于承受竖向力的受拉钢筋截面面积的 1/2。当牛腿的剪跨比 $\frac{a}{h_0} \geqslant 0.3$ 时,应设置弯起钢筋 A_{sb}。弯起钢筋宜采用变形钢筋,并设置在牛腿上部 1/6 ~ 1/2 的范围内,其截面面积不应小于承受竖向力的受拉钢筋截面面积的 1/2,其根数不应少于 2 根,直径不宜小于 12 mm,如图 12-19所示。

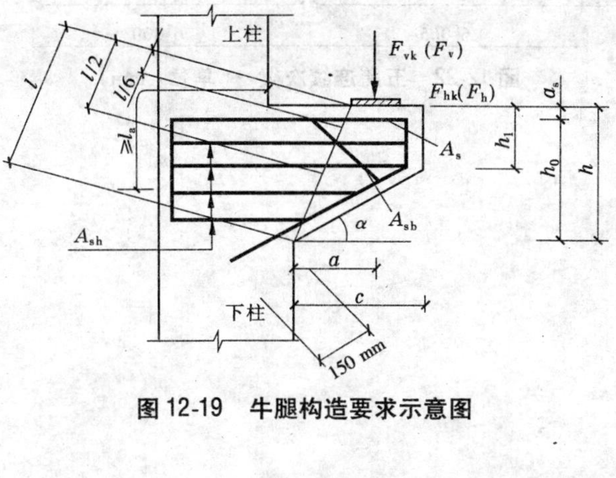

图 12-19 牛腿构造要求示意图

习 题

12-1 某连续板计算简图如图 12-20 所示,承受恒荷载、活荷载设计值为 $g = 3.5$ kN/m

和 $q=6$ kN/m(已考虑了次梁对板的转动约束影响,即恒活载已作了修正),试利用内力计算表,计算此连续板各支座和跨中截面的最大弯矩值。

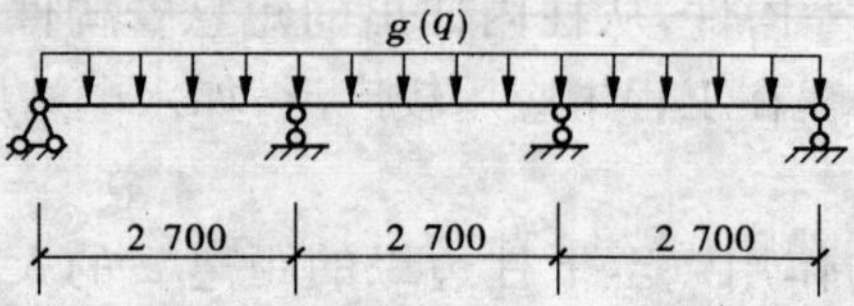

图 12-20 连续板计算简图 (单位:mm)

12-2 五跨连续板的板带如图 12-21 所示,板跨 2.4 m,受恒荷载标准值 $g_k=3.8$ kN/m²,活荷载标准值 $q_k=3.5$ kN/m²,混凝土强度等级为 C25,钢筋纵筋用 HRB335 级钢筋,次梁截面尺寸 $b\times h=200$ mm × 450 mm。板厚 80 mm,试进行板的配筋计算,并绘制配筋图。

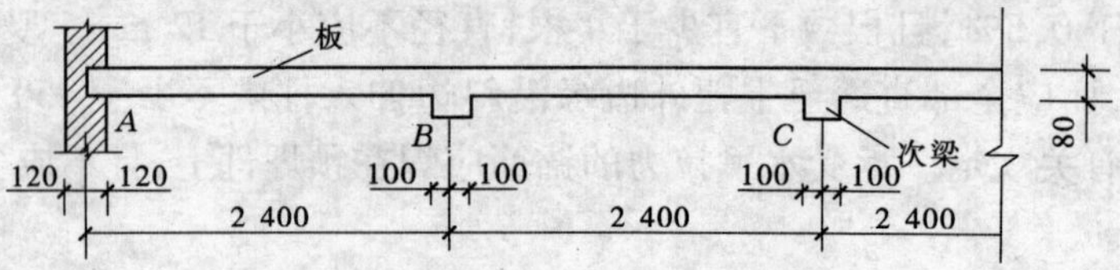

图 12-21 五跨连续板 (单位: mm)

12-3 五跨连续次梁如图 12-22 所示,两端支承在 370 mm 厚的砖墙上,中间支承在 $b\times h=300$ mm × 600 mm 主梁上,承受板传来的恒荷载标准值 $g_k=8$ kN/m,活荷载标准值 $q_k=12$ kN/m,混凝土强度等级为 C20,采用 HRB335 级钢筋,试确定次梁截面尺寸并进行配筋计算。

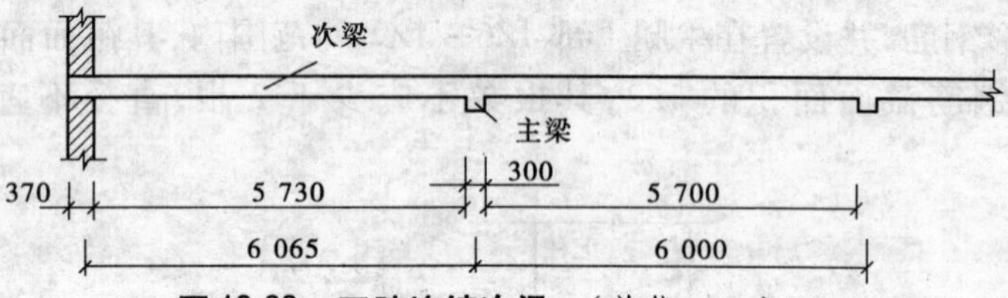

图 12-22 五跨连续次梁 (单位: mm)

第十三章　砌体结构

砌体结构由块体和砂浆砌筑而成，是砖砌体、砌块砌体和石砌体结构的统称。在水环境里利用砌体材料建造的工程或构件称水工砌体结构，如水利工程中的石坝、挡土墙、石拱桥等均属砌体结构。

砌体结构应用广泛，其主要优点是：

(1)就地取材。砖主要用黏土烧制，石材的原料是天然石，砌块可以用工业废料——矿渣制作，来源方便，价格低廉。

(2)技术性能好。砌体具有良好的耐火性和耐久性；隔热和保温性能良好，既是较好的承重结构，也是较好的围护结构。

(3)施工技术简便。砌体砌筑时不需要模板和特殊的施工设备，工种少，易于配合，工艺操作简单，可连续施工。

砌体结构也有不少缺点：与钢和混凝土相比，砌体的强度较低，因而构件的截面尺寸较大，材料用量多，自重大；砌体的砌筑基本上是手工方式，施工劳动量大；砌体的抗拉和抗剪强度都很低，因而抗震性能较差，在使用上受到一定限制；黏土砖需用黏土制造，会在某些地区过多占用农田。

由于目前国内尚无专门的水工砌体结构设计规范，因此本章的内容是按照《砌体结构设计规范》(GB 50003—2011)编写而成的。

第一节　砌体的力学性能

一、砌体结构的材料

砌体结构材料包括块体材料(砖类块材、砌块及石材)和砂浆等。

(一)块体材料

1. 砖类块材

用于工程结构中的砖包括烧结普通砖、烧结多孔砖、蒸压灰砂普通砖、蒸压粉煤灰普通砖、混凝土砖等。目前，我国生产的标准实心黏土砖的规格为240 mm×115 mm×53 mm，如图13-1(a)所示。

1)烧结普通砖

烧结普通砖是指以煤矸石、页岩、粉煤灰或黏土为主要原料，经过焙烧而成的实心砖，分为烧结煤矸石砖、烧结页岩砖、烧结粉煤灰砖、烧结黏土砖等。

2)烧结多孔砖

烧结多孔砖是指以煤矸石、页岩、粉煤灰或黏土为主要原料，经焙烧而成，孔洞率不大于35%，孔的尺寸小而数量多，主要用于承重部位的砖，如图13-1(b)所示。目前烧结多孔砖分为P型砖和M型砖。此处P、M分别表示“普通”和“模数”。

3）蒸压灰砂普通砖

蒸压灰砂普通砖是指以石灰等钙质材料和砂等硅质材料为主要原料，经坯料制备、压制排气成型、高压蒸汽养护而成的实心砖，简称灰砂砖。

4）蒸压粉煤灰普通砖

蒸压粉煤灰普通砖是指以石灰、消石灰或水泥等钙质材料与粉煤灰等硅质材料及集料（砂等）为主要原料，掺加适量石膏，经坯料制备、压制排气成型、高压蒸汽养护而成的实心砖，简称粉煤灰砖。

5）混凝土砖

混凝土砖是指以水泥为胶结材料，以砂、石等为主要集料，加水搅拌、成型、养护制成的一种多孔的混凝土半盲孔砖或实心砖。

2. 混凝土小型空心砌块

由普通混凝土或轻集料混凝土制成，主规格尺寸为 390 mm × 190 mm × 190 mm、空心率在 25% ~50% 的空心砌块，简称混凝土砌块或砌块，如图 13-1（c）所示。

3. 石材

石材按其加工后的外形规则程度可分为料石和毛石。其中，料石又分为细料石、粗料石和毛料石。

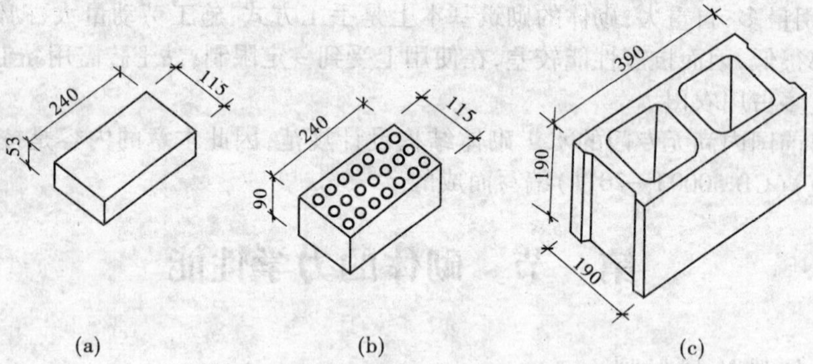

图 13-1　块体材料　（单位：mm）

（二）砂浆

1. 普通砂浆

砂浆是由胶凝材料、细集料和水等材料按适当比例配制而成的。砂浆在砌体中的作用是将块材粘结成整体，并抹平块体表面使应力分布较为均匀。同时，砂浆填满块材间的缝隙而减少了砌体的透气性，从而提高了砌体隔热性和抗冻性能。普通砂浆按所用胶结材料的不同分为水泥砂浆、石灰砂浆和混合砂浆（常用水泥石灰混合砂浆）。

2. 混凝土砌块专用砂浆

由水泥、砂、水以及根据需要掺入的掺和料和外加剂等组分，按一定比例，采用机械拌和制成，专门用于砌筑混凝土砌块的砌筑砂浆，简称砌块专用砂浆。

3. 蒸压灰砂普通砖、蒸压粉煤灰普通砖专用砌筑砂浆

由水泥、砂、水以及根据需要掺入的掺和料和外加剂等组分，按一定比例，采用机械拌和制成，专门用于砌筑蒸压灰砂砖或蒸压粉煤灰砖砌体，且砌体抗剪强度不低于烧结普通砖砌体的取值的砂浆。

（三）混凝土砌块灌孔混凝土

由水泥、集料、水以及根据需要掺入的掺和料和外加剂等组分，按一定比例用机械搅拌后，用于浇注混凝土砌块砌体芯柱或其他需要填实部位孔洞的混凝土。

（四）材料的强度等级

1.承重结构的块体强度等级

砌体材料的强度等级根据标准试验方法所得材料抗压强度的 MPa 数值划分。根据《砂体结构设计规范》，块体强度等级按下列规定采用：

（1）烧结普通砖、烧结多孔砖等的强度等级：MU30、MU25、MU20、MU15 和 MU10。

（2）蒸压灰砂普通砖、蒸压粉煤灰普通砖的强度等级：MU25、MU20 和 MU15。

（3）混凝土普通砖、混凝土多孔砖的强度等级：MU30、MU25、MU20 和 MU15。

（4）混凝土砌块、轻集料混凝土砌块的强度等级：MU20、MU15、MU10、MU7.5 和 MU5。

（5）石料的强度等级：MU100、MU80、MU60、MU50、MU40、MU30 和 MU20。

2.自承重墙的空心砖

（1）空心砖的强度等级：MU10、MU7.5、MU5 和 MU3.5。

（2）轻集料混凝土砌块的强度等级：MU10、MU7.5、MU5 和 MU3.5。

3.砂浆的强度等级

（1）烧结普通砖、烧结多孔砖、蒸压灰砂普通砖和蒸压粉煤灰普通砖砌体采用的普通砂浆的强度等级：M15、M10、M7.5、M5 和 M2.5。

（2）蒸压灰砂普通砖和蒸压粉煤灰普通砖砌体采用的专用砌筑砂浆等级：Ms15、Ms10、Ms7.5 和 Ms5。

（3）混凝土普通砖、混凝土多孔砖、单排孔混凝土砌块和煤矸石混凝土砌块砌体采用的砂浆强度等级：Mb20、Mb15、Mb10、Mb7.5 和 Mb5。

（4）双排孔或单排孔轻集料混凝土砌块砌体采用的砂浆强度等级：Mb10、Mb7.5 和 Mb5。

（5）毛料石、毛石砌体采用的砂浆强度等级：M7.5、M5 和 M2.5。

二、砌体结构的种类

砌体分为无筋砌体和配筋砌体两大类。根据块体的不同，无筋砌体可分为砖砌体、砌块砌体和石砌体。在砌体中配有钢筋或钢筋混凝土的称为配筋砌体。

（一）砖砌体

砖砌体由普通砖和空心砖用砂浆砌筑而成。通常用作墙、柱及基础等承重结构，围护及隔断等非承重结构。承重墙一般多做成实心的。实心砖砌体按照砖的搭砌方式，有一顺一丁、三顺一丁或梅花丁等砌筑方法。

（二）砌块砌体

砌块代替黏土砖做砌筑材料，有利于建筑工业化、减轻劳动强度及加快施工进度。在选择砌块的规格尺寸和型号时，应考虑吊装设备的能力和房屋墙体的分块情况，尽量减少砌块的类型。常用的砌块是混凝土小型空心砌块。

（三）石砌体

石砌体分为料石砌体、毛石砌体和毛石混凝土砌体。

料石砌体和毛石砌体用砂浆砌筑，毛石混凝土由混凝土和砂浆交替铺砌而成。料石砌体一般用于建筑房屋、石拱桥、石坝等构筑物。料石加工困难，一般多采用毛石砌体。毛石混凝土砌体通常用作一般房屋和构筑物的基础。

（四）配筋砌体

配筋砌体是由配置钢筋的砌体作为建筑物主要受力构件的结构，是网状配筋砌体柱、水平配筋砌体墙、砖砌体和钢筋混凝土面层或钢筋砂浆面层组合砌体柱（墙）、砖砌体和钢筋混凝土构造柱组合墙、配筋砌块砌体剪力墙等结构的统称。在灰缝中或者在水泥粉刷中配置钢筋的目的是增加砌体的抗拉、抗压、抗剪、抗弯强度。

1. 网状配筋砖砌体

当砖砌体构件截面尺寸较大，需要减小其截面尺寸，提高砌体的强度时，可在砌体的水平灰缝中每隔几层砖放置一层钢筋网，称为网状配筋（或横向配筋）砖砌体，如图 13-2 所示。

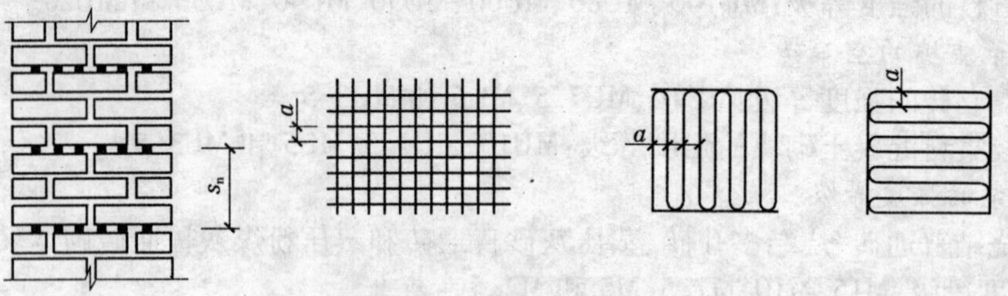

图 13-2　网状配筋砖砌体

2. 组合砖砌体

当构件的偏心较大时，可在竖向灰缝内或在垂直于弯矩方向的两个侧面预留的竖向凹槽内，放置纵向钢筋和浇注混凝土，这种配筋称为组合砖砌体，如图 13-3 所示。

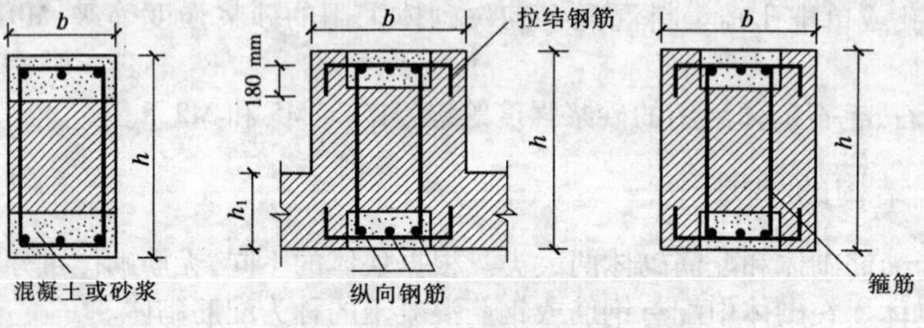

图 13-3　组合砖砌体构件截面

三、砌体的力学性能

（一）砌体的抗压强度

1. 砖砌体在轴心受压下的破坏特征

试验表明，砖砌体的破坏大致经历以下三个阶段：

第一阶段，从开始加荷到个别砖出现第一条（或第一批）裂缝，如图 13-4（a）所示。这个阶段的特点是如不再增加荷载，裂缝也不扩展。

第二阶段，随着荷载的增加，单块砖内个别裂缝不断开展并扩大，并沿竖向通过若干层砖形成连续裂缝，如图 13-4（b）所示。

第三阶段，继续增加荷载，裂缝将迅速开展，砌体被几条贯通的裂缝分割成互不相连的若干小柱，如图13-4(c)所示，小柱朝侧向突出，其中某些小柱可能被压碎，以致最终丧失承载力而破坏。

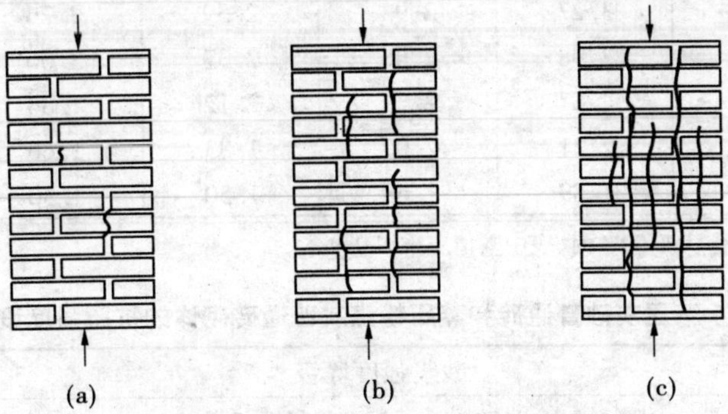

图13-4　砌体轴心受压的破坏特征

2. 砖砌体受压应力状态的分析

当砌体受压时，砖承受的压力是不均匀的，处于受弯、受剪和局部受压状态。由于砖的厚度小，又是脆性材料，其抗剪、抗弯强度远低于抗压强度，砌体的第一批裂缝就是由于单块砖的受弯、受剪破坏引起的。

3. 影响砌体抗压强度的因素

1)块体的强度、尺寸和形状的影响

砌体的强度主要取决于块体的强度。增加块体的厚度，其抗弯、抗剪能力亦会增加，同样会提高砌体的抗压强度。此外，块体的表面愈平整，灰缝的厚度将愈均匀，从而减少块体的受弯、受剪作用，砌体的抗压强度就会提高。

2)砂浆的强度及和易性的影响

砂浆强度过低将加大块体与砂浆横向变形的差异，对砌体抗压强度不利。和易性好的砂浆具有很好的流动性和保水性。在砌筑时易于铺成均匀、密实的灰缝，减少了单个块体在砌体中弯、剪应力，因而提高了砌体的抗压强度。

3)砌筑质量的影响

砌筑质量对砌体抗压强度的影响，主要表现在水平灰缝砂浆的饱满程度。灰缝的厚度也将影响砌体强度。水平灰缝厚些容易铺得均匀，但增加了砖的横向拉应力；灰缝过薄，使砂浆难以均匀铺砌。实践证明，水平灰缝厚度宜为8～12 mm。

4. 各类砌体的抗压强度设计值

龄期为28 d的以毛截面计算的各类砌体抗压强度设计值，当施工质量控制等级为B级时，应根据块体和砂浆的强度等级分别按下列规定采用：

(1)烧结普通砖和烧结多孔砖砌体的抗压强度设计值按表13-1采用。

(2)蒸压灰砂普通砖和蒸压粉煤灰普通砖砌体的抗压强度设计值按表13-2采用。

其他砌体的抗压强度设计值可查有关规范。

(二)砌体的轴心抗拉、弯曲抗拉和抗剪强度设计值

1. 砌体的轴心抗拉

在圆形水池设计中，由于内部液体的压力在池壁中产生环向水平拉力，而使砌体垂直

表 13-1　烧结普通砖和烧结多孔砖砌体的抗压强度设计值　（单位：MPa）

砖强度等级	砂浆强度等级					砂浆强度
	M15	M10	M7.5	M5	M2.5	0
MU30	3.94	3.27	2.93	2.59	2.26	1.15
MU25	3.60	2.98	2.68	2.37	2.06	1.05
MU20	3.22	2.67	2.39	2.12	1.84	0.94
MU15	2.79	2.31	2.07	1.83	1.60	0.82
MU10	—	1.89	1.69	1.50	1.30	0.67

注：当烧结多孔砖的孔洞率大于 30% 时，表中数值应乘以 0.9。

表 13-2　蒸压灰砂普通砖和蒸压粉煤灰普通砖砌体的抗压强度设计值　（单位：MPa）

砖强度等级	砂浆强度等级				砂浆强度
	M15	M10	M7.5	M5	0
MU25	3.60	2.98	2.68	2.37	1.05
MU20	3.22	2.67	2.39	2.12	0.94
MU15	2.79	2.31	2.07	1.83	0.82

截面处于轴心受拉状态，如图 13-5 所示。砌体的轴心受拉破坏有两种基本形式：

（1）当块体强度等级较高，砂浆强度等级较低时，砌体将沿齿缝破坏，如图 13-5（a）中的 I—I、I′—I′所示。

（2）当块体强度等级较低，砂浆强度等级较高时，砌体的破坏可能沿竖直灰缝和块体截面连成的直缝破坏，如图 13-5（a）中的Ⅱ—Ⅱ所示。

2. 弯曲抗拉

带支墩的挡土墙和风荷载作用下的围墙均属受弯构件，如图 13-6 所示。砌体的弯曲受拉破坏有三种基本形式：

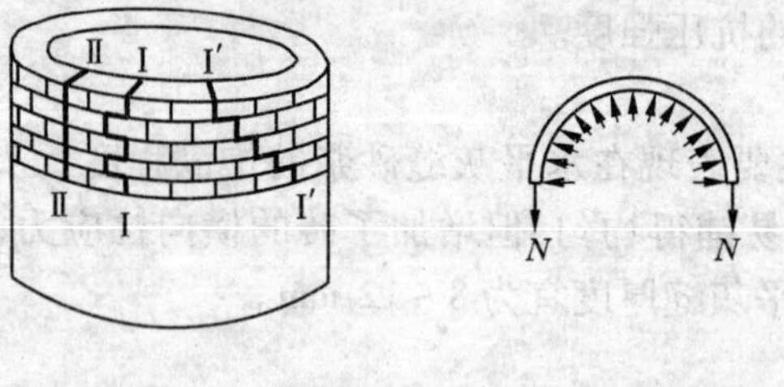

图 13-5　砌体的轴心受拉

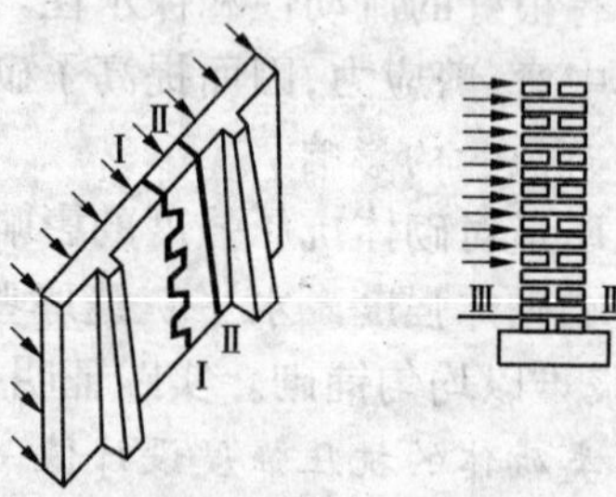

图 13-6　砌体弯曲受拉

（1）当块体强度等级较高时，砌体沿齿缝破坏，如图 13-6（a）中的 I—I。

（2）当块体强度等级较低，而砂浆强度等级较高时，砌体可能沿竖直灰缝和块体截面连成的直缝破坏，如图 13-6（a）中的Ⅱ—Ⅱ。

（3）当弯矩较大时，砌体将沿弯矩最大截面的水平灰缝产生沿通缝的弯曲破坏，如图 13-6（b）中的Ⅲ—Ⅲ。

3. 抗剪强度

砌体结构中的门窗砖过梁、拱过梁支座均属受剪构件，它们可能沿阶梯形截面受剪破坏，或者沿通缝截面受剪破坏，如图 13-7(a)、(b)所示。

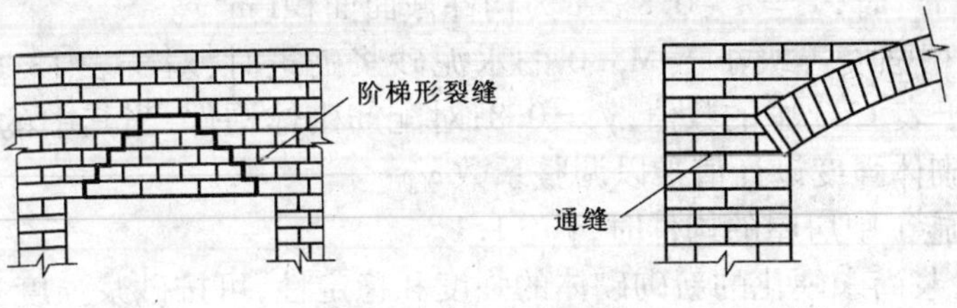

图 13-7 砌体的受剪破坏

龄期为 28 d 的以毛截面计算的各类砌体的轴心抗拉强度设计值、弯曲抗拉强度设计值和抗剪强度设计值，当施工质量控制等级为 B 级时，应按表 13-3 采用。

表 13-3 沿砌体灰缝截面破坏时砌体的轴心抗拉强度设计值、弯曲抗拉强度设计值和抗剪强度设计值

(单位:MPa)

强度类别	破坏特征及砌体种类		砂浆强度等级			
			≥M10	M7.5	M5	M2.5
轴心抗拉	 沿齿缝	烧结普通砖、烧结多孔砖	0.19	0.16	0.13	0.09
		混凝土普通砖、混凝土多孔砖	0.19	0.16	0.13	—
		蒸压灰砂普通砖、蒸压粉煤灰普通砖	0.12	0.10	0.08	—
		混凝土和轻集料混凝土砌块	0.09	0.08	0.07	—
		毛石	—	0.07	0.06	0.04
弯曲抗拉	 沿齿缝	烧结普通砖、烧结多孔砖	0.33	0.29	0.23	0.17
		混凝土普通砖、混凝土多孔砖	0.33	0.29	0.23	—
		蒸压灰砂普通砖、蒸压粉煤灰普通砖	0.24	0.20	0.16	—
		混凝土和轻集料混凝土砌块	0.11	0.09	0.08	—
		毛石	—	0.11	0.09	0.07
	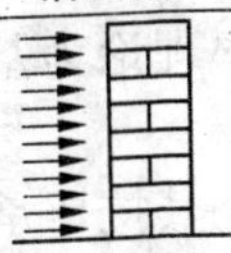 沿通缝	烧结普通砖、烧结多孔砖	0.17	0.14	0.11	0.08
		混凝土普通砖、混凝土多孔砖	0.17	0.14	0.11	—
		蒸压灰砂普通砖、蒸压粉煤灰普通砖	0.12	0.10	0.08	—
		混凝土和轻集料混凝土砌块	0.08	0.06	0.05	—
抗剪	烧结普通砖、烧结多孔砖		0.17	0.14	0.11	0.08
	混凝土普通砖、混凝土多孔砖		0.17	0.14	0.11	—
	蒸压灰砂普通砖、蒸压粉煤灰普通砖		0.12	0.10	0.08	—
	混凝土和轻集料混凝土砌块		0.09	0.08	0.06	—
	毛石		—	0.19	0.16	0.11

注：1. 对于用形状规则的块体砌筑的砌体，当搭接长度与块体高度的比值小于 1 时，其轴心抗拉强度设计值 f 和弯曲抗拉强度设计值 f_{tm} 应按表中数值乘以搭接长度与块体高度比值后采用。

2. 表中数值是依据普通砂浆砌筑的砌体确定的，采用经研究性试验且通过技术鉴定的专用砂浆砌筑的蒸压灰砂普通砖、蒸压粉煤灰普通砖砌体，其抗剪强度设计值按相应普通砂浆强度等级砌筑的烧结普通砖砌体采用。

3. 对混凝土普通砖、混凝土多孔砖、混凝土和轻集料混凝土砌块砌体，表中的砂浆强度等级分别为：≥Mb10、Mb7.5 及 Mb5。

(三)砌体强度设计值的调整系数

砌体结构设计中,遇到下列情况的各类砌体,其强度设计值应乘以调整系数 γ_a:

(1)对无筋砌体构件,其截面面积小于0.3 m^2 时,$\gamma_a = A + 0.7$;对配筋砌体构件,其截面面积小于0.2 m^2 时,$\gamma_a = A + 0.8$。A 为构件截面面积(m^2)。

(2)当砌体用强度等级小于 M5.0 的水泥砂浆砌筑时,对于表 13-1、表 13-2 中的数值,$\gamma_a = 0.9$;对于表 13-3 中的数值,$\gamma_a = 0.8$;对配筋砌体构件,当其中的砌体采用水泥砂浆砌筑时,仅对砌体强度设计值乘以调整系数 γ_a。

(3)当验算施工中房屋的构件时,$\gamma_a = 1.1$。

施工阶段砂浆尚未硬化的新砌砌体的强度和稳定性,可按砂浆强度为零进行验算。

对于冬季采用掺盐砂浆法施工的砌体,砂浆强度等级按常温施工的强度等级提高一级时,砌体强度和稳定性可不验算。

(四)砌体的弹性模量、剪变模量

砌体的弹性模量 E 可按表 13-4 采用。

砌体的剪变模量 G,一般可取 $G = 0.4E$。

表 13-4 砌体的弹性模量

(单位:MPa)

砌体种类	砂浆强度等级			
	≥M10	M7.5	M5	M2.5
烧结普通砖、烧结多孔砖砌体	1 600f	1 600f	1 600f	1 390f
混凝土普通砖、混凝土多孔砖砌体	1 600f	1 600f	1 600f	—
蒸压灰砂普通砖、蒸压粉煤灰普通砖砌体	1 060f	1 060f	1 060f	—
非灌孔混凝土砌块砌体	1 700f	1 600f	1 500f	—
粗料石、毛料石、毛石砌体	—	5 650	4 000	2 250
细料石砌体	—	17 000	12 000	6 750

第二节 砌体受压构件的承载力

砌体结构设计方法和混凝土结构设计方法相同,也采用以概率理论为基础的极限状态设计方法。

受压是砌体结构最普遍的受力形式,砌体承载能力的特点就是其抗压承载力远大于抗拉、抗弯、抗剪的承载力。下面介绍无筋砌体受压构件承载力的计算。

一、影响无筋砌体受压构件承载力的主要因素

大量砌体受压试验表明,影响无筋砌体受压构件承载力的主要因素有构件的截面面积、砌体的抗压强度、轴向力的偏心矩 e 和构件的高厚比 β 等。

(一)高厚比 β

墙、柱的高度和其厚度的比值称为高厚比。计算影响系数 φ 时,构件高厚比 β 应按下列公式确定:

对于矩形截面

$$\beta = \gamma_\beta \frac{H_0}{h} \tag{13-1a}$$

对于T形截面 $$\beta=\gamma_\beta\frac{H_0}{h_T} \tag{13-1b}$$

式中 γ_β——不同砌体材料的高厚比修正系数，按表13-5采用；

H_0——受压构件的计算高度，按表13-7确定；

h——矩形截面轴向力偏心方向的边长，当轴心受压时为截面的较小边长；

h_T——T形截面的折算厚度，可近似按 $3.5i$ 计算（i 为截面回转半径）。

表13-5 高厚比修正系数 γ_β

砌体材料类别	γ_β
烧结普通砖、烧结多孔砖	1.0
混凝土普通砖、混凝土多孔砖、混凝土及轻集料混凝土砌块	1.1
蒸压灰砂普通砖、蒸压粉煤灰普通砖、细料石	1.2
粗料石、毛石	1.5

注：对灌孔混凝土砌块，γ_β 取1.0。

（二）轴向力的偏心距 e

当轴向力的偏心距 e 较大时，构件在使用阶段容易产生较宽的水平裂缝，使构件的侧向变形增大，承载力显著下降，既不安全也不经济。因此，《砌体结构设计规范》规定，按内力设计值计算的轴向力的偏心距 e 应满足：

$$e \leqslant 0.6y$$

式中 y——截面重心到轴向力所在偏心方向截面边缘的距离。

二、砌体受压构件的承载力计算公式

（一）影响系数 φ

影响系数反映高厚比 β 和轴向力的偏心距 e 对受压构件承载力的影响。无筋砌体矩形截面单向偏心受压构件承载力影响系数按下列公式计算：

当 $\beta \leqslant 3$ 时 $$\varphi=\frac{1}{1+12\left(\frac{e}{h}\right)^2} \tag{13-2a}$$

当 $\beta > 3$ 时 $$\varphi=\frac{1}{1+12\left[\frac{e}{h}+\sqrt{\frac{1}{12}\left(\frac{1}{\varphi_0}-1\right)}\right]^2} \tag{13-2b}$$

式中 e——轴向力的偏心距；

h——矩形截面轴向力偏心方向的边长；

φ_0——轴心受压构件稳定系数，用下式计算：

$$\varphi_0=\frac{1}{1+\alpha\beta^2}$$

其中 α——与砂浆强度等级有关的系数，当砂浆强度≥M5时，$\alpha=0.0015$，当砂浆强度=M2.5时，$\alpha=0.002$，当砂浆强度=0时，$\alpha=0.009$；

β——结构构件高厚比。

计算T形截面的影响系数 φ 时，应以折算厚度 h_T 代替式中的 h。

（二）计算公式

《砌体结构设计规范》规定，对于无筋砌体，不论轴心受压还是偏心受压，也不论是长柱还是短柱，采用如下统一的承载力计算公式：

$$N \leqslant \varphi f A \tag{13-3}$$

式中 N——轴向力设计值；

φ——高厚比 β 和轴向力的偏心距 e 对受压构件承载力的影响系数；

f——砌体的抗压强度设计值，注意强度设计值应乘以调整系数 γ_a；

A——截面面积，对各类砌体均应按毛截面计算。

对矩形截面构件，当轴向力偏心方向的截面边长大于另一方向的边长时，除按偏心受压计算外，还应对较小边长方向按轴心受压进行验算。

【例 13-1】 某截面为 370 mm×490 mm 的砖柱，柱计算高度为 3.3 m，采用强度等级为 MU10 的烧结普通砖及 M5 的混合砂浆砌筑，柱底承受轴向压力设计值为 $N=180$ kN，结构安全等级为Ⅱ级，施工质量控制等级为 B 级。试验算该柱的受压承载力。

解：由表 13-1，MU10 的烧结普通砖与 M5 的混合砂浆砌筑的砖砌体的抗压强度设计值 $f=1.5$ MPa；由表 13-5，烧结普通砖砌筑，$\gamma_\beta=1.0$。

截面面积：$A=0.37\times0.49=0.18(\text{m}^2)<0.3\ \text{m}^2$

砌体强度设计值应乘以调整系数：$\gamma_a=A+0.7=0.18+0.7=0.88$

柱的高厚比：$\beta=\gamma_\beta\dfrac{H_0}{h}=1.0\times\dfrac{3\ 300}{370}=8.92$

轴心受压柱影响系数：$\varphi=\varphi_0=\dfrac{1}{1+\alpha\beta^2}=\dfrac{1}{1+0.001\ 5\times8.92^2}=0.89$

柱底承载力：$\varphi\gamma_a fA=0.89\times0.88\times1.5\times0.18\times10^6=211.46(\text{kN})>N=180$ kN，满足要求。

【例 13-2】 一偏心受压柱，截面尺寸为 490 mm×620 mm，柱计算高度 $H_0=5$ m，采用强度等级为 MU15 蒸压灰砂普通砖及 M5 水泥砂浆砌筑，柱底承受轴向压力设计值为 $N=240$ kN，弯矩设计值 $M=30$ kN·m（沿长边方向），结构的安全等级为Ⅱ级，施工质量控制等级为 B 级。试验算该柱底截面是否安全。

解：(1) 弯矩作用平面内承载力验算。

由表 13-2，MU15 蒸压灰砂普通砖与 M5 水泥砂浆砌筑的砖砌体抗压强度设计值 $f=1.83$ MPa。

由表 13-5，蒸压灰砂普通砖砌筑，$\gamma_\beta=1.2$。

M5 水泥砂浆砌筑，不需乘以调整系数。

截面面积：$A=490\times620\times10^{-6}=0.304(\text{m}^2)>0.3\ \text{m}^2$

偏心矩：$e=\dfrac{M}{N}=\dfrac{30}{240}=0.125(\text{m})=125\ \text{mm}<0.6y=0.6\times\dfrac{490}{2}=147(\text{mm})$

$\dfrac{e}{h}=\dfrac{125}{620}=0.202$

高厚比：$\beta=\gamma_\beta\dfrac{H_0}{h}=1.2\times\dfrac{5}{0.62}=9.68$

影响系数：$\varphi_0=\dfrac{1}{1+\alpha\beta^2}=\dfrac{1}{1+0.0015\times9.68^2}=0.877$

$$\varphi=\frac{1}{1+12\left[\frac{e}{h}+\sqrt{\frac{1}{12}\left(\frac{1}{\varphi_0}-1\right)}\right]^2}=\frac{1}{1+12\times\left[0.202+\sqrt{\frac{1}{12}\times\left(\frac{1}{0.877}-1\right)}\right]^2}=0.464$$

柱底承载力：$\varphi fA=0.464\times1.83\times490\times620\times10^{-3}=258.0(\text{kN})>N=240\ \text{kN}$

(2)弯矩作用平面外承载力验算。短边方向，按轴压验算：

$$\beta=\gamma_\beta\frac{H_0}{h}=1.2\times\frac{5}{0.49}=12.24$$

$$\varphi=\varphi_0=\frac{1}{1+\alpha\beta^2}=\frac{1}{1+0.0015\times12.24^2}=0.817$$

$$\varphi fA=0.817\times1.83\times490\times620\times10^{-3}=454.2(\text{kN})>240\ \text{kN}$$

所以，柱底截面安全。

第三节　砌体高厚比验算

高厚比验算是保证砌体结构施工阶段和使用阶段稳定性与刚度的一项重要构造措施。

一、房屋的静力计算方案

根据房屋的空间工作性能，房屋的静力计算方案分为刚性方案、刚弹性方案和弹性方案。设计时，可按表13-6确定静力计算方案。

表13-6　房屋的静力计算方案

	屋盖或楼盖类别	刚性方案	刚弹性方案	弹性方案
1	整体式、装配整体式和装配式无檩体系钢筋混凝土屋盖或楼盖	$s<32$	$32\leqslant s\leqslant72$	$s>72$
2	装配式有檩体系钢筋混凝土屋盖、轻钢屋盖和有密铺望板的木屋盖或木楼盖	$s<20$	$20\leqslant s\leqslant48$	$s>48$
3	瓦材屋面的木屋盖和轻钢屋盖	$s<16$	$16\leqslant s\leqslant36$	$s>36$

注：s为房屋横墙间距(m)。

二、受压构件的计算高度

《砌体结构设计规范》规定，受压构件的计算高度H_0，应根据房屋类别和构件支承条件等按表13-7采用。

表中的构件高度H应按下列规定采用：

(1)在房屋底层，为楼板顶面到构件下端支点的距离。下端支点的位置可取在基础顶面。当埋置较深且有刚性地坪时，可取室外地面下500 mm处。

(2)在房屋其他层次，为楼板或其他水平支点间的距离。

(3)对于无壁柱的山墙,可取层高加山墙尖高度的1/2;对于带壁柱的山墙,可取壁柱处的山墙高度。

表13-7　受压构件的计算高度 H_0

房屋类别			柱		带壁柱墙或周边拉结的墙		
			排架方向	垂直排架方向	$s>2H$	$2H\geqslant s>H$	$s\leqslant H$
有吊车的单层房屋	变截面柱上段	弹性方案	$2.5H_u$	$1.25H_u$	$2.5H_u$		
		刚性、刚弹性方案	$2.0H_u$	$1.25H_u$	$2.0H_u$		
	变截面柱下段		$1.0H_l$	$0.8H_l$	$1.0H_l$		
无吊车的单层房屋	单跨	弹性方案	$1.5H$	$1.0H$	$1.5H$		
		刚弹性方案	$1.2H$	$1.0H$	$1.2H$		
	多跨	弹性方案	$1.25H$	$1.0H$	$1.25H$		
		刚弹性方案	$1.1H$	$1.0H$	$1.1H$		
	刚性方案		$1.0H$	$1.0H$	$1.0H$	$0.4s+0.2H$	$0.6s$

注:1. 表中 H_u 为变截面柱的上段高度,H_l 为变截面柱的下段高度。

2. 对于上端为自由端的构件,$H_0=2H$。

3. 独立砖柱,当无柱间支承时,柱在垂直排架方向的 H_0 应按表中数值乘以1.25后采用。

4. s 为房屋横墙间距。

5. 自承重墙的计算高度应根据周边支承或拉结条件确定。

三、允许高厚比

(一)墙、柱的允许高厚比

墙、柱的允许高厚比[β]与承载力无关,是从构造要求上规定的,如表13-8所示。

表13-8　墙、柱的允许高厚比[β]值

砌体类型	砂浆强度等级	墙	柱
无筋砌体	M2.5	22	15
	M5.0或Mb5.0、Ms5.0	24	16
	≥M7.5或Mb7.5、Ms7.5	26	17
配筋砌块砌体		30	21

注:1. 毛石墙、柱允许高厚比应按表中数值降低20%。

2. 带有混凝土或砂浆面层的组合砖砌体构件的允许高厚比,可按表中数值提高20%,但不得大于28。

3. 验算施工阶段砂浆尚未硬化的新砌砌体高厚比时,允许高厚比对墙取14,对柱取11。

(二)自承重墙允许高厚比的修正系数 μ_1

厚度 $h\leqslant240$ mm 的自承重墙,允许高厚比修正系数 μ_1 应按下列规定采用:

当 $h=240$ mm 时,$\mu_1=1.2$;当 $h=90$ mm 时,$\mu_1=1.5$;当 $240\text{ mm}>h>90\text{ mm}$ 时,μ_1 可按插入法取值。

对无洞口的墙,$\mu_1=1$。

上端为自由端墙的允许高厚比,除按上述规定提高外,尚可提高30%。

对厚度小于90 mm的墙,当双面用不低于M10的水泥砂浆抹面,包括抹面层的墙厚不小于90 mm时,可按墙厚等于90 mm验算高厚比。

(三)有门窗洞口的墙允许高厚比修正系数 μ_2

对有门窗洞口的墙,允许高厚比修正系数 μ_2 应按下式计算:

$$\mu_2 = 1 - 0.4\frac{b_s}{s} \tag{13-4}$$

式中 s——相邻窗间墙或壁柱之间的距离；

b_s——s 范围内的门窗洞口总宽度。

当按公式(13-4)算得 μ_2 的值小于0.7时，应采用0.7；当洞口高度等于或小于墙高的1/5时，可取 μ_2 等于1.0。

四、高厚比验算

墙、柱的高厚比验算公式：

$$\beta = \frac{H_0}{h} \leqslant \mu_1\mu_2[\beta] \tag{13-5}$$

式中 H_0——墙、柱的计算高度；

h——墙厚或矩形柱与 H_0 相对应的边长；

μ_1——自承重墙允许高厚比的修正系数；

μ_2——有门窗洞口墙允许高厚比的修正系数；

$[\beta]$——墙、柱的允许高厚比，应按表13-8采用。

在应用式(13-5)时，当与墙连接的相邻两横墙间的距离 $s \leqslant \mu_1\mu_2[\beta]h$ 时，墙的高度可不受本条限制。

变截面柱的高厚比可按上、下截面分别验算。

【例13-3】 某单层房屋，层高为4.5 m，砖柱截面为490 mm×370 mm，砖柱从室内地坪到基础顶面的距离为500 mm，采用M5混合砂浆砌筑，房屋的静力计算方案为刚性方案。试验算此砖柱的高厚比。

解：由表13-7，柱的计算高度 $H_0 = 1.0H = 4\,500 + 500 = 5\,000$(mm)。

由表13-8，M5混合砂浆，柱的允许高厚比 $[\beta] = 16$，则

$$\beta = \frac{H_0}{h} = \frac{5\,000}{370} = 13.5 < [\beta] = 16$$

满足要求。

习　题

13-1　某截面尺寸为490 mm×490 mm的砖柱，计算高度为5 m，采用强度等级为MU10的烧结普通砖及M2.5的水泥砂浆砌筑，柱底承受轴向压力设计值为 $N = 210$ kN，结构安全等级为Ⅱ级，施工质量控制等级为B级。试验算该柱底截面是否安全。

13-2　一偏心受压柱，截面尺寸为370 mm×490 mm，柱计算高度4.2 m，采用强度等级为MU20蒸压粉煤灰普通砖及M7.5混合砂浆砌筑，柱底承受轴向压力设计值为 $N = 240$ kN，弯矩设计值 $M = 12$ kN·m(沿长边方向)，结构的安全等级为Ⅱ级，施工质量控制等级为B级。试验算该柱底截面是否安全。

13-3　某单层房屋层高为4.5 m，砖柱截面为370 mm×370 mm，采用M2.5混合砂浆砌筑，房屋的静力计算方案为刚性方案。试验算此砖柱的高厚比。

参考文献

[1] 沈伦序.建筑力学[M].北京:高等教育出版社,1985.

[2] 范钦珊.工程力学教程[M].北京:高等教育出版社,1998.

[3] 李前程,安学敏.建筑力学[M].北京:中国建筑工业出版社,1998.

[4] 周国瑾,施美丽,张景良.建筑力学[M].上海:同济大学出版社,1999.

[5] 干光瑜,秦惠民.建筑力学[M].北京:高等教育出版社,1999.

[6] 张曦.建筑力学[M].北京:中国建筑工业出版社,2002.

[7] 卢光斌.土木工程力学[M].北京:机械工业出版社,2003.

[8] 刘寿梅.建筑力学[M].北京:高等教育出版社,2002.

[9] 赵淑云.建筑力学[M].北京:中国水利水电出版社,2007.

[10] 李前程.建筑力学[M].北京:高等教育出版社,2004.

[11] 中国建筑科学院.GB 50068—2001 建筑结构可靠度设计统一标准[S].北京:中国建筑工业出版社,2002.

[12] 中华人民共和国电力工业部西北勘测设计研究院.SL/T 191—96 水工混凝土结构设计规范[S].北京:中国水利水电出版社,1997.

[13] 中华人民共和国水利部.SL 191—2008 水工混凝土结构设计规范[S].北京:中国水利水电出版社,2009.

[14] 水利水电规划设计总院.GB 50199—94 水利水电工程结构可靠度设计统一标准[S].北京:中国水利水电出版社,1994.

[15] 李转学.建筑结构基础[M].北京:中国水利水电出版社,2003.

[16] 赵瑜.水工钢筋混凝土结构[M].北京:中央广播电视大学出版社,2002.

[17] 曾燕.钢筋混凝土与砌体结构[M].北京:中国水利水电出版社,2007.

[18] 汪霖祥.钢筋混凝土结构及砌体结构[M].北京:机械工业出版社,2005.

[19] 尹维新.混凝土结构与砌体结构[M].北京:中国电力出版社,2004.

[20] 中华人民共和国住房和城乡建设部.GB 50003—2011 砌体结构设计规范[S].北京:中国建筑工业出版社,2012.

[21] 河海大学.水工钢筋混凝土结构学[M].北京:中国水利水电出版社,2006.

[22] 彭明,王建伟.建筑结构[M].郑州:黄河水利出版社,2004.

[23] 周氏,等.现代钢筋混凝土基本理论[M].上海:上海交通大学出版社,1989.

[24] 周道君,田海风.建筑力学与结构[M].北京:中国电力出版社,2008.

[25] 张友全.建筑力学与结构[M].北京:中国电力出版社,2004.

[26] 中华人民共和国住房和城乡建设部.GB 50010—2010 混凝土结构设计规范[S].北京:中国建筑工业出版社,2011.